Metta Frank • Marieluise Schultze

Norddeutsche Küche

Rezepte, Bräuche und Geschichten im Jahreslauf

Bassermann

GERICHTE IM JAHRESLAUF

JANUAR

Je kälter der Winter, desto deftiger die Küche: Steckrübensuppe und Rosenkohleintopf und Labskaus. Und ganz viel Grog!

Gericht des Monats:
Linsensuppe Seite 11

FEBRUAR

Schaffermahlzeit in Bremen und Biikebrennen auf Sylt: Grünkohl gehört immer dazu. Und zur Fastnacht gibt es Heißwecken und Pfannkuchen. Und weil im Februar die Muscheln besonders saftig sind, lädt man in Hamburg und Bremen jetzt zu Muscheltopf und Muschelsuppe ein.

Gericht des Monats:
Eisbeinsülze Seite 53

MÄRZ

Frühlingsanfang macht Appetit auf Grünes: Ochsenbrust mit Schnittlauchsauce, Kerbelsuppe und Spinatsalat mit Speck.

Gericht des Monats:
Krabbensalat mit Radieschen Seite 81

APRIL

Zu Ostern gibt's Lammrücken vom Salzwiesenlamm hinter den Deichen, friesischen Schneckenkuchen und die erste Rote Grütze des Jahres – vom Rhabarber!

Gericht des Monats:
Klopfschinken mit grünem Salat Seite 101

MAI

Der Mai ist gekommen, mit Maischollen und Finkenwerder Speckscholle, mit Spargel und den ersten Erdbeeren.

Gericht des Monats:
Windbeutel mit Erdbeersahne Seite 142

JUNI

Matjeszeit! In Glücksstadt an der Elbe wird das wie ein Volksfest gefeiert: mit Matjes Hausfrauenart und Matjes in Burgunder. Und natürlich mit der klassischen Kombination: Matjes mit grünen Bohnen und Speckstippe.

Gericht des Monats:
Hamburger Aalsuppe Seite 162

Die Küche der norddeutschen Küstenländer ist eine Jahreszeitenküche: Jeder Monat hat seit altersher seine Traditionsgerichte.

Juli

Jetzt ist der Markt so bunt wie nie: Was soll man nur als erstes kochen? Thomas Manns Plettenpudding mit Himbeeren vielleicht. Oder Hamburger Beefsteak mit blonden Zwiebeln. Auf jeden Fall aber Rote Grütze aus allen Früchten des Sommers!

Gericht des Monats:
Vierländer Gemüseplatte Seite 186

August

Wenn die Augustbirnen reifen, gibt's in Hamburg Bohnen, Birnen und Speck. Und in der Heide pflückt man jetzt Wacholderbeeren für den Heidschnuckenbraten.

Gericht des Monats:
Vierländer Hochzeitssuppe Seite 208

September

Kohltage in Dithmarschen: mit Kohlrouladen und gefülltem Kohl. Und hinterher schmeckt Altenländer Zwetschgenkuchen.

Gericht des Monats:
Wildente auf Butterwirsing Seite 236

Oktober

Jetzt ist die Zeit für Apfelkuchen und Quittenkompott, für Zwetschgenmus und Sanddornkonfitüre. Aber auch für Deftiges wie Rindfleisch un Plummen oder Aal in Gelee mit Bratkartoffeln.

Gericht des Monats:
Friesische Hasensuppe Seite 271

November

Schlachtfest mit Schwarzsauer und Weißsauer, Griebenschmalz und Spickgans. Gegen nordische Kälte empfiehlt sich viel Rotweinpunsch.

Gericht des Monats:
Friesische Teecreme Seite 309

Dezember

Weihnachten Karpfen blau oder Roastbeef, Silvester Heringssalat oder Würstchen mit Kartoffelsalat. Und hinterher Weihnachtlicher Obstsalat.

Gericht des Monats:
Oldenburger Mockturtle Seite 321

DIE GERICHTE

MONAT FÜR MONAT

DIE KÜCHE

Am 1. Januar gibt es in Norddeutschland Linsensuppe – denn das bedeutet Glück und Geld im neuen Jahr. Auch sonst mag man's an der Waterkant jetzt deftig: Mit Steckrüben und Kohl läßt sich gar trefflich gegen die nordische Kälte einheizen.

IM JANUAR

Kaum zu glauben, daß das leuchtende Rot, dem der Rotbarsch seinen Namen verdankt, eine Tarnfarbe ist: In der Tiefe des Meeres gibt es so wenig Licht, daß er dort schwarz erscheint.

WAS ES IM JANUAR

ROSENKOHL

Kein norddeutscher Bauerngarten, in dem nicht nach dem ersten Frost der Rosenkohl geerntet wird. So ein richtig schönes altmodisches Gemüse, denkt man. Aber das ist ein Irrtum. Rosenkohl gibt's erst seit rund 150 Jahren. Er ist der jüngste Sproß der Kohlfamilie, und er wurde auch nicht auf norddeutschen Kohlfeldern, sondern in Belgien gezüchtet. Weshalb er bei Franzosen, Engländern und Italienern auch »Brüsseler Kohl« heißt: Chou de Bruxelles, Brussel sprouts und cavolo de Bruxelles.

RUM

Die Piraten brachten den Zuckerrohrschnaps aus Westindien nach Europa. Bis heute gilt er als Getränk für harte Männer, ganz gleich, ob man ihn pur oder mit heißem Wasser und Zucker als Grog genießt. Der Name soll vom englischen »rumbullion« abgeleitet sein, was soviel wie Krach, Tumult bedeutet. Vielleicht, weil gestandene Seebären nach ausreichendem Rumgenuß gern mal die Bar auseinandernehmen?

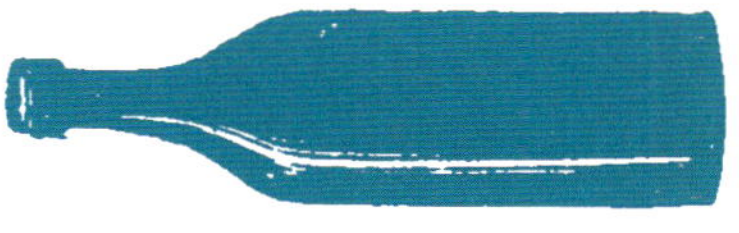

SCHWARZWURZELN

Geschält sehen sie wie Spargel aus, und man nennt sie auch den »Spargel des Winters«, dabei schmecken sie ganz anders: nicht lieblich wie Spargel, sondern herb-würzig. Und ihr Fleisch ist auch nicht faserig, sondern weich wie Mark. Deshalb sollte man sie auch nicht als Ersatz-Spargel betrachten, sondern als eigenständigen, hochwertigen Genuß: Schließlich enthalten Schwarzwurzeln so viele Mineralstoffe wie kaum ein anderes Gemüse.

Alles Gutes gibt ...

Linsen

Berühmt sind sie schon seit biblischen Zeiten: Bekanntlich hat Esau seinem Bruder Jakob das Recht der Erstgeburt für ein Linsengericht verkauft. Norddeutsche Menschen können das gut nachvollziehen. Sie stellen sich vor, daß es eine deftige Linsensuppe war, mit Speck und Wurst – und dann mit Zucker und Essig schön süß-sauer abgeschmeckt.

Rote Bete

In der Naturmedizin gilt sie seit jeher als Wunderheilmittel: zur Blutbildung und Blutverbesserung, als Nervennahrung und zur besseren Verdauung. Nach neuesten Forschungen kann die Rote Bete auch den Alkoholspiegel im Blut senken – er war bei Versuchspersonen, die vor dem Trinken Rote Bete gegessen hatten, lange nicht so hoch wie bei anderen, die dieselbe Menge getrunken, aber keine Rote Bete gegessen hatten.

Orange

Eigentlich heißt sie in Norddeutschland Apfelsine – erst neuerdings bürgert sich der ursprünglich nur im Süden (wie auch in England und Frankreich) gebräuchliche Name Orange ein. Apfelsine deutet noch die Herkunft aus China an: Sina ist der alte Name für China, aus »Sina-apfel« wurde Apfelsine. Portugiesen brachten erst im 16. Jahrhundert die Orange nach Europa – heute gilt sie als typische Mittelmeerfrucht.

Typisch für Januar

Glück und Geld im neuen Jahr

Nach alter Sitte gibt's in vielen norddeutschen Familien am Neujahrstag Linsensuppe – denn das bedeutet Glück im neuen Jahr und stets ein gut gefülltes Portemonnaie. In Hamburg gehörte früher auch das berühmte Rauchfleisch dazu, eine Spezialität der Hansestadt. Dafür wurde Rindfleisch aus der Keule zunächst gepökelt, dann geräuchert. Man aß es nicht nur zur Linsensuppe, sondern auch besonders gern zu Grünkohl. Heinrich Heine, der Spötter, schrieb: »Hamburg ist die Vaterstadt des Rauchfleischs ... und sogar unsere eifrigsten Jesuiten sind eingeständig, daß das Rauchfleisch eine gute, für den Menschen heilsame Erfindung ist.« Und der norddeutsche Dichter Matthias Claudius (»Der Mond ist aufgegangen«) schrieb im Begleitbrief zu einem Paket: »Schicken Euch indes, Ihr Lieben, ein Stück von dem berühmten Hamburger Rauchfleisch. Es wird in ein Leinentuch gebunden und im kalten Wasser zu Feuer gesetzt... Eßt es gleich nach Empfang, denn es verliert von Tagen zu Tagen von seiner Leckerheit.«

Heute gibt es bei Hamburger Schlachtern kein Rauchfleisch mehr, die ehedem so beliebte Spezialität ist aus der Mode gekommen. Die Hamburger Hausfrauen kochen ihre Linsensuppe jetzt mit geräuchertem Speck und servieren Koch- oder Bockwürste dazu.

Eierbier

Wenn in kalten Wintern die Außenalster (die »Butenalster«) zufriert und ganz Hamburg sich zum Schlittschuhlaufen, Schlittenfahren und Spazierengehen auf dem Eis trifft, haben am Rand der Eisfläche Buden und kleine Stände Hochkonjunktur. Neben Grog und Punsch gibt es da auch heute manchmal noch das altmodische »Eierbier«, das so schön von innen durchwärmt. Wer's selbermachen will: Vier Eier mit einer knappen Tasse Zucker schaumig schlagen, nach und nach einen Liter Bier unterrühren (am besten ein dunkles Starkbier), mit Zimt würzen, auf ganz schwacher Hitze erwärmen, dabei mit dem Schneebesen immer weiterschlagen. Wenn es dick wird, vom Herd nehmen – denn das Eierbier darf nicht kochen. Den schaumigen Trunk sofort heiß servieren.

Linsensuppe

Für 4 – 6 Personen
ganz einfach, preiswert

1 Bund Suppengrün
150g Zwiebeln
100g durchwachsener Speck
2 Dosen Linsen ohne Suppengrün (à 800g)
1/4l Rotwein
2EL Tomatenketchup
Salz, Pfeffer aus der Mühle
Pro Person 1 Koch- oder Bockwurst
Essig und Zucker zum Abschmecken

1

Suppengrün putzen, Zwiebeln pellen, beides in Würfel schneiden. Speck zuerst in Streifen, dann in kleine Würfel schneiden. In einem Topf kräftig ausbraten, Zwiebeln und Suppengrün darin andünsten. Linsen dazugeben, mit Rotwein auffüllen und mit Tomatenketchup abschmecken.

2

Bei milder Hitze 45 Minuten köcheln lassen, dann mit Salz und Pfeffer würzen. Würste erhitzen und extra zur Suppe reichen. Die Linsensuppe nach Belieben mit Essig und Zucker abschmecken.

VARIATIONEN: In Holstein schwimmen in der Linsensuppe Backpflaumen, in Niedersachsen serviert man statt Koch- oder Bockwurst zur Linsensuppe Blutwurst.

HASENPFEFFER

Für 4 Personen
preiswert

750g Hasenfleisch
(Vorderläufe, Bauchlappen, Rippen)
40g durchwachsener Speck
100g Zwiebeln, 30g Mehl, 1/2l Brühe
Salz, Pfeffer aus der Mühle
5 Wacholderbeeren, zerdrückt
2 Lorbeerblätter, 1 Msp. Piment
Essig und Zucker zum Abschmecken
30g kalte Butter
2EL Preiselbeerkompott

1

Hasenfleisch waschen und trocknen. Speck und Zwiebeln würfeln. Zusammen mit dem Hasenfleisch gut bräunen. Mehl darüberstäuben und miträsten. Mit der Brühe ablöschen, mit Salz und Pfeffer würzen. Alle Gewürze zugeben und mitschmoren, bis das Fleisch weich ist.

2

Fleisch von den Knochen lösen, wieder in die Sauce geben, mit Essig und Zucker süßsauer abschmecken.

3

Kalte Butter in Stückchen einschwenken, das Preiselbeerkompott unterrühren. Dazu Nudeln oder Salzkartoffeln servieren.

DER HASE AUS BUXTEHUDE

Mögen auch andere deutsche Landschaften den Hasenpfeffer zu einer ihrer typischen Leibspeisen erklärt haben – für die Niedersachsen versteht es sich von selbst, daß es sich hierbei um eine niedersächsische Spezialität handelt. Schließlich weiß doch jeder, der das Märchen von dem Hasen und dem Igel kennt, daß der Hase in Buxtehude zu Hause ist – und das liegt im niedersächsischen Landkreis Stade. Und die Wacholderbeeren, die dem Hasenpfeffer seine typische Würze geben, wachsen vorwiegend in der Lüneburger Heide.

Bremer Eiswette

Jedes Jahr am Morgen des 6. Januar ereignet sich in Bremen dasselbe Spektakel: Eine Gruppe von altmodisch gekleideten, seriös wirkenden Herren versammelt sich am Ufer der Weser, um festzustellen, ob der Fluß zugefroren ist oder noch fließt – ob er »steiht« oder »geiht«. Nachdem die Herren mit Steinwürfen den Zustand der Weser geprüft haben, muß ein Schneider mit einem glühenden Bügeleisen versuchen, trockenen Fußes ans andere Ufer zu gelangen.

Diese seltsame Veranstaltung ist die »Bremer Eiswette«, die zum erstenmal im Jahre 1829 abgeschlossen wurde. Für die Bremer ging es dabei ums Ganze, denn es war für die vom Handel zu Wasser lebende Stadt von größter Wichtigkeit, ob der Fluß noch passierbar war. Seit der Weserkorrektur im Jahre 1888 existiert das Problem nicht mehr, denn seit Jahrzehnten hat sich auf dem Fluß keine zusammenhängende Eisdecke mehr gebildet. Die Wette aber wird aus Tradition immer noch abgeschlossen: Die Herren erscheinen, um die Weser zu prüfen – doch der arme Schneider mit seinem heißen Bügeleisen muß von einem Schiff ans andere Ufer gebracht werden. Und dann geht's zum Festmahl, bei dem es Braunkohl und Pinkel gibt, wie es seit 1829 Brauch ist – natürlich auf Kosten der Verliererpartei. Und weil der Ausgang der Wette heutzutage feststeht, wird per Los entschieden, wer die Zeche zu zahlen hat.

In Bremen wird auch ein Schnaps namens »Bremer Eiswette« gebrannt, doch den trinkt man dort nicht nur am 6. Januar. Für Touristen ist der Klare aus dem Norden ein beliebtes Souvenir.

Steckrübensuppe mit Schillerlocken

Für 4 – 6 Personen
raffiniert, preiswert

750g Steckrüben
1l Rinderbouillon
250g Schmand (24% Fett)
Salz, Pfeffer aus der Mühle
30g kalte Butter
100g Schillerlocken
1 Bund Dill

1

Steckrüben in Scheiben schneiden, schälen, würfeln und in der Bouillon weich kochen. Mit dem Schneidstab des Handrührers pürieren, mit Schmand verrühren und mit Salz und Pfeffer würzen. Aufkochen lassen, dann die kalte Butter in Stückchen mit dem Schneidstab untermixen.

2

Schillerlocken in dünne Scheibchen schneiden, in vorgewärmte Suppentassen geben, mit der Suppe begießen, mit gehacktem Dill bestreut servieren.

Je kleiner, desto feiner

Steckrüben sind nicht nur für deftigen Eintopf gut, man kann sie auch als feines Gemüse zubereiten. In Ostholstein gehört im Winter zu einem richtigen Festessen ein Gemüse aus »gestobten« (oder »gestovten«) Steckrüben, das sind fein gewürfelte Steckrüben in einer hellen Mehlschwitze. Je kleiner die Würfel, desto mehr wird die Köchin gelobt. In Pommern mag man gern karamelisierte Steckrüben, und zwar am liebsten zu gepökelter Gänsekeule.

Steckrübeneintopf mit Rosenkohl

Für 4 Personen
ganz einfach, preiswert

1,5kg Steckrüben, 500g Rosenkohl
750g geräucherte Schweinebacke
2EL Schweineschmalz
250g Zwiebeln
schwarzer Pfeffer aus der Mühle
750g Kartoffeln, Salz
1 – 2EL getrockneter Majoran

1

Steckrüben in Scheiben schneiden, schälen, waschen, würfeln. Rosenkohl putzen und waschen. Schweinebacke in kleine Würfel schneiden, in einem großen Schmortopf im Schmalz langsam ausbraten.

2

Zwiebeln pellen, würfeln und mitdünsten, dann die Steckrüben gut darin wenden. Den Rosenkohl unterrühren, alles herzhaft mit Pfeffer würzen. 1/2 Liter Wasser zugießen und zugedeckt bei milder Hitze 25 Minuten schmoren.

3

Kartoffeln schälen, würfeln, mit etwas Wasser zum Eintopf geben und weitere 15 Minuten garen. Mit Salz abschmecken. Majoran zerrebeln und kurz vor dem Servieren über den Eintopf streuen.

Nordlichter lieben es exotisch, denn Steckrüben heißen in Ostfriesland auch »Oldenburger Südfrüchte« – und Grünkohl nennt man dort »ostfriesische Palme«.

Karamelisierte Steckrüben

Für 4 Personen
raffiniert, preiswert

1,5kg Steckrüben
60g Zucker, 100g Butter
Salz, Pfeffer aus der Mühle
2 Bund Frühlingszwiebeln
2EL Sonnenblumenkerne

1

Steckrüben in Scheiben schneiden, schälen, waschen und in 5 cm lange Stifte schneiden. Zucker in einem schweren Topf ohne Umrühren schmelzen lassen. Dann unter Rühren goldbraun karamelisieren.

2

Steckrübenstifte tropfnaß dazugeben, gut im Karamel wenden. Dann die Butter dazugeben, mit Salz und Pfeffer würzen. Bei milder Hitze zugedeckt 15 Minuten dünsten. Den Topf häufig schwenken, wenn nötig wenig Wasser dazugeben.

3

Frühlingszwiebeln putzen, waschen und in 5 cm lange Stücke schneiden. Das dunkle Grün anderweitig verwenden. Zwiebelstücke zu den Steckrüben geben und 5 Minuten mitdünsten. Mit Sonnenblumenkernen bestreut servieren.

GEBACKENE ROTE BETE

Für 4 Personen
raffiniert, preiswert

500g kleine Rote Bete
1 Bund Schnittlauch
250g Schmand (24% Fett)
50g gut gekühlte, gesalzene Butter

1

Rote Bete gut waschen, mit der Schale im vorgeheizten Backofen etwa 45 Minuten backen.

2

Schnittlauch in Röllchen schneiden, mit dem Schmand verrühren. Rote Bete kurz kalt abschrecken, schälen. Mit der gesalzenen Butter und dem Schnittlauchschmand als Vorspeise servieren.

Der Genuß von Rote Bete,
sagt der Volksmund,
soll dem Schwachen Kraft und
dem Schüchternen Sicherheit verleihen.

Rote-Bete-Salat

Für 4 – 6 Personen
läßt sich vorbereiten

1kg Rote Bete, Salz
6EL Essig, 1EL Zucker
2TL Korianderkörner
3EL Öl, 50g Zwiebeln
1 Stückchen frischer Meerrettich

1

Rote Bete waschen, mit der Schale in kräftig gesalzenem Wasser 45 bis 60 Minuten kochen, abgießen. Unter fließendem Wasser schälen (so schiebt sich die Schale ganz leicht von der Frucht, und die Hände verfärben sich kaum).

2

Essig, Zucker, Salz und den im Mörser zerdrückten Koriander miteinander verrühren, dann das Öl dazugeben und über den Salat gießen. Zwiebeln pellen, in Ringe schneiden. Alles gut vermengen und durchziehen lassen, eventuell noch mal abschmecken. Kurz vor dem Servieren den Meerrettich schälen, fein raspeln und über den Salat streuen.

Süsse Minibeets aus Dänemark

Rote Bete werden in Norddeutschland vorwiegend als Sauerkonserve gegessen – im Heringssalat, zum Labskaus, als Beilage zu Bratkartoffeln. Doch im Laufe der letzten Jahrzehnte schwappten neue Rezepte über die Grenzen. Aus dem Osten brachten polnische Einwanderer ihre Rote-Bete-Suppen oder gebackenen Rote Bete mit. Und aus Dänemark kam das Rezept für süße Minibeets – das sind kleine kugelige Rote Bete, die man mit viel Zucker in Essig einlegt: Fünf Pfund kleine Rote Bete mit Wurzel, Schale und Strunk eine halbe Stunde lang in Wasser kochen, pellen. Aus 1 1/2 Pfund Zucker, 3/4 Liter Weinessig, 1 1/2 Liter Wasser und Kümmel einen Sud bereiten. Die Minibeets darin einmal aufkochen. Im Steintopf halten sie sich am kühlen Ort zugedeckt zwei Wochen.

Rote Bete kommen in Norddeutschland vorwiegend im Heringssalat vor – oder als süß-saure Beilage zu Bratkartoffeln oder Labskaus.

Labskaus

Für 4 – 6 Personen
braucht etwas Zeit

1,5kg gepökeltes Rindfleisch aus dem Vorderviertel
750g gepökelter Schweinebauch (beides beim Schlachter vorbestellen)
250g Zwiebeln, 2 Lorbeerblätter
2 Gewürznelken, 2EL weiße Pfefferkörner
1,5kg Kartoffeln, Salz
150g Schweineschmalz, Pfeffer aus der Mühle
Worcestershiresauce, Tabasco
150g Gewürzgurken, 100g Senfgurken
Beilagen pro Person:
1 Ei als Spiegelei gebraten
1 Matjesfilet und/oder Rollmops
Rote-Bete-Salat, Gewürz- und Senfgurken

1

Fleisch in grobe Würfel schneiden. 2 Zwiebeln mit Lorbeerblättern und Nelken spicken, alles mit kochendem Wasser bedecken. Pfefferkörner dazugeben und bei milder Hitze 1 bis 1 1/2 Stunden garen.

2

Die Kartoffeln schälen, in Salzwasser garen, abgießen und durch die Kartoffelpresse drücken oder mit dem Kartoffelstampfer fein zerdrücken.

3

Fleisch aus der Brühe nehmen und durch die grobe Scheibe des Fleischwolfs drehen. Restliche Zwiebeln würfeln, im Schweineschmalz glasig gar dünsten. Das Fleisch dazugeben, unter Rühren mit der Brühe auffüllen, es soll halbflüssig werden. Dann die Kartoffeln unterrühren, mit Salz, Pfeffer, Worcestershiresauce und Tabasco herzhaft abschmecken.

4

Bei milder Hitze 20 Minuten durchziehen lassen. Zum Schluß die Gurken durchdrehen und unterrühren. Dazu gibt es Spiegelei, Matjes und/oder Rollmops, Rote Bete, Senf- und Gewürzgurken.

Der Streit um den Hering

Labskaus gehört zu den kulinarischen »Heiligtümern« der Küstenregion. Früher war es ein reines Seefahrergericht. Es ging darum, das Pökelfleisch, das wegen seiner Haltbarkeit an Bord genommen wurde, mit anderen Dauervorräten zu einem sättigenden Gericht zu verarbeiten. So entstand aus Fleisch, Kartoffeln und Zwiebeln, die gekocht und in der Brühe zerkleinert wurden, ein deftiger Eintopf. Und was sich an Resten in der Kombüse fand, wurde auch noch dazugegeben. Ja, auf manchen Schiffen wurde gelästert: Alles, was ein Seemann im Lauf der letzten Woche verloren hat, findet er im Labskaus wieder.

Heute zählt auch mancher Zugereiste Labskaus zu seinen Leibgerichten, besonders, wenn es mit Spiegelei, Roter Bete und Salzgurke serviert wird. Dazu gibt's meistens einen Matjes oder einen Rollmops, aber nur als Garnierung. Kleingehackten Hering unter den Eintopf zu mischen sei eine Verfälschung, sagen alte Seeleute, die es wissen müssen. Kleingehackter Hering gebe dem Labskaus erst das richtige maritime Aroma, steht hingegen in so manchem alten Kochbuch. Der Streit ist so alt wie die Christliche Seefahrt...

Labskaus und der Kuss

Was wär am Ende, lieber Gott,
die ganze Seefahrt wert,
ständ nicht zuweilen so ein Pott
mit Labskaus auf dem Herd.
Und fragt man einen Seemann mal,
ob Labskaus oder Kuß,
ruft er: »Hier gibt es keine Wahl,
ich bin für beides, Schluß!«

(Lied eines unbekannten Seemanns)

Schwarzwurzeln im Teig

Für 4 Personen
preiswert

500g Schwarzwurzeln
Essig, Salz
Zucker, 75g Mehl
1TL unbehandelte geriebene Zitronenschale
1 Eigelb, 125g Schlagsahne
Pflanzenfett oder Öl zum Ausbacken

1

Schwarzwurzeln gut waschen, unter fließendem Wasser mit einem Sparschäler schälen, halbieren oder dritteln, sofort in Essigwasser legen.

2

1 Liter Wasser mit Essig, Salz und Zucker zum Kochen bringen. Die Schwarzwurzeln darin 20 Minuten kochen, herausheben und gut abtropfen und abdampfen lassen.

3

Mehl, Salz, Zitronenschale, Eigelb und Sahne zu einem dickflüssigen Teig verrühren. Die Schwarzwurzeln darin mit 2 Gabeln wenden, im 180 Grad heißen Fett goldbraun ausbacken. Dazu paßt eine herzhaft gewürzte Tomatensauce oder eine Kräutermayonnaise.

TIP: Schälen Sie die Schwarzwurzeln unter fließendem Wasser, damit der weiße Milchsaft nicht an den Händen kleben bleibt – er verursacht nämlich dunkle Flecken auf der Haut. Am besten kochen Sie das Gemüse im Edelstahltopf, da man den »Kochrand« da am leichtesten entfernen kann.

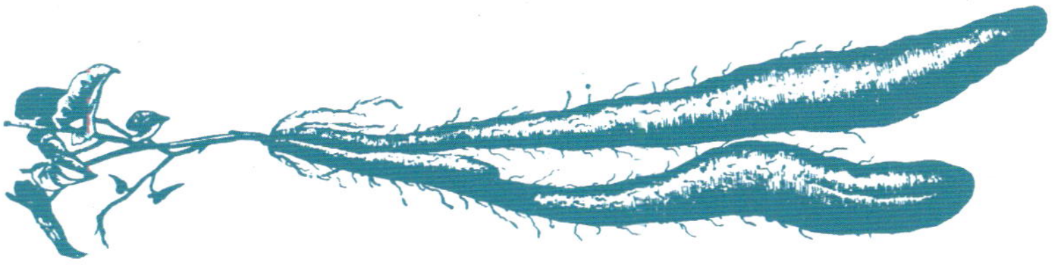

ROSENKOHL-SCHWARZWURZEL-GEMÜSE

Für 4 Personen
raffiniert

500g Rosenkohl
500g Schwarzwurzeln
etwas Essig, 250g Schalotten
75g Butterschmalz
Salz, Pfeffer aus der Mühle
2EL Curry
250g Schlagsahne

1

Rosenkohl putzen, waschen. Schwarzwurzeln unter fließendem Wasser schälen, in mundgerechte Stücke schneiden, in Essigwasser legen, damit sie sich nicht verfärben. Schalotten pellen, ganz lassen.

2

Butterschmalz in einem Schmortopf schmelzen lassen, zuerst die abgetropften Schwarzwurzeln 5 Minuten andünsten, dann den Rosenkohl und zum Schluß die Schalotten darin wenden, mit Salz und Pfeffer würzen. Zugedeckt bei milder Hitze 20 Minuten garen. Bei Bedarf wenig Wasser zugießen.

3

Currypulver über das Gemüse stäuben, kurz anschwitzen, dann mit der Sahne ablöschen, leicht cremig einkochen lassen.

Dazu schmecken Fleischbällchen oder Lammkoteletts und Salzkartoffeln.

EIN ALLHEILMITTEL

Unsere Vorfahren glaubten noch an die wunderbaren Heilkräfte der Schwarzwurzel: Sie wurde von »weisen Frauen« gegen Schlangenbisse, Wundfieber und sogar gegen Knochenbrüche verordnet. Als feines Gemüse, das auch »Winterspargel« genannt wird, schätzt man die Schwarzwurzel in Norddeutschland dagegen erst seit dem 17. Jahrhundert.

Fehmarnsches Reisgericht

Für 6 Personen
läßt sich vorbereiten

250g Milchreis, 1l Milch, 3EL Zucker
2 Päckchen Vanillezucker
3 Blatt weiße Gelatine, 500g Schlagsahne
500g frische oder eingemachte Früchte
(z.B. Kirschen, Erdbeeren, Aprikosen)

1

Reis waschen, mit der Milch und einer Prise Zucker langsam zum Kochen bringen. Bei milder Hitze ausquellen lassen, dann den Zucker und Vanillezucker dazugeben. Gelatine einweichen, tropfnaß bei milder Hitze auflösen und unter den heißen Reis rühren. Kalt werden lassen.

2

Sahne sehr steif schlagen, mit den Früchten unter den Reis heben. In eine kalt ausgespülte Form füllen und kalt stellen. Stürzen und mit Früchten verzieren.

Am liebsten mit Ananas

Zum krönenden Abschluß einer Familienfeier verwöhnte man früher auf der Ostseeinsel Fehmarn seine Gäste mit dem »Fehmarnschen Reisgericht«. Heute traut man sich kaum noch, die kalorienreiche Nachspeise auf den Tisch zu bringen. Statt dessen wird lieber eine leichtere Zitronencreme serviert. Aber wenn ganz traditionell gefeiert wird, bei einer Goldenen Hochzeit oder einem 80. Geburtstag, dann darf auch das Reisgericht nicht fehlen. Zu Großvaters Zeiten schätzte man es besonders, wenn der sahnige Reis mit Ananasstückchen gemischt war. Wir können uns heute kaum noch vorstellen, daß Ananas aus der Dose damals eine teure und seltene Delikatesse war – die frischen Früchte gab es seinerzeit natürlich noch nicht auf unseren Märkten. Mit frischer Ananas kann man das Reisgericht übrigens gar nicht zubereiten, weil die frische Frucht Bromelin enthält, ein eiweißspaltendes Ferment, das die Gelatine am Festwerden hindert.

BREMER SCHNEEMUSTORTE

Für 12 Stücke
raffiniert, läßt sich vorbereiten

2 Eiweiß (Gew.Kl. 2)
2EL Zitronensaft, 200g Puderzucker
500g tiefgekühlte Himbeeren
500g Schlagsahne, Fett für das Blech
Zum Verzieren:
250g Schlagsahne, 1 – 2EL Puderzucker
1 – 2EL gehackte Pistazien

1

Eiweiß und Zitronensaft etwas aufschlagen. 150g Puderzucker dazugeben, so lange mit den Quirlen des Handrührers schlagen, bis die Masse glänzt und Spitzen zeigt.

2

Zwei Backbleche leicht fetten, mit Backpapier auslegen. Jeweils einen Kreis von 26 cm Durchmesser daraufspritzen (Spritzsack mit Lochtülle Nr. 7). Die Kreise mit der restlichen Baisermasse ausfüllen. Im Backofen bei 50 Grad und leicht geöffneter Backofentür etwa 2 Stunden trocknen lassen, dabei die Bleche nach der halben Zeit wechseln und die Teigböden umdrehen. Böden auf Kuchengittern ganz auskühlen lassen.

3

Einige sehr schöne Himbeeren zum Verzieren aussortieren und wieder einfrieren. Restliche Früchte etwas antauen lassen, durch ein Sieb streichen, mit dem restlichen Puderzucker abschmecken.

4

Eine Springform von 26 cm Durchmesser mit Backpapier auslegen, für den Rand einen hohen Streifen zuschneiden und in die Form stellen. Einen Baiserboden in die Form legen. Sahne sehr steif schlagen, das Püree darunterheben, Masse auf den Boden füllen. Den zweiten Boden darauflegen und leicht andrücken. Ins Gefriergerät stellen und halbfest gefrieren lassen (etwa 3 Stunden).

5

Torte aus der Form nehmen, das Papier ablösen. Sahne steif schlagen, Puderzucker unterheben und die Torte damit überziehen. Mit einem Eßlöffel Dellen in die Sahne drücken, damit sie Struktur bekommt, mit den Himbeeren und den Pistazien verzieren.

Kalbskeule in Steinpilzsahne

Für 8 Personen
raffiniert, braucht etwas Zeit

2,5kg Kalbskeule
Salz, Pfeffer aus der Mühle, 2EL Öl
1,5kg kleine Champignons
4 Zwiebeln, 50g Butter
250g Schmand (24% Fett)
20g getrocknete Steinpilze
250g Schlagsahne
20g Mehlbutter, 2 Beete Kresse

1

Kalbskeule mit Salz und Pfeffer gut einreiben. Die Saftpfanne mit dem Öl bestreichen, die Keule darauflegen, im Backofen bei 200 Grad 1 Stunde braten, wenn nötig die Röststoffe mit wenig Wasser lösen.

2

Champignons putzen, unter fließendem Wasser auf einem Sieb unter Rütteln waschen und gut abtropfen lassen. Zwiebeln pellen und würfeln. Die Butter in einem Topf schmelzen lassen, die Zwiebeln darin glasig dünsten. Die Champignons dazugeben und mitdünsten. Dabei die Flüssigkeit etwas einkochen lassen. Zur Kalbskeule geben, ringsum verteilen, mit dem Schmand verrühren und eine weitere Stunde braten. Steinpilze im Blitzhacker oder im Mixer pulverisieren.

3

Kalbskeule aus dem Ofen nehmen, Pfanneninhalt in einen Topf schütten, Kalbskeule wieder auf der Saftpfanne in den Ofen schieben und nochmal 30 Minuten braten, wenn nötig etwas Wasser dazugießen.

4

Das Pilzgemüse mit dem Steinpilzpulver verrühren, die Sahne dazugeben, die Mehlbutter (Butter und Mehl im Verhältnis 1:1 miteinander verknetet) unter ständigem Rühren nach und nach dazugeben. Das Gemüse damit binden, bei milder Hitze köcheln, bis die Keule aufgeschnitten ist.

5

Keule 10 Minuten in Alufolie eingewickelt ruhen lassen, aufschneiden, auf vorgewärmter Platte mit den geschmorten Pilzen anrichten und mit Kresse bestreut servieren.

BECHAMELKARTOFFELN

Für 4 Personen
ganz einfach

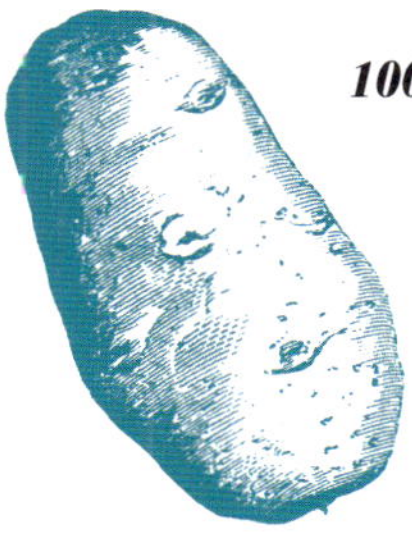

1kg Kartoffeln (festkochend)
100g durchwachsener, trocken gepökelter Speck
50g Zwiebeln, 30g Butter
30g Mehl, 1/2l Milch
Pfeffer aus der Mühle, evtl. Salz
125g Schlagsahne

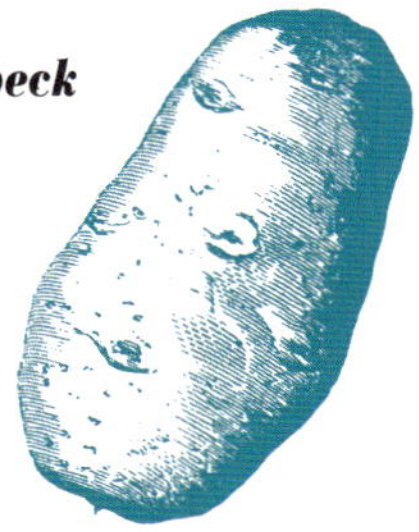

1

Kartoffeln in der Schale kochen. Speck in kleine Würfel schneiden, Zwiebeln pellen und würfeln. Kartoffeln heiß pellen und in nicht zu dünne Scheiben schneiden.

2

Speck in der Butter auslassen, die Zwiebeln darin glasig dünsten, mit dem Mehl bestäuben und goldgelb anschwitzen. Dann unter Rühren mit Milch ablöschen, mit Pfeffer und eventuell Salz abschmecken. 10 Minuten leise kochen lassen, dann die Sahne und die Kartoffelscheiben dazugeben und heiß werden lassen.

In Hamburg werden die Bechamelkartoffeln »Püschamell« ausgesprochen – und am liebsten zu gebratenem Fisch serviert.

AUF NORWEGISCHE ART

Norwegische Lachsfischer brachten dieses Kartoffelrezept in die deutschen Küstenländer: Kartoffeln schälen, in Würfel von ca. 1 cm Kantenlänge schneiden, eine Mischung aus 4 Teilen Milch und 1 Teil Sahne darübergießen, so daß die Kartoffelwürfel im Topf knapp bedeckt sind. Salzen, bei milder Hitze weich kochen und zum Schluß mit viel frisch gemahlenem Pfeffer und gehacktem Dill würzen. Zu Räucherlachs oder Graved Lachs servieren.

Krabbensuppe auf Hamburger Art

Für 4 Personen
raffiniert

750g Nordseekrabben in der Schale
1 kleines Bund Suppengrün, 60g Butter
30g Mehl, 1/4l trockener Weißwein
2EL Tomatenketchup
2TL Krebsbutter, Cayennepfeffer
etwas Zitronensaft
75g tiefgekühlte junge Erbsen

1

Krabben schälen, Suppengrün putzen und klein würfeln. Krabbenschalen und Suppengrün in 30g Butter anrösten, mit 1/2 Liter Wasser auffüllen, bei milder Hitze 30 Minuten kochen.

2

Mehl in der restlichen Butter anschwitzen. Weißwein, Tomatenketchup, Krebsbutter und die durch ein Sieb gegossene Krabbenbrühe unter Rühren dazugießen und 15 Minuten leise kochen lassen. Mit Cayennepfeffer und Zitronensaft herzhaft abschmecken.

3

Erbsen auf einem Sieb kurz unter heißem Wasser abspülen, abgetropft zur Suppe geben und heiß werden lassen. Zum Schluß die Krabben zur Suppe geben, erhitzen und sofort servieren.

Nach dem gleichen Rezept kocht man übrigens auch die berühmte Hamburger Krebssuppe, anstelle von Krabben nimmt man dann eben Krebse.

Literweise Krabben

In eine echte Hamburger Krabbensuppe gehören nun mal die kleinen grauen Nordseekrabben (an der Nordseeküste heißen sie »Granat«). Man sollte sie unbedingt in der Schale kaufen, denn die Krabbenschalen geben dem Sud das Aroma. Ungeschälte oder »ungepulte« Krabben gibt's in Hamburg auf allen Wochenmärkten und natürlich in Fischgeschäften, und da werden sie pfundweise abgewogen. In den Nordseehäfen kann man die Krabben direkt vom Kutter kaufen. Wundern Sie sich nicht, denn da werden sie mit dem Litermaß abgemessen.

Speckfette Arfken

Für 4 Personen
preiswert, raffiniert

500g getrocknete graue Erbsen, Salz
400g Backpflaumen ohne Stein
1 Zimtstange, 1EL Zucker
etwas unbehandelte Zitronenschale
evtl. etwas Speisestärke
175g durchwachsener Speck
250g Zwiebeln, 100g Butter

1

Erbsen über Nacht in 1 1/2 Liter Wasser einweichen. Am nächsten Tag mit dem Einweichwasser zum Kochen bringen, leicht salzen und bei milder Hitze 1 1/2 bis 2 Stunden garen. Die Erbsen sollen nicht breiig werden, und das Wasser sollte verkocht sein. Überschüssiges Wasser abgießen.

2

Backpflaumen mit der Zimtstange und der Zitronenschale in 1/2 Liter Zuckerwasser weich kochen, eventuell mit etwas Speisestärke binden.

3

Speck in Würfelchen schneiden, in einer Pfanne auslassen und warm stellen. Zwiebeln pellen und in Ringe schneiden, in der Butter knusprig braun braten. Alles getrennt in Schüsseln anrichten.

Dazu schmecken Bratkartoffeln.

Graue Erbsen

Vielleicht haben Sie noch nie von grauen Erbsen gehört, denn das ist eine spezielle Sorte von Trockenerbsen, die es nur in Ostfriesland gibt – dort allerdings bei jedem Kaufmann. Wenn Sie die echten grauen Erbsen mit Speck, auf friesisch »Speckfette Arfken«, kochen wollen, brauchen Sie unbedingt diese Spezialität aus dem hohen Norden. Wer es also ganz genau nehmen will, bringt sich von seinem nächsten Besuch in Ostfriesland die richtigen Erbsen mit – sie halten sich nahezu unbegrenzt. Wer es nicht ganz so genau nimmt, der ersetzt die grauen Erbsen im Rezept einfach durch getrocknete gelbe oder grüne Erbsen.

Apfelgrütze

Für 4 Personen
ganz einfach

1kg säuerliche Äpfel, 3/4l Apfelsaft
1 unbehandelte Zitrone, 1 Zimtstange
75g Zucker, 45g Speisestärke
40g Mandelblättchen, 250g Schlagsahne
1EL Puderzucker, 1TL gemahlener Zimt

1

Äpfel schälen, vierteln, das Kerngehäuse herausschneiden, Apfelviertel würfeln. Apfelsaft, dünn abgeschälte Zitronenschale und Zitronensaft, Zimtstange und Zucker zum Kochen bringen. Apfelwürfel darin portionsweise knapp gar kochen.

2

Apfelwürfel aus der Flüssigkeit nehmen. Speisestärke mit etwas Wasser anrühren und die Flüssigkeit damit binden. Äpfel wieder hineingeben. Kalt werden lassen.

3

Mandelblättchen in einer Pfanne ohne Fett unter Wenden goldbraun rösten, kalt werden lassen. Schlagsahne halbsteif schlagen, mit Puderzucker und Zimt abschmecken. Mandeln und Sahne getrennt zur Grütze servieren.

VARIATIONEN: Anstelle der Mandeln kleine Suppenmakronen dazu reichen und die Äpfel statt in Apfelsaft in 3/4l Wein pochieren.

Im Winter ist die Rote Grütze grün

Apfelgrütze ist das winterliche Gegenstück zur berühmten Roten Grütze aus den Sommerbeeren, sozusagen eine »Grüne Grütze«. Anstelle von Sahne kann man auch Vanillesauce dazu servieren.

***O**b Apfelpfannkuchen oder Apfelgrütze – der herb-säuerliche »Gloster« eignet sich besonders gut zum Kochen und Backen.*

Grog von Rum

Das Rezept ist ganz einfach: Rum muß, Zucker kann, Wasser braucht nicht. Also: Ins vorgewärmte Glas kochendheißes Wasser geben. Der Glasstöpsel im typischen Grogglas sorgt dafür, daß es nicht springt. Zucker zugeben und unter Rühren auflösen, dann erst den Rum zuschütten. Zucker löst sich nämlich in Alkohol nur schwer.

Fragt ein »Quiddje« (das ist ein Zugereister) einen echten Hamburger:
»Was trinken Sie eigentlich im Sommer?«
Antwort: »Grog.«
»Ja, ich denke, den trinken Sie im Winter?«
Antwort: »Im Winter trinken wir mehr Grog.«

Eiergrog

Der Eiergrog ist eine besonders nahrhafte Variante des Rumgrogs, sozusagen für die allerkältesten Wintertage. Die Zubereitung macht allerdings etwas mehr Mühe: Man rührt in einem hitzestabilen Glas ein Eigelb mit einem Eßlöffel Zucker schaumig (bis es weiß ist), füllt das Glas dann unter Rühren zur Hälfte mit braunem Rum, dann mit kochendheißem Wasser auf.

Der Admiral und der Rum

Der britische Admiral Vernon soll den Grog erfunden haben, aber der Name des Getränks hat seine eigene Geschichte. Da der Alte immer ein Jackett aus grobem Stoff trug (dem sogenannten »gros grain« oder »grogram«), wurde er von den Matrosen Old Grog genannt. Als er nun anordnete, daß seine Seeleute ihre wöchentliche Rumration nicht mehr pur, sondern nur noch mit Wasser verdünnt erhalten sollten, waren sie ziemlich wütend auf ihren Admiral. Also trieben sie ihren Spott mit ihm und nannten das verwässerte Getränk nach seinem Erfinder.

Karamelisierte Orangenscheiben

Für 4 Personen
raffiniert

6 – 8 Orangen, 1/2 unbehandelte Zitrone
200g Zucker, 20g Butter
250g Schlagsahne, 4EL Orangenlikör

1

Orangen wie einen Apfel schälen und dabei alle weiße Haut entfernen. Früchte in Scheiben schneiden. Zitrone heiß abwaschen, trocknen. Die Schale mit einem scharfen Messer dünn abschälen und in sehr feine Streifchen schneiden. Zitrone auspressen.

2

Zucker in einem Topf mit Sandwichboden häufen, bei milder Hitze ohne Rühren schmelzen lassen, dann unter Rühren gut goldbraun karamelisieren. Mit dem Zitronensaft und 3 Eßlöffel Wasser ablöschen. Wenn sich der Karamel gelöst hat, Orangenscheiben portionsweise hineingeben, im Karamel wenden und heiß werden lassen, auf Tellern anrichten.

3

Karamel dickflüssig einkochen lassen und die Butter unterrühren. Sahne steif schlagen und den Orangenlikör untermischen. Karamel auf die Orangenscheiben gießen, die Sahne auf den Orangen verteilen, mit der Zitronenschale bestreuen und sofort servieren.

Menü des Monats

Krabbensuppe auf Hamburger Art
Kalbskeule in Steinpilzsahne
Karamelisierte Orangenscheiben

Die Küche

Der Februar ist der Grünkohlmonat. Aber auch der Muschelmonat. Und vor allem der Pfannkuchenmonat – weil am Fastnachtabend das klassische Essen in ganz Norddeutschland seit altersher »Pfannkuchen und Salat« ist.

IM FEBRUAR

Maritime Dekoration in einem Travemünder Fischgeschäft: ein ausgedienter Maschinentelegraf. Mit einem solchen Gerät gibt der Kapitän seine Befehle von der Brücke an den Maschinenraum.

Was es im Februar

Muscheln

Wenn in Norddeutschland von Muscheln die Rede ist, dann sind immer die blauschwarzen Miesmuscheln gemeint, die direkt vor der Küste im Wattenmeer wachsen – ursprünglich auf natürlichen Muschelbänken; seit die nicht mehr ausreichen, in planmäßig angelegten Muschelkulturen. Der Name Miesmuschel bedeutet eigentlich »Moosmuschel«, denn wie Moos setzt sie sich an Steinen und Pfählen fest.

Rotkohl

Ob der Rotkohl nun rot oder blau ist – die Frage wird zwischen Norddeutschen und Süddeutschen wohl nie geklärt werden. Im Süden nennt man ihn jedenfalls Blaukraut. In anderen Ländern aber auch Rotkohl: in England red cabbage, in Frankreich chou rouge, in Italien càvolo rosso. Unstrittig aber ist, daß Rotkohl von höchstem gesundheitlichem Wert ist, noch höher als sein enger Verwandter, der Weißkohl: weil er noch mehr Vitamin C, Vitamine aus dem B-Komplex und Mineralstoffe enthält.

Schnittlauch

Neben der Petersilie ist Schnittlauch in Deutschland das beliebteste und meistgebrauchte Gewürzkraut. Und das nicht erst seit heute: Schon Karl der Große empfahl seinen Äbten, Schnittlauch in ihren Kräutergärten anzupflanzen. Und bei den Kräuterdoktoren war er hochgeschätzt: als Mittel gegen Gespenster und Zauberei, gegen Magenbeschwerden und Verstopfung, gegen Melancholie und Schwerhörigkeit.

ALLES GUTES GIBT...

GRAUPEN

Graupen sind die geschälten, polierten Körner der Gerste, des ältesten Getreides der Menschheit. Im kaiserlichen China zählte Gerste zu den fünf heiligen Pflanzen, im antiken Griechenland war sie der Erdgöttin Demeter geweiht. Gerstengraupen sind in der norddeutschen Küche vor allem als Suppeneinlage gebräuchlich, außerdem sind sie wichtiger Bestandteil der Bremer Spezialität »Knipp«.

GRÜNKOHL

Daß der Grünkohl ursprünglich im Mittelmeerraum zu Hause war, wer mag das heute noch glauben – inzwischen ist er fest in norddeutscher Hand. Und bildet hier die nahrhafte Grundlage so mancher ausgelassenen Winterfeste. Berühmt sind die »Kohl und Pinkel«-Fahrten im Raum Bremen und Oldenburg, bei denen ein »Kohlorden« an den verliehen wird, der am meisten gegessen hat.

TYPISCH FÜR FEBRUAR

Grünkohl und Birnen

Nirgends sind Grünkohlgerichte so beliebt wie in Norddeutschland – die Bayern und die Württemberger, die Badener und die Hessen lehnen dieses Gemüse schlichtweg ab. Jeder echte Norddeutsche aber freut sich im Winter auf seinen Grünkohl. Und nur im Winter, denn Grünkohl muß nach alter Köchinnenweisheit vor der Ernte einmal Frost bekommen haben. Über die Zubereitung des Kohls herrscht aber keineswegs Einigkeit in den norddeutschen Küstenländern – jede Region schwört auf ihre eigene Version, vor allem bei den Beilagen. Für den Bremer ist der Pinkel unverzichtbar, der Hannoveraner besteht auf Brägenwurst (das ist Schweinewurst mit einem Anteil von Hirn) und er kocht auch gerne Birnen in seinem Grünkohl mit, wodurch das Gemüse etwas lieblicher wird. Auch die Ostfriesen haben ihren Eigensinn, sie essen zum Grünkohl Mettwurst. In Hamburg und Schleswig-Holstein liegen auf der Grünkohlplatte Bauchspeck, Kohlwurst und Kasseler – dazu gibt es »süße Kartoffeln«, die in Schmalz und Zucker gebraten sind.

Braunkohl und Pinkel

In ganz Norddeutschland heißt der Grünkohl Grünkohl – nur die Bremer und die Braunschweiger nennen ihn Braunkohl. Auch wenn er sowohl roh als auch gekocht eindeutig grün ist. Die Erklärung ist recht einfach: In einigen Gegenden wurde früher anstelle des heute üblichen Grünkohls der ähnliche, aber etwas bräunliche Langkohl (auch Krauskohl oder Winterkohl genannt) angebaut.

Und Pinkel? Das ist eine Grützwurst, ohne die sich der Bremer ein Braunkohlessen nicht vorstellen kann. Für den Namen, der nur Nicht-Bremern etwas genierlich vorkommt, gibt es gleich zwei Erklärungen. Einmal finden wir im Bremisch-Niedersächsischen Wörterbuch: »Pinkel = der Mastdarm. Pinkel und Pansen = das ganze Eingeweide. Von einem geschlachteten Rind bedient man sich des fetten Mastdarms, eine Art Würste davon zu machen, aus roher Hafergrütze, Zwiebeln und anderem Gewürz, welche gleichfalls Pinkeln heißen«. Die zweite Erklärung: »Pinke« oder »Pinken« war die niederdeutsche Bezeichnung für Dreimast-Segelschiffe, auf denen die Besatzung mit der nahrhaften (und haltbaren!) Grützwurst verpflegt wurde. Aus der Pinken-Wurst wurde dann im Laufe der Zeit die Pinkel-Wurst.

Grünkohl auf Holsteiner Art

Für 6 Personen
braucht etwas Zeit

3kg Grünkohl
Salz, 250g Zwiebeln
300g Schweineschmalz, 600g Schweinebacke
600g Kasseler mit Knochen
6 Kochwürste oder Pinkelwürste
1kg sehr kleine Kartoffeln
Butterschmalz zum Braten
Salz, 2EL Zucker

1

Grünkohl mehrmals waschen, abtropfen lassen, von den Stielen streifen und in reichlich Salzwasser blanchieren. Abgetropft kleinhacken. Zwiebeln pellen und würfeln.

2

Zwiebeln in Schweineschmalz glasig dünsten, den Grünkohl darin wenden, mit Salz würzen, mit 1 Liter Wasser begießen und 1 bis 2 Stunden bei milder Hitze zugedeckt schmoren lassen. Schweinebacke und Kasseler 1 Stunde, Kochwürste etwa 1/2 Stunde auf dem Kohl mitgaren.

3

Inzwischen die Kartoffeln kochen, abgießen, pellen und nebeneinanderliegend kalt werden lassen. Sie müssen gut abdampfen können, und die Oberfläche muß ganz trocken sein.

4

Butterschmalz in zwei großen Pfannen erhitzen. Kartoffeln unter häufigem Rütteln darin rundum goldbraun braten, danach salzen, mit dem Zucker bestreuen und leicht karamelisieren.

5

Fleisch in Scheiben schneiden und mit den Würsten auf dem Kohl anrichten. Röstkartoffeln dazu servieren.

Sieben Gänge mit einem Besteck

Unter »schaffen« versteht der Seemann nicht etwa arbeiten – sondern essen! Und der Schaffer ist auf einem Schiff der Mann, der die Mahlzeit besorgt und anrichtet, nämlich der Proviantmeister.

»Schaffen, schaffen unnen un boven – unnen un boven schaffen!«

Dies ist nicht etwa ein Schlachtruf, sondern ein Aufruf an die Mannschaft zum Essenfassen, wie er früher auf den Segelschiffen erschallte – nach unten und oben. Bis heute ist es Tradition bei der Schaffer-Mahlzeit in Bremen, dem ältesten Brudermahl der Welt, mit diesem Ruf die Gäste zu Tisch zu bitten. Seit 1545 wird alljährlich am zweiten Freitag im Februar zu diesem Gastmahl eingeladen. Ursprünglich waren es Kaufleute und Reeder, die ihren Kapitänen ein Abschiedsessen gaben, bevor diese nach der Winterpause wieder auf große Fahrt gingen. Heute werden jedes Jahr rund hundert Männer aus Wirtschaft, Wissenschaft, Schiffahrt und Handel, aus Politik und Kirche dazugebeten. Jeder darf nur ein einziges Mal teilnehmen an dem Schmaus, der sich nach einem festgelegten Ritual und mit alljährlich gleicher Speisenfolge vollzieht. Diese besteht aus Bremer Hühnersuppe, Stockfisch mit Senfsauce und Salzkartoffeln, Braunkohl mit Pinkel, Rauchfleisch, Maronen und Bratkartoffeln, Kalbsbraten mit Selleriesalat, Katharinenpflaumen und gedämpften Äpfeln, Rigaer Butt, Chester- und Rahmkäse, Fruchtkorb und Mokka »Old Sailor«. Es gibt für jeden nur ein einziges Besteck, wie früher auf Schiffen üblich – mit einem Löschblatt reinigt man Messer und Gabel vor jedem weiteren Gang. Dazu werden streng ausgewählte Weine gereicht, ein Bordeaux, ein Mosel und ein Rheinwein. Und das Seefahrtsbier, ein speziell für diesen Anlaß gebrautes Bier. Es ist dicklich und süß, und wenn man es auf eine Sitzbank gießt und sich draufsetzt, muß man kleben bleiben, heißt es, sonst war das Bier nicht in Ordnung.

Dithmarscher Mehlbeutel

Für 4 – 6 Personen
braucht etwas Zeit

4 Eier, 75g Butter, 75g Zucker
1 unbehandelte Zitrone
1 Prise Salz, 250g Mehl
2 gestrichene TL Backpulver
1/8l Milch, 50g Korinthen
50g grobgehackte Mandeln
1 Stück Speckschwarte
250g durchwachsener Speck
(vom Schlachter in Scheiben geschnitten)
2 Kochwürste

1

Eier trennen, Butter schaumig rühren, Zucker und Eigelb abwechselnd dazugeben, Zitronenschale und Salz unterrühren.

2

Mehl mit dem Backpulver mischen, mit der Milch unter die schaumig gerührte Masse geben, dann die Korinthen und Mandeln dazugeben. Eiweiß zu steifem Schnee schlagen, ein Drittel davon unterrühren, den Rest unterheben.

3

In einem hohen Topf reichlich Wasser mit der Speckschwarte zum Kochen bringen. Ein Tuch auf der Arbeitsfläche ausbreiten, die Hälfte der Speckscheiben und die Kochwürste in der Mitte anordnen. Den Teig darüber verteilen, restliche Speckscheiben darauflegen. Das Tuch zusammenbinden und einen Kochlöffel durch den Knoten stecken.

4

Mehlbeutel in das Wasser hängen und bei milder Hitze 1 Stunde garen. Aus dem Tuch nehmen, etwas abkühlen lassen, dann in Scheiben schneiden und mit Backobst servieren.

Am 21. Februar wird der Winter verbrannt

Auf den nordfriesischen Inseln lodern am 21. Februar die Biikefeuer – und das schon seit Jahrhunderten. Ob dabei nach altem heidnischen Brauch der Winter verbrannt wird oder ob die Biike ein Abschiedsfanal für Seefahrer, Fischer und Walfänger war – das friesische Wort »Biike« oder »Biek« bedeutet jedenfalls Feuerbrand, Lohe, Feuerzeichen. Auf den nordfriesischen Inseln nennt man heute die riesigen Holzstöße so, die die Dorfjugend aus angeschwemmtem Holz errichtet (damit ist auch der Strand nach den Winterstürmen wieder sauber). Zum Biikebrennen reisen von Jahr zu Jahr mehr Gäste vom Festland an – und abends setzen sie sich mit den Einheimischen zum großen, fetten Grünkohlessen zusammen. Wobei man tunlichst in seiner Lieblingsgaststätte gleich fürs nächste Jahr einen Tisch bestellt. Denn am 21. Februar läuft ohne rechtzeitige Voranmeldung gar nichts...

Nach dem Biikebrennen geht's zu Uli

Und so kocht Uli Hinkfuss in seinem »Restaurant am Dorfteich« in Wenningstedt auf Sylt den Grünkohl: Er kauft Oldenburger Grünkohl, weil der besonders gut geputzt und fast sandfrei ist. Der Kohl wird zuerst blanchiert und kalt abgeschreckt, dadurch verliert er die Bitterstoffe. Uli Hinkfuss kocht dann einen Fond aus Kasselerknochen, Schinkenknochen und Schwarten und gibt auch die Schweinebacke dazu. Der Fond wird gewürzt mit Nelken, Wacholder und Piment. Zwiebeln werden grob gewürfelt und in Schmalz glasig gedünstet, dann werden sie mit wenig Fond abgelöscht und geschmort, bis sie weich sind. Der Kohl wird mit Fond fast gar geschmort, dann kommt das Zwiebelgemisch obendrauf. Kasseler, Kochwurst und die vorgegarte Schweinebacke werden ebenfalls auf den Kohl gelegt und in etwa 20 Minuten darauf heiß gemacht. Gewürzt wird mit Pfeffer, wenn nötig mit Salz und einer Prise Zucker. Gebunden wird der Kohl mit etwas roh geriebener Kartoffel, das gibt ihm einen schönen Glanz. Dazu serviert Uli Hinkfuss Salzkartoffeln. Wenn er aber eine ausgepichte »Grünkohlrunde« hat, dann werden die kleinen Kartoffeln in Schmalz und braunem Zucker geröstet – der auch auf dem Tisch stehen muß, weil ein richtiger Grünkohlesser in Schleswig-Holstein seinen Grünkohl dick mit Zucker bestreut!

Hamburger Rindfleischsalat

Für 4 – 6 Personen
raffiniert

2 Eigelb
1EL Zitronensaft
1EL mittelscharfer Senf
Salz, Zucker, 200ml Öl
150g Magerjoghurt
2 säuerliche Äpfel (z.B. Boskoop)
200g Senfgurken
200g gekochtes Rindfleisch (z.B. Ochsenbein)
200g Kasseler Aufschnitt im Stück
1/2 rote Paprikaschote
2 Bund Schnittlauch

1

Eigelb, Zitronensaft, Senf, Salz und Zucker gut miteinander verrühren. Das Öl zuerst tropfenweise, dann in dünnem Strahl unter ständigem Rühren mit den Quirlen des Handrührers dazugeben, bis eine dicke Mayonnaise entsteht. Joghurt unterrühren.

2

Äpfel schälen, entkernen und würfeln. Senfgurken erst in Streifen, dann in Würfel schneiden. Rindfleisch und Kasseler ebenfalls würfeln. Alle Zutaten in die Mayonnaise geben und durchziehen lassen.

3

Paprikaschote putzen, waschen und in sehr kleine Würfel schneiden. Schnittlauch in Röllchen schneiden, beides mischen. Kurz vor dem Servieren unter den Salat heben.

KNIPP

Für 4 – 6 Personen

preiswert

1kg Graupen
4l Fleischbrühe
750g Rinderleber, 250g Schweinenacken
500g frische Speckschwarte
Salz, Pfeffer aus der Mühle
gemahlener Nelkenpfeffer
Schweineschmalz zum Braten

1

Graupen in 2 Liter Fleischbrühe bei milder Hitze ausquellen lassen. 1/2 Liter Brühe zum Kochen bringen und die Rinderleber bei milder Hitze darin gar ziehen lassen.

2

Leber mit dem Schweinenacken und den Schwarten durch die feine Scheibe des Fleischwolfes drehen, dann mit Salz, Pfeffer und Nelkenpfeffer herzhaft abschmecken. Mit den Graupen vermengen, alles in ein Tuch einbinden und in der restlichen Fleischbrühe in 2 Stunden gar ziehen lassen.

3

Das Tuch abnehmen, Knipp im Schweineschmalz unter Rühren braten, bis sich Krüstchen bilden. Mit Bratkartoffeln und Gewürzgurken servieren.

DAS BESTE KNIPP

Knipp ist eine Bremer Spezialität. Früher wurde das Gericht aus den Resten bereitet, die beim Schweineschlachten anfielen: Innereien und Speckschwarten wurden durch den Wolf gedreht, mit Hafergrütze vermischt, gebraten und dann entweder mit Bratkartoffeln und Gewürzgurken oder mit Apfelmus serviert. Heute ißt man Knipp vorwiegend im Restaurant – am liebsten nach einem ausführlichen Winterspaziergang. Dabei ist die beliebteste Knipp-Adresse der Bremer das Lokal »Schleuse« am Wümmedeich.

MUSCHELTOPF MIT TOMATEN

Für 4 Personen
preiswert

3kg Muscheln, 1 Bund Suppengrün
1 Dose geschälte Tomaten (800g Einwaage)
200g Zwiebeln, 3EL Öl
2 Knoblauchzehen, 4 Lorbeerblätter
1EL schwarze Pfefferkörner
1/4l trockener Weißwein
etwas trockener weißer Wermut
evtl. Salz, 1 Bund glatte Petersilie

1

Muscheln gut waschen, wenn nötig entbarten. Muscheln, die sich nicht schließen, aussortieren und wegwerfen. Suppengrün putzen, waschen und in kleine Würfel schneiden. Tomaten abgießen, den Saft auffangen. Tomaten grob zerkleinern. Zwiebeln pellen und in dünne Ringe schneiden.

2

Öl in einem großen Topf erhitzen, die Zwiebeln darin glasig dünsten. Knoblauch pellen, durch die Presse drücken und dazugeben. Dann Suppengrün und Tomaten zufügen und mitdünsten. Lorbeerblätter und die Pfefferkörner ebenfalls dazugeben und mit dem Wein und dem aufgefangenem Tomatensaft auffüllen. Muscheln in den Topf geben, zugedeckt unter häufigem Rütteln bei milder Hitze etwa 10 Minuten kochen. Muscheln, die sich nach dem Kochen nicht geöffnet haben, aussortieren und wegwerfen!

3

Muschelfond mit Wermut abschmecken, eventuell salzen und mit gehackter Petersilie bestreut zum Schluß als Süppchen servieren.

Dazu schmeckt warmes Weißbrot oder Schwarzbrot mit Butter.

Eine alte Küchenregel sagt, daß man Muscheln nur in den Monaten »mit r« servieren sollte – also von September bis April.

Sylter Muschelsuppe

Für 6 Personen
raffiniert

2kg Muscheln
1 Bund Suppengrün, 100g Zwiebeln
2 Knoblauchzehen, 50g Butter
2 Zweige Thymian, 3/4l trockener Weißwein
1/2l Geflügelbrühe (evtl. aus dem Glas)
2 Lorbeerblätter, 1EL Pfefferkörner
2 Eigelb, 250g Schlagsahne
etwas trockener weißer Wermut
1 Bund Dill

1

Muscheln gut waschen, wenn nötig entbarten. Muscheln, die sich nicht schließen, aussortieren und wegwerfen. Suppengrün putzen, waschen, Zwiebeln und Knoblauch pellen, Zwiebeln in sehr kleine Würfel schneiden. Knoblauch durch die Presse drücken.

2

Butter in einem großen Topf schmelzen, alles darin glasig andünsten. Thymian und die Muscheln dazugeben, im Gemüse wenden, dann mit dem Weißwein und der Brühe begießen. Die Lorbeerblätter und die Pfefferkörner in den Fond geben, zugedeckt so lange kochen, bis sich die Muscheln geöffnet haben.

3

Muscheln aus dem Sud heben, etwas abkühlen lassen. Nicht geöffnete Muscheln aussortieren und wegwerfen. Muschelfleisch aus den Schalen lösen, Sud durch ein Sieb gießen, Bodensatz zurücklassen. Gemüse und Muschelfleisch wieder in den Topf geben.

4

Suppe zum Kochen bringen. Eigelb mit der Sahne verquirlen, die Suppe damit binden, nicht mehr kochen lassen, mit Wermut abschmecken. Mit gehacktem Dill bestreut servieren.

***S**onntagmorgen auf dem Hamburger Fischmarkt: Hier gibt's nicht nur Langusten, Taschenkrebse, Fisch – sondern auch Blumen und Bananen!*

Gefüllte Vierländer Mastente

Für 4 Personen
raffiniert

200g Backpflaumen ohne Stein, 1/4l Rotwein
6EL roter Portwein, 2 Äpfel (z.B. Boskoop)
1 Vierländer Mastente (ca. 2,5kg)
Salz, Pfeffer aus der Mühle, 1TL Thymian
750g kleine Kartoffeln (festkochend)

1

Backpflaumen etwa 1 Stunde in Rotwein und 4 Eßlöffel Portwein aufquellen lassen. Äpfel schälen, entkernen und würfeln. Ente gut waschen und trockentupfen, den Hals mit einer Küchenschere abschneiden und zerkleinern. Backpflaumen aus dem Wein nehmen, mit den Apfelwürfeln vermengen. Ente mit Salz, Pfeffer und etwas zerrebeltem Thymian würzen, mit dem Obst füllen, mit Holzstäbchen zustecken, mit Fleischfaden im Schnürschuhprinzip verschließen.

2

Ente mit der Brust nach oben in einen Bräter legen, Halsstücke darum verteilen. In den auf 200 bis 225 Grad vorgeheizten Backofen schieben (untere Einschubleiste) und etwa 2 Stunden braten. Die Haut während des Bratens häufig mit einem Holzstäbchen einstechen, damit das Fett gut ausbraten kann und die Haut knusprig wird. Dabei auch Fett abschöpfen. Nach und nach den Rotwein (von den Backpflaumen) und etwas Wasser dazugießen, um die Röststoffe zu lösen.

3

Kartoffeln kochen und pellen. In der letzten halben Stunde zur Ente geben. Ente und Kartoffeln aus dem Bräter nehmen und warm stellen.

4

Bratfond durch ein Sieb in einen kleinen Topf gießen. Röststoffe im Bräter mit wenig Wasser lösen. Bratfond mit dem restlichen Portwein und Thymian abschmecken und extra servieren. Dazu gibt es Rosenkohl, in Nußbutter geschwenkt.

Die Vierländer Mastente stammt aus den fruchtbaren Elbmarschen südöstlich von Hamburg, den »Vierlanden«. Das sind, der Name verrät es, vier Gemeinden: Curslack, Altengamme, Neuengamme, Kirchwerder.

ROTKOHLSALAT

Für 4 Personen
läßt sich vorbereiten

500g Rotkohl, Salz, Zucker
100g Rosinen
1TL geriebener Meerrettich
3EL Essig
1EL Johannisbeergelee
1TL Zitronenschale
4EL Öl

1

Rotkohl putzen, waschen, vierteln, in sehr feine Streifen schneiden und mit Salz und Zucker bestreuen. So lange stampfen, bis Flüssigkeit entsteht, dann die Rosinen darunterheben.

2

Aus Meerrettich, Essig, Johannisbeergelee, Zitronenschale und Öl eine Salatsauce rühren. Sauce über den Kohl geben, mischen und gut durchziehen lassen. Vor dem Servieren noch einmal abschmecken.

TIP: Sie können den Kohl auch kurz in Salzwasser blanchieren und dann gut abgetropft mit der Salatsauce anmachen.

AN DIE LIEBSTE VON ALEXIS KOHLFREUND

Du bist so schön, so wonnenreich,
dem Weißkohl an zarter Farbe gleich,
so rot wie Rotkohl ist dein Mund
und appetitlich und gesund.
So wie der Grünkohl ist so kraus
dein Haar und sieht so lieblich aus,
zwei Äuglein im Gesicht dir stehn,
wie Rosenköhlchen anzusehn.
Dich anzuschaun tut stets mir wohl,
du meines Herzens Blumenkohl!

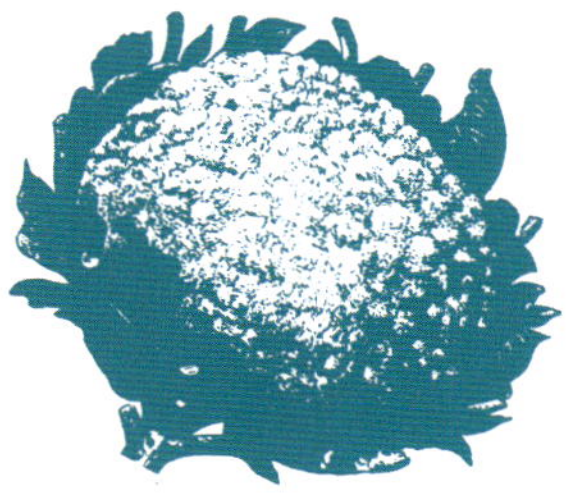

(Diese Widmung fand ich im Kochbuch meiner Urgroßtante)

PFANNKUCHEN MIT VARIATIONEN

Für etwa 6 Stück
preiswert

250g Mehl, 1/2l Milch
4 – 5 Eier, Salz, Zucker
Butterschmalz, Öl oder Speckfett zum Braten

1

Mehl und Milch gut verrühren, 30 Minuten quellen lassen. Eier verquirlen und mit dem Schneebesen zum Teig rühren, mit Salz und Zucker würzen.

2

Pfannkuchen portionsweise im heißen Fett von beiden Seiten goldbraun braten. Mit grünem Salat servieren.

... MIT BICKBEERKOMPOTT

125g fetten Speck fein würfeln und ausbraten, darin werden die Pfannkuchen gebacken. Dazu gibt es Bickbeerkompott aus 750g Bickbeeren (auch Heidelbeeren, Blau- oder Schwarzbeeren genannt) – im eigenen Saft mit 150g Zucker gedünstet. Es wird kalt oder heiß zu den Pfannkuchen serviert. Wer will, bindet das Kompott leicht mit angerührter Speisestärke.

... MIT SIRUP

250g durchwachsenen Speck, in dünne Scheiben (ohne Schwarte) geschnitten und in 5 cm lange Stücke geteilt, in Butterschmalz kroß braten und in 6 Portionen teilen. Darauf jeweils so viel Pfannkuchenteig gießen, daß der Boden der Pfanne bedeckt ist. Obendrauf Apfelstückchen (von 500g aromatischen Äpfeln) streuen. Den Pfannkuchen so lange backen, bis die Unterseite goldbraun ist. Bei Bedarf zusätzlich etwas Butterschmalz dazugeben. Pfannkuchen wenden und auf der Apfelseite ebenfalls goldbraun braten, wenn nötig wieder etwas Butterschmalz dazugeben. Mit der Apfelseite nach oben auf Tellern anrichten, mit hellem Sirup beträufelt servieren.

DER FETTE DIENSTAG

Eierpfannkuchen sind in vielen Gegenden Norddeutschlands die traditionelle Fastnachtsspeise. Aus Butter und Eiern, die während der kommenden Fastenzeit nicht gegessen werden durften, bereitete man kurz vorher noch schnell die köstlichen Pfannkuchen, damit nichts verdarb. Das war nicht nur bei uns so: In England heißt der Fastnachtsdienstag im Volksmund aus dem gleichen Grund »Pancake Tuesday«. Die Franzosen haben den »Mardi Gras«, den fetten Dienstag – und die Russen nennen gleich die ganze Woche vor der Fastenzeit »Butterwoche«.

WILHELM BUSCH UND DER PFANNEKUCHEN

Der norddeutsche Dichter Wilhelm Busch, zeitlebens ein Freund der gutbürgerlichen Küche (man denke nur an Witwe Bolte und das Sauerkraut), war auch ein leidenschaftlicher Pfannkuchenesser.

»Von Fruchtomeletts, da mag berichten
ein Dichter aus den höhern Schichten.
Wir aber, ohne Neid nach oben,
mit bürgerlicher Zunge loben
uns Pfannekuchen und Salat.«

So schrieb der Dichter und schilderte dann in mehreren Strophen die Zubereitung seines Leibgerichts. In der letzten Strophe dann sieht man ihn genüßlich vor dem fertigen Pfannekuchen sitzen – und wer zu essen anfängt, hört zu dichten auf:

»Doch späterhin die Einverleibung,
wie die zu Mund und Herzen spricht,
das spottet jeglicher Beschreibung,
und darum endet das Gedicht.«

Hamburger Kartoffelsuppe

Für 4 – 6 Personen
preiswert

1kg Ochsenbein
1 Bund Suppengrün, 2 Lorbeerblätter
1EL schwarze Pfefferkörner
1 Stückchen unbehandelte Zitronenschale
Salz, 375g Kartoffeln, 125g Möhren
125g Champignons, 1 Bund glatte Petersilie

1

Ochsenbein mit dem geputzten, grob zerkleinerten Suppengrün, Lorbeerblättern, Pfefferkörnern und etwas Zitronenschale in 1 1/2 Liter schwach gesalzenem Wasser langsam zum Kochen bringen. Etwa 2 Stunden bei milder Hitze im offenen Topf kochen lassen.

2

Kartoffeln und Möhren schälen, in dünne Scheiben schneiden. Champignons putzen, waschen und blätterig schneiden. Ochsenbein aus der Brühe nehmen und anderweitig verwenden. Brühe durch ein Sieb gießen, wenn nötig auf 1 Liter auffüllen. Kartoffeln, Möhren und Champignons darin 15 Minuten leise kochen lassen.

3

Petersilie fein hacken, Suppe anrichten und mit Petersilie bestreut servieren.

TIP: Das Fleisch anderweitig, z.B. für einen Fleischsalat weiterverarbeiten.

Was hat das Eisbein mit Eis zu tun?

Wer weiß denn schon, woher das Eisbein seinen Namen hat? Ganz einfach: Früher wurden aus dem Beinknochen des Schweins die Kufen der (knöchernen) Schlittschuhe gefertigt! Grund genug, in Hamburg nach einer Schlittschuhpartie auf der zugefrorenen Alster in der nächstgelegenen Wirtschaft eine Eisbeinsülze mit knusprigen Bratkartoffeln zu bestellen!

EISBEINSÜLZE

Für 8 – 10 Personen
braucht etwas Zeit

Für den Sud:
2 Schweinepfoten, 2 Kalbsfüße
(beides vom Schlachter kleingesägt)
1kg frische Schwarte, Salz, 2EL schwarze Pfefferkörner
2 EL Senfkörner, 4 Lorbeerblätter, 4 Zwiebeln
Für die Sülze:
2kg gepökeltes Eisbein, 2 Bund Suppengrün
evtl. 2 – 3 Blatt weiße Gelatine
1/4l – 3/8l Weißweinessig
Zucker, Salz, Pfeffer aus der Mühle
Worcestershiresauce, 4 Gewürzgurken

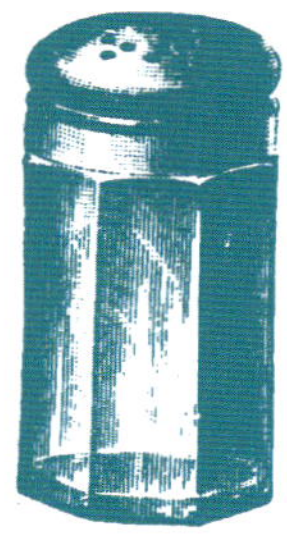

1

Schweinepfoten und Kalbsfüße waschen, zusammen mit den Schwarten in einem großen Topf in 4 Liter leicht gesalzenem Wasser aufsetzen. Pfefferkörner, Senfkörner, Lorbeerblätter und die ungeschälten Zwiebeln dazugeben und alles 3 bis 4 Stunden leise kochen lassen.

2

Eisbeine und das geputzte, unzerteilte Suppengrün dazugeben und eine weitere Stunde leise kochen lassen. Fleisch und Suppengrün herausnehmen, abkühlen lassen und in den Kühlschrank stellen.

3

Sud durch ein Sieb gießen und ebenfalls kalt stellen. Am nächsten Tag das Fett vollständig abheben. Die Standfestigkeit der Natursülze beurteilen, eventuell noch 2 bis 3 Blatt eingeweichte, aufgelöste weiße Gelatine zugeben!

4

2 Liter Sud erwärmen, mit Essig, Zucker, Salz und Pfeffer herzhaft abschmecken, Worcestershiresauce dazugeben. Fleisch von Haut und Fett befreien und würfeln. Suppengrün und Gewürzgurken ebenfalls würfeln, bunt gemischt in eine große Kastenform einfüllen, mit dem Sülzenfond begießen und für 12 Stunden kalt stellen. Stürzen, aufschneiden und mit Bratkartoffeln und Remouladensauce servieren.

Dazu schmeckt auch eine Vinaigrette mit Kapern und Gurkenwürfelchen.

Hanseaten

Für etwa 70 Stück
läßt sich vorbereiten

450g Mehl, 300g Butter, 150g Zucker
etwas geriebene unbehandelte Zitronenschale
1 Prise Salz, 1 Ei (Gew.Kl. 4)
Mehl für die Arbeitsfläche
Fett für die Bleche
Himbeerkonfitüre
Für die Glasur:
375g Puderzucker
3 – 4EL Zitronensaft oder Rum
rote Speisefarbe

1

Aus Mehl, Butter, Zucker, Zitronenschale, Salz und dem Ei einen Mürbeteig kneten und kalt stellen.

2

Teig auf leicht bemehlter Arbeitsfläche etwa 2 mm dick ausrollen. Kreise von 6 cm Durchmesser ausstechen, auf gefettete Backbleche setzen und im vorgeheizten Backofen bei 200 Grad in 5 bis 7 Minuten goldbraun backen. Auf Kuchengittern auskühlen lassen.

3

Jeweils 2 Plätzchen mit Himbeerkonfitüre zusammensetzen. Puderzucker mit Zitronensaft oder Rum glattrühren, eine Hälfte mit roter Speisefarbe färben.

4

Hanseaten zur Hälfte mit rotem Guß bestreichen, trocknen lassen, dann die andere Hälfte mit weißem Guß bestreichen.

»Hanseaten« heißen so, das ist jedem Hanseaten klar, weil sie rot und weiß sind – und das sind die Farben der Hansestädte.

Die rot-weißen Hanseaten gab's früher in Hamburg in jeder Konditorei – heute muß man lange danach suchen. Oder selber welche backen!

Mit Rute und Peitsche

»Hüt, hüt is de Dag,
wo man hidde Weggen mag,
giff ji nich in gooden,
denn kamt wi mi'de Roden,
giff ji nich soglieks,
denn kamt wie mi'de Pietsch!«

sangen wir als Kinder frühmorgens am Fastnachtsdienstag und schlugen mit unseren Ruten auf die Bettdecke von Vater und Mutter. Die angedrohte Peitsche, die wir gar nicht hatten, wäre auch nie zum Zuge gekommen, denn natürlich rückten die Eltern sogleich die ersehnten Heißwecken raus. Die Ruten hatten wir uns bereits am Abend vorher gebastelt – unter großer Geheimnistuerei. Sie bestanden aus Birkenzweigen, die wir mit bunten Schleifen geschmückt hatten.

Hedwigs

Die Bremer haben sich wieder einmal etwas Eigenes ausgedacht, sie nennen ihre Heißwecken nämlich »Hedwigs«, was keineswegs mit der Erfinderin des beliebten Gebäcks zu tun hat. Es ist nichts weiter als eine Verballhornung der plattdeutschen Bezeichnung »Heedewegen« für Heißwecken. In Hamburg wandelte sich der Name zu »Hetwichs«. Die Wecken ißt man heute meistens mit Butter bestrichen zum Frühstück, und zwar vor allem während der Fastenzeit. Oder sogar schon vorher. Früher dagegen gab es sie ausschließlich am Fastnachtsdienstag, und zwar als warmes Abendessen in einem Suppenteller, mit heißer Milch übergossen. Besonders ausgepichte Feinschmecker schnitten vorher einen Deckel ab, gaben ein Stück frische Butter hinein, streuten Zimtzucker drüber und setzten den Deckel wieder drauf. Erst dann gossen sie die heiße Milch über den Wecken.

HEISSWECKEN

Für etwa 16 Stück
läßt sich vorbereiten

500g Mehl
1 Würfel Hefe, 1/4l Milch
1TL Zucker, 150g Butter
100g Korinthen
50g Zitronat
1 gestrichener TL Salz
1 gestrichener TL gemahlener Zimt
1 Msp. gemahlene Nelken
Fett für das Blech
2 Eigelb, 2EL Milch

1

Mehl in eine Schüssel geben, eine Mulde hineindrücken. Hefe mit lauwarmer Milch verrühren, den Zucker dazugeben. Hefemilch in die Mulde gießen, mit etwas Mehl verrühren und zugedeckt 10 Minuten gehen lassen.

2

Butter schmelzen, mit den Korinthen, fein gewürfeltem Zitronat, Salz, Zimt und Nelkenpulver zum Vorteig geben. Mit den Knethaken des Handrührers zu einem Teigball kneten. Zugedeckt etwa 1 Stunde gehen lassen, bis der Teig sein Volumen verdoppelt hat.

3

Teig auf einem leicht bemehlten Backbrett nochmal kneten, etwas ruhen lassen, dann etwa 2 cm dick ausrollen. Kreise von 6 cm Durchmesser ausstechen und auf einem gefetteten Blech ein weiteres Mal gehen lassen.

4

Eigelb mit Milch verrühren, die Wecken damit bestreichen. Im vorgeheizten Backofen bei 200 Grad etwa 25 Minuten backen.

Lüneburger Heidesand

Für 70 – 80 Stück
preiswert

275g Butter, 200g feiner Zucker
1 Päckchen Vanillezucker
2EL Schlagsahne, 375g Mehl
1 gestrichener TL Backpulver

1

Butter in einem kleinen Topf bräunen, in eine Rührschüssel umgießen, kalt werden lassen. Dann mit den Quirlen des Handrührers schaumig rühren. Zucker, Vanillezucker und die Sahne dazugeben, so lange rühren, bis die Masse hell und schaumig ist.

2

Mehl mit dem Backpulver vermischen, die Hälfte davon unter die Masse rühren, dann den Rest dazugeben und auf der Arbeitsfläche rasch zu einem glatten Teig kneten. 5 cm dicke Rollen formen, mit Klarsichtfolie bedecken und kalt stellen.

3

Wenn der Teig hart ist, etwa 1/2 cm dicke Scheiben abschneiden, auf ein gefettetes Backblech legen, im vorgeheizten Backofen bei 175 bis 200 Grad 12 bis 15 Minuten backen.

Mit Semmelteig vom Bäcker

Zuckerkringel, auf Fehmarn auch »Herrenkringel« genannt, waren das Lieblingsgebäck meines Großvaters – er mußte immer eine Dose davon auf dem Schreibtisch stehen haben. Meine Großmutter hatte dafür ein Spezialrezept: Sie holte sich Semmelteig vom Bäcker, der wurde »Pfund auf Pfund« mit Butter ausgerollt, zusammengeschlagen wie Blätterteig, ausgerollt, wieder zusammengeschlagen, zwischendurch kaltgestellt. Es gibt auch heute noch Landfrauen, die ständig im Keller so einen Teig in Arbeit haben. »Immer, wenn ich vorbeikomme, schlage ich ihn zusammen und rolle ihn mal wieder«, sagen sie.

FEHMARNSCHE ZUCKERKRINGEL

Für etwa 100 Stück
raffiniert

200g Mehl
250g weiche Butter
200g Schlagsahne
20g Hefe, 1 Prise Salz
125g Hagelzucker

1

Alle Zutaten, bis auf den Hagelzucker, mit den Knethaken des Handrührers kräftig kneten und schlagen. Für eine Stunde in den Kühlschrank stellen.

2

Aus dem Teig auf der bemehlten Arbeitsfläche daumendicke Rollen formen, mit Folie abdecken und über Nacht im Kühlschrank gut kühlen.

3

Rollen nacheinander aus dem Kühlschrank nehmen, in walnußgroße Stücke schneiden. Stücke dann zwischen den Handflächen zu Rollen formen. Daraus auf leicht bemehlter Arbeitsfläche Stränge von etwa 15 cm Länge rollen. Die Stränge zu Brezeln formen.

4

Hagelzucker mit der Kuchenrolle etwas feiner zerdrücken, die Brezeln mit den Nahtstellen hinein- und dabei flachdrücken. Mit der Zuckerseite nach oben auf ein gefettetes Blech legen, im vorgeheizten Backofen bei 175 bis 200 Grad in etwa 12 Minuten goldbraun backen.

TIP: Da es sich um einen sehr fettreichen Teig handelt, sollten Sie möglichst schnell und mit kühlen Händen arbeiten. Den Teig zwischendurch immer wieder kalt stellen. Heute ist das kein Problem mehr, weil man den Kühlschrank neben der Arbeitsfläche hat. Früher war das weniger gemütlich, da wurden die Zuckerkringel im kalten Keller ausgerollt und bearbeitet.

Ausgebackene Apfelringe

Für 4 Personen
ganz einfach

75g Mehl
2 Eier (Gew.Kl. 2)
200ml Weißwein, 50g Zucker
4 aromatische Äpfel (z.B. Glockenäpfel oder Cox Orange)
Butterschmalz zum Braten
Puderzucker

1

Aus Mehl, Eiern, Weißwein und Zucker einen glatten Teig rühren, 30 Minuten ruhen lassen. Äpfel schälen, mit einem Apfelausstecher das Kerngehäuse herausstechen, Äpfel in Scheiben schneiden.

2

Apfelscheiben in den Weinteig tauchen, mit 2 Gabeln herausheben und in der Pfanne im heißen Butterschmalz von beiden Seiten goldbraun braten. Auf Küchenkrepp etwas abtropfen lassen, mit Puderzucker bestäubt heiß servieren.

TIP: Apfelringe mit einer Kugel Walnußeis servieren.

Sturmbowle von der Insel Rügen

Wenn über der Ostsee die Winterstürme wüten, wird auf der Insel Rügen eine »Sturmbowle« angesetzt, die einen immun machen soll gegen Husten und Schnupfen und jede andere Schlechtwetterkrankheit. Man nehme: einen halben Liter starken Tee, einen Achtelliter braunen Rum (42 Prozent), einen Viertelliter kräftigen Rotwein, bringe alles mit dem Saft einer Zitrone und Zucker nach Geschmack bis zum Siedepunkt und serviere die Bowle kochend heiß in feuerfesten Gläsern.

Holsteiner Nusszwieback

Für 36 Stück
ganz einfach

2 Eier (Gew.Kl. 2)
100g Zucker, 200g Mehl
175g Haselnußkerne
Fett für die Form

1
Eier und Zucker schaumig rühren, das Mehl und die unzerkleinerten Haselnußkerne dazugeben.

2
Eine Kastenform von 30 cm Länge fetten, die Masse einfüllen und im vorgeheizten Backofen bei 175 Grad (Gas Stufe 2) etwa 35 Minuten backen (Hölzchenprobe machen). Einen Tag stehen lassen.

3
Kuchen in etwa 36 dünne Scheiben schneiden, auf ein mit Backpapier belegtes Blech legen und im vorgeheizten Backofen bei 200 bis 225 Grad (Gas Stufe 3 bis 4) etwa 8 bis 10 Minuten rösten.

Menü des Monats

Hamburger Kartoffelsuppe
Gefüllte Vierländer Mastente
Ausgebackene Apfelringe mit Walnußeis

Die Küche

Zum Frühlingsanfang kommt in Norddeutschland traditionell etwas Grünes auf den Tisch: in Hamburg die erste Kerbelsuppe, in Niedersachsen eine Schnittlauchsauce zur gekochten Ochsenbrust, in Holstein Sauerampfer mit Rosinen.

IM MÄRZ

Nicht nur Gemüse liefern die fruchtbaren Vierlande bei Hamburg: Schon im frühesten Frühjahr knospen dort unter Glas in über 1300 Blumenanbaubetrieben Millionen von Rosen.

WAS ES IM MÄRZ

KERBEL

Der Geschmack erinnert an Petersilie mit einem ganz zarten, anisähnlichen Unterton. Kerbel ist ein richtiges Frühlingskraut, er paßt an alle frischen Salate, vor allem grünen und Tomatensalat, er würzt Tomatensuppe und Kartoffelsuppe und natürlich die berühmte Hamburger Kerbelsuppe. Und gesund ist er auch noch: Kerbel ist reich an Vitamin C und wirkt entschlackend.

SAUERAMPFER

Früher fand man den Sauerampfer auf den meisten norddeutschen Märkten – heute ist er leider ziemlich aus der Mode gekommen. Man muß schon einen guten Gemüsemann haben, wenn man sich eine Köstlichkeit wie Sauerampfergemüse oder Sauerampfersalat nicht entgehen lassen will. Oder man muß ihn selbst auf Wiesen sammeln – wegen der Schadstoffe aber möglichst nicht in der Nähe vielbefahrener Straßen.

STEINBUTT

Einer der edelsten Fische in unseren Gewässern – und auch einer der größten: Er wird bis zu einem Meter lang und 20 Kilogramm schwer. Er hat keine Schuppen, auf der dunklen Oberseite aber viele kleine Knochenhöcker, die »Steine«, die ihm seinen Namen gaben. Kleine Fische werden ganz, die größeren filiert zubereitet, meist wie Seezunge.

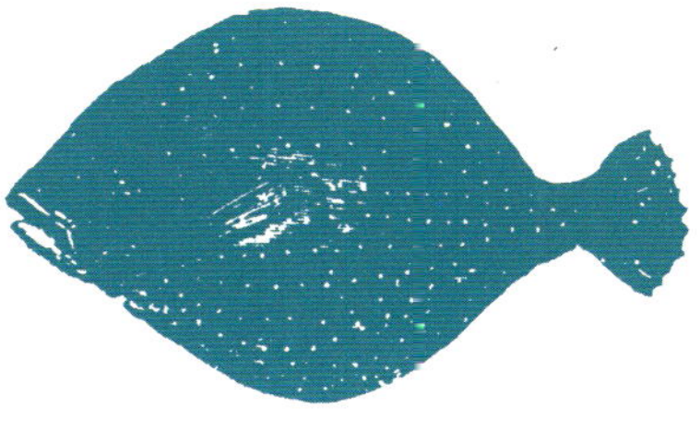

ALLES GUTES GIBT...

DILL

Dill macht die stärksten Männer schwach – das glaubten unsere Vorfahren. Noch im Mittelalter steckten Mädchen, die in der Ehe die erste Geige spielen wollten, sich ein Dillzweiglein in den Schuh. Über solchen Aberglauben können die jungen Frauen an der Waterkant heute nur lächeln. Aber sie haben auch ihre Methoden: Jeder Mann wird schwach, so wissen sie, wenn man ihm einen köstlichen Salat aus frisch geschälten Krabben mit Dill vorsetzt.

RADIESCHEN

Wie beim Rettich sind auch bei dessen kleinem Verwandten, dem Radieschen, Senföle für den scharfen Geschmack verantwortlich. Radieschen ißt man hierzulande ausschließlich roh, meist in Scheiben auf Butterbrot oder als Garnierung von kalten Platten. Von den Franzosen können wir lernen, sie als Salat anzumachen, von den Skandinaviern, sie als Snack zu einem Glas Schnaps oder Bier zu reichen.

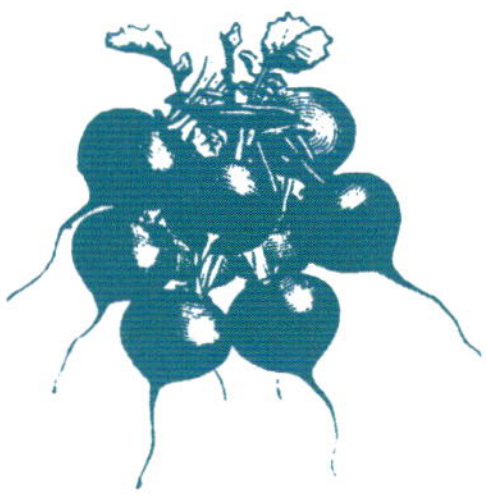

TYPISCH FÜR MÄRZ

Hamburger Kerbelsuppe

Für 4 Personen
ganz einfach

Für die Weißbrotwürfelchen:
2 Scheiben frisches Kastenweißbrot
50g Butter
Für die Suppe:
50g Butter, 2 Schalotten
30g Mehl, 1l Hühnerbrühe
2 Handvoll Kerbel, 2 Eigelb
125g Schlagsahne

1

Weißbrot entrinden, würfeln und in der Butter goldbraun rösten.

2

Butter zerlassen, die Schalotten würfeln und darin glasig andünsten, Mehl darüberstäuben und gut anschwitzen, mit der Hühnerbrühe ablöschen und 10 Minuten leise kochen lassen.

3

Kerbel hacken, die Hälfte davon zur Suppe geben, 5 Minuten mitkochen. Eigelb mit der Sahne verrühren, die Suppe damit legieren, Suppe bis kurz vor dem Kochen heiß werden lassen.

4

Restlichen Kerbel dazugeben, sofort servieren. Die Brotwürfelchen extra dazu reichen.

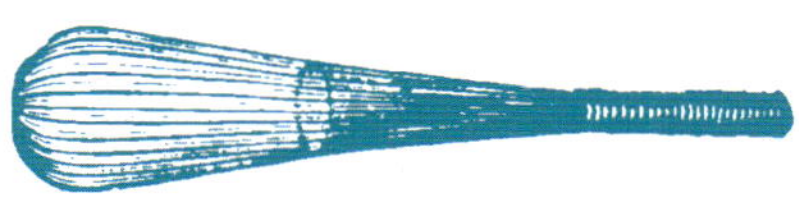

Schlag nach bei Plinius

Kerbel ist das richtige gegen die Frühjahrsmüdigkeit – und für die zarten Frühlingsgefühle. Das glaubte zumindest der römische Gelehrte Plinius der Ältere: »Kerbel hilft dem durch Beischlaf erschöpften Körper wieder auf und stachelt bereits schlaffe Greise noch zur Begattung an.« Ob auch die Hamburger Kerbelsuppe diese Wunderwirkung hat?

Spinat in Sahne

Für 4 Personen
ganz einfach

1kg großblättriger Spinat
(am besten Freilandspinat)
375g Schlagsahne
2 Schalotten
1 Knoblauchzehe
30g Butter
Salz, Pfeffer
evtl. frisch geriebene Muskatnuß

1

Spinat putzen, die groben Stiele abschneiden, so lange waschen, bis das Wasser klar bleibt, gut abtropfen lassen.

2

Sahne in einem Topf cremig einkochen lassen. Schalotten und die Knoblauchzehe pellen, sehr klein würfeln, in der Butter glasig dünsten, den Spinat hineingeben und unter Rühren zusammenfallen lasssen. Mit Salz, Pfeffer und eventuell Muskatnuß würzen.

3

Spinat aus dem Kochsud heben, etwas ausdrücken, mit der eingekochten Sahne mischen.

TIP: So paßt Spinat besonders gut zu Lammkoteletts – aber auch zu Räucherlachs, eine Kombination, die in Dänemark beliebt ist.

SCHNITTLAUCHSAUCE

Für 4 Personen
ganz einfach

1/4l Milch, 30g Mehl
2 Eier, 1 Eigelb, 100ml Öl
2 – 3 Bund Schnittlauch
Salz, Pfeffer aus der Mühle, Senf
etwas Essig

1

Mehl mit etwas Milch anrühren. Restliche Milch zum Kochen bringen, Mehl-Milchmischung dazugeben, bei milder Hitze 5 Minuten unter Rühren ausquellen lassen, kalt stellen. Eier hartkochen, pellen, halbieren, die Eidotter durch ein Sieb in eine Schüssel zum Eigelb streichen und verrühren. Das Eiweiß in kleine Würfel schneiden.

2

Das Öl mit den Quirlen des Handrührers nach und nach unter die Eigelbmasse rühren. Den Mehlbrei durch ein Sieb streichen, dazugeben und mischen. Eiweiß und in Röllchen geschnittenen Schnittlauch zur Sauce geben, mit Salz, Pfeffer, Senf und Essig herzhaft abschmecken. Zu gekochter Ochsenbrust servieren – oder zu hartgekochten Eiern mit Bratkartoffeln.

ES GRÜNT SO GRÜN...

Frühlingsanfang ist ein Grund zur Vorfreude, denn langsam kehren die Farben zurück, vor allem das junge Grün in der Natur. Frühlingsfeste werden noch in manchen Gegenden gefeiert, und in vielen norddeutschen Familien wird seit altersher etwas Grünes serviert: ein Salat aus den ersten Löwenzahnspitzen, eine Kräutersuppe oder ein grünes Gemüse wie Spinat oder Sauerampfer. In vorchristlichen Zeiten wurde Neujahr am 21. März gefeiert, da man glaubte, daß an diesem Tag die Welt erschaffen worden sei. Mit dem Christentum hat sich der Brauch, den Frühling mit einer grünen Mahlzeit zu begrüßen, auf den Gründonnerstag verlagert. Und nicht nur in Norddeutschland: Im Schwarzwald ißt man grüne Pfannkuchen mit Schnittlauch, im Elsaß Brennesselkuchen, in Schwaben »Laubfrösche«, in Hessen ein Gemüse aus neunerlei Grün.

Gekochte Ochsenbrust

Für 4 Personen
ganz einfach

500g Rindfleischknochen
1 Bund Suppengrün
2 Lorbeerblätter
1 Bund Petersilie
1EL Majoran
1 Zwiebel, 2 Gewürznelken
etwas unbehandelte Zitronenschale
2EL Pfefferkörner
1kg magere Ochsenbrust

1

Knochen mit Suppengrün, Kräutern, Gewürzen und der mit den Gewürznelken gespickten Zwiebel, der Zitronenschale und den Pfefferkörnern in 2 Liter Wasser aufsetzen und zum Kochen bringen. Eine Stunde bei milder Hitze kochen lassen.

2

Ochsenbrust dazugeben und weitere 1 1/2 bis 2 Stunden im offenen Topf leise kochen lassen. Fleisch aus der Bouillon nehmen, 10 Minuten ruhen lassen, aufschneiden und mit Rosinensauce (Seite 70) oder Schnittlauchsauce (Seite 68) servieren.

Dazu passen Kartoffeln, in der Bouillon gekocht und mit Petersilie bestreut.

TIP: Lassen Sie Fleisch nie sprudelnd kochen, sonst wird es zäh. Sie brauchen die Brühe nicht abzuschäumen, das ausflockende Eiweiß setzt sich während der Kochzeit am Topfrand ab.

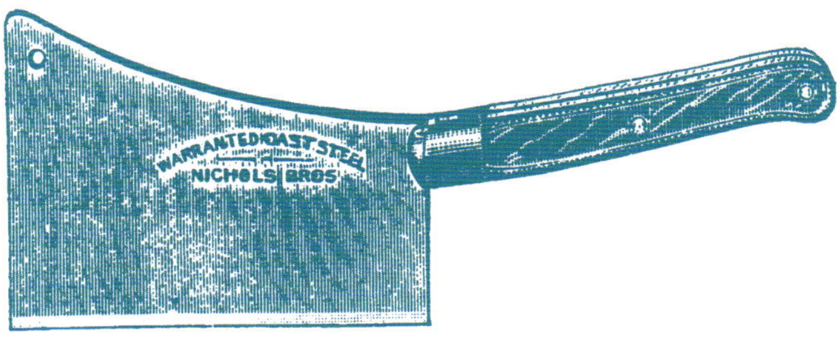

Rosinensauce

Für 4 Personen
preiswert

100g Butter
30g Mehl
1/2l Ochsenbrustbouillon (Seite 69)
30g Korinthen
30g Rosinen
40g gehackte Mandeln
1/4l Weißwein
etwas Zitronensaft
etwas Zucker

1

Butter und Mehl goldgelb anschwitzen, mit Ochsenbrustbouillon ablöschen. Korinthen, Rosinen, Mandeln und Wein dazugeben, mit Zitronensaft und Zucker abschmecken, 5 Minuten leise kochen lassen.

TIP: Diese Sauce paßt zu gekochter Ochsenbrust, aber auch gut zu pochiertem Hecht.

Broken Söt

Die »broken Söt« ist eine Spezialität der Küchen von Hamburg und Schleswig-Holstein. Der kräftige Geschmack von salzigen oder sauren Speisen wird dabei durch die Zugabe von Zucker sozusagen gebrochen. Darum nennt man das »gebrochene Süße«. Zugereiste aus südlicheren Landstrichen sind oft irritiert und nicht auf Anhieb begeistert, wenn ihnen so etwas vorgesetzt wird: Rosinensauce zum Rindfleisch, Aalsuppe mit Backpflaumen, grüner Salat mit süßer Sahnesauce – und das berühmte Hamburger Eintopfgericht Bohnen, Birnen und Speck. Aber wenn sie einmal auf den Geschmack gekommen sind…

Spinatsalat

Für 4 Personen
raffiniert

250g großblättriger Spinat (am besten Freilandspinat)
125g feste weiße Champignons
3 Schalotten, 2 – 3EL Weißweinessig
1 Prise Zucker, Salz, Pfeffer aus der Mühle
1TL mittelscharfer Senf, 4EL Öl
50g magerer luftgetrockneter Frühstücksspeck

1

Spinat putzen, alle groben Stiele abschneiden, so lange waschen, bis das Wasser klar bleibt, gut abtropfen lassen.

2

Schalotten pellen, sehr fein würfeln. Champignons putzen, unter fließendem Wasser in einem Sieb unter Rütteln abbrausen, abtropfen lassen und blätterig schneiden.

3

Aus Essig, Zucker, Salz, Pfeffer, Senf, den Schalottenwürfeln und Öl eine Salatsauce rühren, die Champignons hineingeben und darin durchziehen lassen.

4

Frühstücksspeck in sehr kleine Würfel schneiden, kroß ausbraten und Grieben auf Küchenpapier entfetten. Spinat in der Sauce wenden, mit den Speckwürfeln bestreut servieren.

Sauerampfer mit Rosinen

Wer gern Saures mag, für den ist Sauerampfer das richtige Gemüse – es gibt nichts, Essig ausgenommen, was mehr Säure hat. In Ostholstein sammelt man die ersten zarten Blätter für Sauerampfersauce oder Salat. Oder man dünstet sie wie Spinat, hackt sie dann grob, gibt ausgequollene Rosinen dazu und schwenkt alles in Butter. Auf gleiche Weise bereitet man in Holstein auch Spinat zu. In Italien, und zwar in der Gegend von Genua, gibt es überraschenderweise eine ganz ähnliche Spezialität: »spinaci alla genovese« ist Spinat mit Rosinen und Pinienkernen. Ob Seeleute die ungewöhnliche Rezeptur aus dem Norden dorthin gebracht haben – oder war es etwa umgekehrt?

Kalbsragout mit Champignons und Erbsen

Für 6 Personen
raffiniert

1,5kg Kalbsnacken
1 mittelgroße Zwiebel
30g Butterschmalz, Salz, Pfeffer aus der Mühle
250g Champignons, 40g Mehl
1/4l trockener Weißwein
250g Schlagsahne
1/4l Kalbsfond (evtl. aus dem Glas)
300g tiefgekühlte Erbsen
2EL Zitronensaft, 2 Eigelb

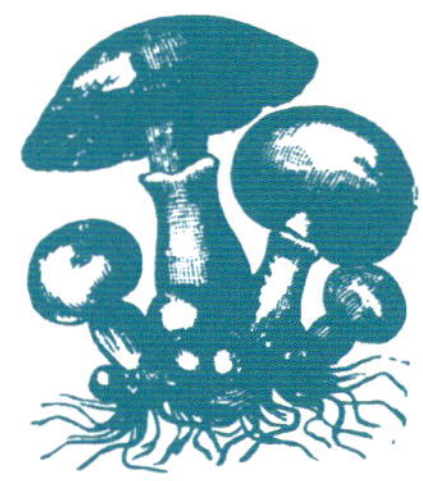

1

Fleisch vom Knochen lösen, in Würfel schneiden, dabei überflüssiges Fett und Sehnen entfernen.

2

Die Zwiebel fein würfeln, im Butterschmalz glasig dünsten, das Fleisch dazugeben und unter Wenden leicht bräunen, mit Salz und Pfeffer würzen.

3

Champignons putzen, in einem Sieb unter kaltem Wasser abbrausen, dabei schütteln (so waschen sich die Pilze aneinander), gut abtropfen lassen und feinblättrig schneiden. Pilze zum Fleisch geben und gut schmoren. Die Flüssigkeit etwas verdampfen lassen, mit dem Mehl bestäuben, unter Rühren leicht bräunen, dann mit Wein, Sahne und dem Kalbsfond ablöschen.

4

Zugedeckt im vorgeheizten Backofen bei 175 Grad 1 Stunde schmoren. Die Erbsen untermischen, nochmal für 15 Minuten in den Backofen schieben, diesmal ohne Deckel.

5

Ragout mit Zitronensaft, Salz und Pfeffer herzhaft abschmecken. Eigelb mit etwas Sauce verrühren, das Ragout damit legieren, nicht mehr kochen.

Dazu paßt Reis oder Kartoffelbrei.

Kartoffelbrei

Für 4 Personen
preiswert

1kg Kartoffeln
Salz
1/4l Milch
50g gut gekühlte Butter

1

Kartoffeln waschen, schälen und in große Würfel schneiden. In Salzwasser kochen, abgießen, abdämpfen, dann durch die Kartoffelpresse drücken. Die Kartoffelmasse wieder in den Topf zurückgeben.

2

Milch zum Kochen bringen, mit dem Schneebesen unter den Kartoffelschnee rühren, die kalte Butter in kleinen Stückchen unter kräftigem Rühren einarbeiten. Sofort servieren.

TIP: Pürieren Sie den Kartoffelbrei nicht mit dem Schneidstab des Handrührers, er wird sonst zäh!

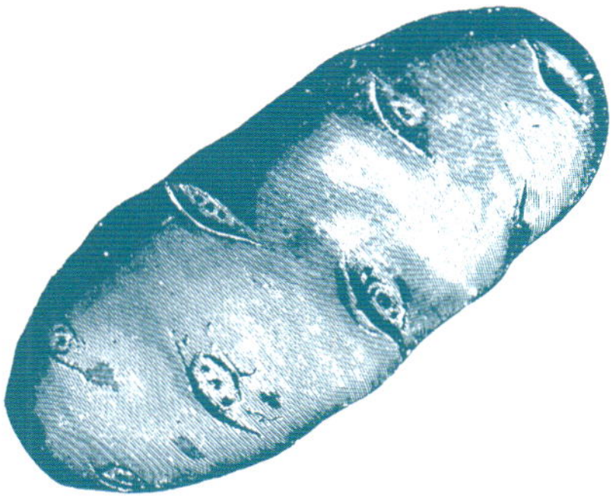

Brust oder Keule?

Es müssen ja nicht immer die Prachtstücke aus Brust oder Keule sein – die sparsamen Niedersachsen verwenden mit Vorliebe die preiswerteren Teile, zum Beispiel den Kalbsnacken. Weil der mit Fett durchzogen ist, bleibt das Fleisch auf jeden Fall saftig und aromatisch, auch bei längerer Schmorzeit.

Lübecker Rotspon

In den historischen Gaststätten der Hansestadt Lübeck, im Schabbelhaus, im Haus der Schiffergesellschaft oder im Ratskeller, trinkt man zum Essen gern einen Rotspon. Das ist aus Frankreich importierter, in Lübeck gereifter Rotwein – mit dem es eine spezielle Bewandtnis hat. Schon seit dem 13. Jahrhundert importierten Lübecker Kaufleute Bordeaux- und später auch Burgunderweine. Noch heute lagern Millionen Liter in Holzfässern in den Lübecker Kellergewölben. Die jahrhundertelangen Erfahrungen der Lübecker Kellermeister sowie das milde, feuchte Seeklima und die ständig gleichbleibende Kellertemperatur sind den Weinen offensichtlich sehr bekömmlich – jedenfalls reifen sie dort zu besonders edlen Tropfen, deren Qualität sogar Franzosen verblüfft: Als französische Söldner unter Napoleon die Stadt besetzten und die Keller plünderten, schmeckte ihnen der Bordeaux viel besser als ihr eigener!

Der Name »Rotspon« soll auf das mecklenburgische »Spon« für Holzfaß zurückgehen. Manche Forscher sind allerdings der Ansicht, man habe ursprünglich Holzspäne in die Fässer gegeben, zur Färbung und zur Konservierung des Weins.

Mit prächtigen Fassaden prunken die Häuser im Alten Land – wie gestickt wirkt das rot-weiße Mauerwerk mit seinen verschiedenen Mustern.

Mecklenburger Rippenbraten

Für 4 Personen
braucht etwas Zeit

250g Backpflaumen ohne Stein
2kg mild gepökelte Schmorrippe vom Schwein
(beim Schlachter vorbestellen)
4 säuerliche Äpfel
2 – 3EL Semmelbrösel
Fleischfaden zum Binden
Salz, Pfeffer aus der Mühle
Schweineschmalz zum Braten
1/2l – 3/4l Fleischbrühe
30g Mehl

1

Backpflaumen über Nacht in Wasser einweichen. Das Schmorrippenstück vom Schlachter soweit einsägen lassen, daß man das Stück zusammenklappen kann.

2

Äpfel schälen, entkernen, würfeln. Backpflaumen abtropfen lassen, ebenfalls würfeln, beides mischen und die Brösel darunterrühren. Auf der Hälfte des Fleisches verteilen, die zweite Hälfte darüberklappen, mit dem Fleischfaden gut zusammenbinden, Rippe mit Salz und Pfeffer einreiben.

3

Schmalz in einem Schmortopf heiß werden lassen, die Rippe ringsum gut anbraten. Wenn sich Röststoffe bilden, etwas Brühe dazugießen und zugedeckt im vorgeheizten Backofen bei 225 Grad etwa 2 Stunden schmoren.

4

Braten aus dem Topf nehmen, in Folie gewickelt ruhen lassen. Mehl in den Bratfond geben und goldgelb anschwitzen, mit der restlichen Brühe ablöschen, 10 Minuten leise kochen lassen. (Wenn nötig, die Sauce vor dem Binden etwas entfetten.)

GEBUNDENE OCHSENSCHWANZSUPPE

Für 4 Personen
raffiniert

250g Zwiebeln
1,5kg Ochsenschwanz (vom Schlachter einsägen lassen)
3EL Öl, Salz, Pfeffer aus der Mühle
3EL getrocknetes Suppengrün
2 Knoblauchzehen, 2 Lorbeerblätter
225ml Rotwein
100ml roter Portwein
2EL schwarze Pfefferkörner
50g Mehl, Cayennepfeffer

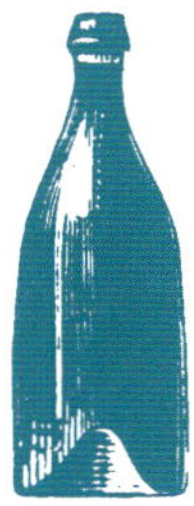

1

Zwiebeln pellen, grob würfeln. Ochsenschwanz teilen, von überflüssigem Fett befreien, im heißen Öl ringsum kräftig anbraten, mit Salz und Pfeffer würzen. Suppengrün, Zwiebelwürfel, eine halbierte Knoblauchzehe und die Lorbeerblätter dazugeben, unter häufigem Rühren so lange braten, bis sich Röststoffe gebildet haben (das dauert etwa 30 Minuten), dann mit 1/8 Liter Rotwein und 5 Eßlöffel Portwein ablöschen, wieder vollständig einkochen lassen, nach und nach 1/2 Liter Wasser dazugeben und immer wieder einkochen. Mit Salz und der restlichen durchgepreßten Knoblauchzehe würzen.

2

Mit 2 Liter kaltem Wasser und dem restlichen Portwein auffüllen, die Pfefferkörner dazugeben, bei milder Hitze etwa 2 Stunden kochen. Ochsenschwanzteile aus dem Fond nehmen, beides abkühlen lassen. Fleisch dann von den Knochen lösen und kalt stellen.

3

Fond, wenn nötig, etwas entfetten. 3 Eßlöffel von diesem Fett in einen großen Topf geben, das Mehl darin hellbraun anschwitzen. Fond mit Wasser auf 1 1/4 Liter auffüllen, die Mehlschwitze unter Rühren mit dem Schneebesen damit ablöschen. 20 Minuten leise kochen lassen.

4

Vom Fleisch alles Fett abnehmen, Fleisch in kleine Würfel schneiden, in der Suppe heiß werden lassen, mit dem restlichen Rotwein, Salz und Cayennepfeffer herzhaft abschmecken. Am besten in Tassen servieren.

Steinbutt mit zwei Saucen

Für 6 Personen
raffiniert

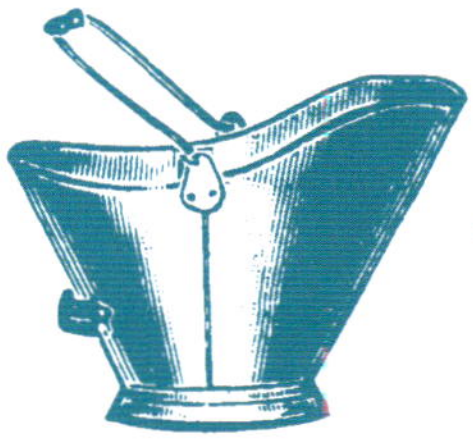

Für die Sauce Béarnaise:
2 Schalotten, 1EL getrockneter Estragon
1TL weiße Pfefferkörner, 5EL Estragonessig
1/8l trockener Weißwein, 200g Butter, 4 Eigelb
Salz, Zucker, 2EL frischer Kerbel
Für den Fisch:
1/4l trockener Weißwein, 2 Schalotten
1 Knoblauchzehe, 1EL getrockneter Thymian
Salz, 50g Butter, 6 Steinbuttfilets (à 150g)
Für die Tomatensauce:
1/4l Tomatenpüree aus dem Karton
125g Schlagsahne, Salz, Zucker

1

Für die Sauce Béarnaise die Schalotten pellen und in feine Würfel schneiden, zusammen mit Estragon, Pfefferkörnern, Essig und Wein im offenen Topf auf etwa 8 Eßlöffel einkochen lassen. Butter schmelzen, in einen Topf mit Tülle umgießen. Eigelb in eine Stahlschüssel geben, mit der eingekochten Flüssigkeit verrühren und über einem Wasserbad schaumig-cremig aufschlagen. Die Butter zuerst tropfenweise, dann in dünnem Strahl dazugießen, dabei ständig mit dem Schneebesen rühren, bis eine dickliche Sauce entstanden ist. Mit Salz und Zucker pikant abschmecken. Zum Schluß den gehackten Kerbel unterrühren, in einem handwarmen Wasserbad warmhalten.

2

Für den Fisch den Wein und 1/4 Liter Wasser mit den grob gewürfelten Schalotten, dem Knoblauch, Thymian, Salz und der Butter in einem ovalen Fischtopf zum Kochen bringen, 5 Minuten leise kochen lassen, dann die Steinbuttfilets in den Sud legen und bei milder Hitze 6 Minuten pochieren. Nicht kochen! Aus dem Sud nehmen und warmstellen.

3

Für die Tomatensauce das Tomatenpüree und die Sahne cremig einkochen lassen, mit etwas Fischsud, Salz und Zucker abschmecken. Fisch anrichten, etwas von den beiden Saucen darübergießen und mit kleinen Kartoffeln oder Reis und der restlichen Sauce servieren.

Was macht der Fischkenner heute anders als früher?

1. Ganze Fische, die gekocht werden sollen, nicht schuppen, denn beim ungeschuppten Fisch bleibt das Fleisch saftiger (und die Haut wird sowieso nicht mitgegessen).
2. Die »Neue Küche« lehrt, daß ganz frischer Fisch nicht gesäuert werden soll, weil er durch die Säure bereits vorgegart wird.

Fisch-Regeln, die auch heute noch gelten

1. Fisch nicht zu heiß braten (auf keinen Fall so heiß wie ein Steak!). Besonders gut eignen sich beschichtete Pfannen.
2. Fischsud mit Kräutern und Gewürzen mindestens 20 Minuten kochen lassen, bevor der Fisch hineingelegt wird. Sobald er im Sud liegt, darf die Flüssigkeit nicht mehr kochen.
3. Fisch erst unmittelbar vor dem Garen salzen und nicht gesalzen stehen lassen.
4. Bei paniertem Fisch die Paniermischung salzen und nicht den Fisch, weil sonst die Panierung abblättert.
5. Bei allen Fischen vor dem Garen die Kiemen entfernen. Sie könnten einen modrigen Geschmack verursachen.

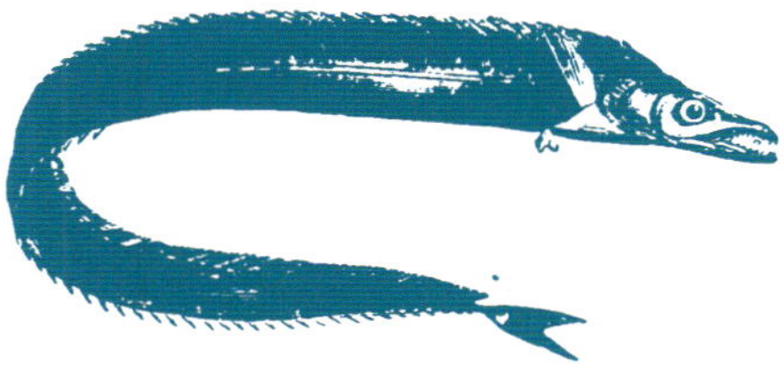

Kabeljau-Frikadellen

Für 8 Stück
preiswert

150g Zwiebeln
750g Kabeljaufilet
3 Eier
100g Semmelbrösel
Salz, Pfeffer aus der Mühle
etwas unbehandelte Zitronenschale
1 Bund Dill
Butterschmalz zum Braten

1

Zwiebeln pellen und in Ringe schneiden. Kabeljau gut gekühlt durch den Fleischwolf drehen, Eier und Semmelbrösel untermengen, mit Salz, Pfeffer, Zitronenschale und gehacktem Dill abschmecken, 8 Frikadellen formen.

2

Butterschmalz in einer beschichteten Pfanne heiß werden lassen, die Frikadellen auf beiden Seiten in 10 bis 12 Minuten bei mittlerer Hitze goldbraun braten; erst wenden, wenn die Unterseite gebräunt ist.

3

Die Zwiebelringe in einer anderen Pfanne in heißem Butterschmalz goldbraun braten, auf den Frikadellen anrichten. Mit Butterkartoffeln und süßsaurem Gurkensalat servieren.

Krabbensalat mit Radieschen

Für 4 Personen
raffiniert

3EL Zitronensaft
Salz, Pfeffer aus der Mühle
1 Prise Zucker
1 Bund Dill
3 Schalotten
6EL Öl
400g Nordseekrabbenfleisch
1 großes Bund Radieschen
Salatblätter zum Garnieren

1

Zitronensaft, Salz, Pfeffer und Zucker verrühren, Dill hacken, Schalotten in sehr kleine Würfel schneiden, dazugeben, dann das Öl einrühren. Krabbenfleisch hineingeben und gut darin durchziehen lassen.

2

Radieschen waschen, zuerst in Scheiben, dann in Stifte schneiden. Salatblätter waschen, trocknen, auf Portionsteller legen.

3

Salat darauf anrichten, Radieschen etwas salzen, auf den Krabbensalat streuen und servieren.

Keine Granaten!

Daß die kleinen grauen Nordseekrabben an der Küste auch »Granat« heißen, liegt an ihren langen Fühlern. Die Niederländer nannten sie deshalb »gheenaert« (das ist das niederländische Wort für Barthaare). Daraus wurde im Niederdeutschen zunächst »ganard«, und das verwandelte sich im Laufe der Zeit zu Granat. Damit es zu keiner Verwechslung mit den kriegerischen Granaten kommt, wird die Bezeichnung »Granat« für Krabben nur in der Einzahl verwendet.

Die Nötigung

Bei ausgiebigen Gastereien in Holstein, aber auch nördlich der Schlei in der Landschaft Angeln, wird noch heute das alte Spiel des Nötigens gespielt. Dabei muß der Gastgeber seine Gäste immer wieder und immer dringlicher auffordern, zuzugreifen. Der Gast muß sich solange wie möglich zieren, muß immer wieder ablehnen – er darf erst dann zugreifen, wenn er mindestens dreimal aufgefordert, also »genötigt« worden ist. Aber auch während der Mahlzeit geht es weiter mit Auffordern und Ablehnen, das ist Ehrensache für den Gastgeber – es soll schließlich keiner hinterher sagen können: »Das Essen war ja ganz gut – aber die Nötigung, die war nicht so.«

In Ostholstein erzählt man sich noch heute die Geschichte von dem Briefträger, der just zur Essenszeit bei einer Familie eintraf und sehnsuchtsvoll den süßen Pfannkuchenduft schnupperte. Als die Hausfrau ihn freundlich aufforderte, doch mitzuessen, lehnte er bescheiden ab – auf weitere Aufforderungen hoffend. Als die jedoch ausblieben, stand er minutenlang in der Tür. Er konnte sich einfach nicht zum Gehen entschließen, und endlich setzte er sich ohne weitere Aufforderung an den Tisch – mit der Bemerkung: »Wenns Nötigen denn gar nicht aufhört!« Dieser Satz ist in Holstein zum geflügelten Wort geworden.

Die Hauptstadt des Kaffees

Die Bremer sind stolz darauf, daß sie in der deutschen Kaffeestadt Nummer eins leben – schließlich kommt der Kaffee für jede zweite Tasse, die in Deutschland getrunken wird, über Bremerhaven und Bremen ins Land. Die Verbundenheit zum Kaffee wirkt sich auch in der Küche aus: In Bremen sind Süßspeisen und Torten mit Mokkageschmack besonders beliebt.

Bremer Mokka-Eis

Für etwa 12 Personen
raffiniert

50g Mandelstifte
100g bittere Schokolade
100g Zucker
4 Eigelb (Gew.Kl. 2)
3EL Instant-Kaffee
3EL Cognac oder Weinbrand
250g Schlagsahne

1

Eine Form von etwa 1 1/4 Liter ins Gefriergerät stellen. Mandelstifte eventuell etwas zerkleinern, in einer Pfanne goldbraun rösten, Schokolade in kleine Würfel schneiden.

2

Zucker mit 4 Eßlöffel Wasser zu Sirup kochen, unter ständigem Rühren mit den Quirlen des Handrührers heiß über das Eigelb gießen, so lange weiterrühren, bis die Masse dick schaumig und kalt ist.

3

Kaffeepulver in Cognac auflösen, Sahne steif schlagen, beides unter die Schaummasse heben, dann die Mandelstifte und die Schokoladenwürfel darunterziehen, die Masse in die Form füllen, mehrmals auf der Arbeitsfläche aufstoßen, damit sich die Mokkamasse gut verteilt, Oberfläche glattstreichen, für 5 Stunden ins Gefriergerät stellen und fest werden lassen.

4

Das Eis aus dem Gefriergerät nehmen, die Ränder mit einem spitzen Messer vom Formrand lösen, stürzen, wenn nötig ein feuchtes heißes Tuch auf die Form legen. In Scheiben aufschneiden, mit feinem Gebäck servieren.

GELBE KUCHEN

Für etwa 100 Stück
preiswert

5 Eigelb (Gew.Kl. 3)
250g Puderzucker
1TL Hirschhornsalz
Fett und Mehl für das Blech
Vanillemark oder
unbehandelte Zitronenschale oder
Anis

1

Eigelb und Puderzucker sehr schaumig rühren, dann das Hirschhornsalz dazugeben, gut mit der Masse verrühren. Würzen mit Vanillemark oder Zitronenschale oder Anis. Das Blech fetten, leicht mit Mehl bestäuben.

2

Kleine Häufchen in größerem Abstand auf das Blech setzen, 2 Stunden bei Zimmertemperatur stehen lassen. Im vorgeheizten Backofen bei 100 Grad etwa 30 Minuten trocknen lassen.

VANILLEPUDDING

Für 4 Personen
ganz einfach

1/2l Milch, 1 Päckchen Vanillepuddingpulver
50g Butter, 1 Prise Salz, 30g Zucker
1TL geriebene unbehandelte Zitronenschale
1 Ei, Zucker zum Bestreuen

1

Etwas Milch abnehmen, das Puddingpulver damit anrühren. Restliche Milch mit Butter, Salz, Zucker und Zitronenschale zum Kochen bringen, Puddingpulver einrühren, kräftig aufkochen.

2

Das Ei trennen, Eigelb in den Pudding einrühren, Eiweiß steifschlagen und unter den Pudding heben, nochmals aufkochen lassen, in eine Schüssel füllen, mit Zucker bestreuen, kalt werden lassen.

Weisse Kuchen

Für etwa 50 Stück
preiswert

5 Eiweiß (Gew.Kl. 3)
1 Prise Salz
250g Zucker

1

Eiweiß in einer absolut fettfreien Schüssel mit dem Salz sehr steif schlagen. Die Masse muß »wattig« aussehen.

2

Zucker dazugeben, mit dem Gummispatel unterheben. Mit zwei Teelöffeln kleine Häufchen auf Bleche setzen, die mit Backpapier ausgelegt sind. Oder man füllt die Masse in einen Spritzbeutel und spritzt Rosetten.

3

Im vorgeheizten Backofen bei 100 Grad mindestens 3 Stunden trocknen lassen. Dabei einen Kochlöffel zwischen Backofen und Tür stecken.

Wenn früher in Ostholstein bei Familienfeiern besonders viele Kinder mit am Tisch saßen, dann gab es zum Nachtisch Weiße Kuchen mit Vanillepudding.

Holsteiner Quarktorte

Für 12 Stücke
raffiniert

Für den Boden:
150g Zwieback
50g Zucker
50g zimmerwarme Butter
etwas Butter für die Form
1 Prise Zimt
Für die Quarkfüllung:
5 Eier (Gew.Kl. 3), 2 Eigelb
200g Zucker
1kg Sahnequark (40% Fett)
4EL Schlagsahne, 1 Prise Salz
1TL unbehandelte Zitronenschale
30g Mehl

1

Zwieback in einen Gefrierbeutel geben, Beutel verschließen und mit der Kuchenrolle fein zerbröseln. Brösel mit dem Zucker, der Butter und dem Zimt vermengen. Eine Springform von 26 cm Durchmesser fetten. Etwas Zwieback zum Bestreuen abnehmen, den Rest in die Form geben und andrücken, kalt stellen.

2

Eier trennen, Eiweiß kalt stellen. Fünf Eigelb und die beiden zusätzlichen Eigelb mit dem Zucker sehr schaumig rühren, Quark, flüssige Sahne, Salz, Zitronenschale und das Mehl unterrühren. Eiweiß steif schlagen, unterheben. Masse in die Springform füllen und mit dem Zwiebackgemisch bestreuen.

3

Im vorgeheizten Backofen bei 225 Grad 10 Minuten, dann bei 125 Grad 75 Minuten backen. Torte im ausgeschalteten Backofen 10 Minuten ruhen lassen.

TIP: Wenn der Quark viel Molke hat, sollten Sie ihn abtropfen lassen.

Hätten Sie das gedacht: Im Schnitt verbraucht jeder Ostfriese sieben Pfund Tee im Jahr – die übrigen Bundesbürger bringen es nur auf 170 Gramm!

MARSCHALLTÖRTCHEN

Für 50 Stück
braucht etwas Zeit

450g tiefgekühlter Blätterteig
450g Pflaumenmus
unbehandelte geriebene Zitronenschale
4 Eiweiß
250g gemahlene Mandeln
180g Puderzucker

1

Blätterteigscheiben nebeneinander liegend antauen lassen, Kreise von 6 cm Durchmesser ausstechen (gebacken etwa 4 cm), auf ein kalt abgespültes Backblech legen und im vorgeheizten Backofen bei 225 Grad etwa 10 Minuten backen.

2

Pflaumenmus mit Zitronenschale abschmecken. Eiweiß in einer fettfreien Schüssel steif schlagen, Mandeln, Puderzucker und Zitronenschale unterheben.

3

Einen Klecks Pflaumenmus auf die Teigtaler geben, die Makronenmasse so darauf häufen, daß das Mus ringsum bedeckt ist und die Makronenmasse mit dem Rand der Blätterteigtaler abschließt. Im vorgeheizten Backofen bei 225 Grad 12 bis 15 Minuten backen.

TIP: Das Pflaumenmus sollte sehr fest sein. Sie können es auch selbst herstellen, und zwar aus 1 1/2 Paketen Backpflaumen, die Sie 10 Minuten in 100 ml Rotwein kochen lassen. Anschließend werden sie mit dem Schneidstab des Handrührers püriert.

Aber bitte ohne Sahne

Auf der Ostseeinsel Fehmarn gilt: Keine Beerdigung ohne Marschalltörtchen! Es herrschen strenge Sitten, was den Gästen vorgesetzt werden darf, wenn sie nach der Beisetzung zusammenkommen, um über den Heimgegangenen zu sprechen. Fünferlei kommt auf den Tisch: Neben den Marschalltörtchen sind das Zuckerkringel, Butterkuchen, Schichttorte und Käsebrötchen. Auf keinen Fall aber Sahnetorten. Und es dürfen auch keine Blumen auf dem Tisch stehen, nur Kerzen.

Es ist wohl eher üble Nachrede, daß man sich von einer fehmarnschen Bauersfrau erzählt, sie habe keine Zeit gehabt, sich von ihrem sterbenden Mann zu verabschieden. Statt dessen habe sie ihm sagen lassen: »Ich kann nicht weg aus der Küche, ich muß doch backen für die Beerdigung!«

Menü des Monats

Hamburger Kerbelsuppe
Steinbutt mit zwei Saucen
Bremer Mokka-Eis

DIE KÜCHE

Das zarteste, würzigste Osterlamm stammt von den Salzwiesen in der Gegend von Husum. Davor serviert die norddeutsche Hausfrau einen Salat aus jungem Löwenzahn von der nächsten Wiese – und als Dessert eine Grütze von Rhabarber aus dem eigenen Garten.

IM APRIL

»Primeurs« nennt man die ersten jungen Gemüse, die im April auf unsere Märkte kommen. Neben Kohlrabi zählen dazu auch Wurzeln, Spargel, junge Erbsen und junge Kartoffeln.

Was es im April

Rotzunge

Sie heißt auch Limande oder Gliesche, sieht so ähnlich aus wie die Seezunge, ist aber eine nahe Verwandte der Scholle. Die Rotzunge wird meist als preiswerter Ersatz für die teure Seezunge gewählt, auch wie diese zubereitet, nämlich vor allem auf »Müllerin-Art« oder gratiniert. Das Fleisch ist allerdings nicht ganz so delikat.

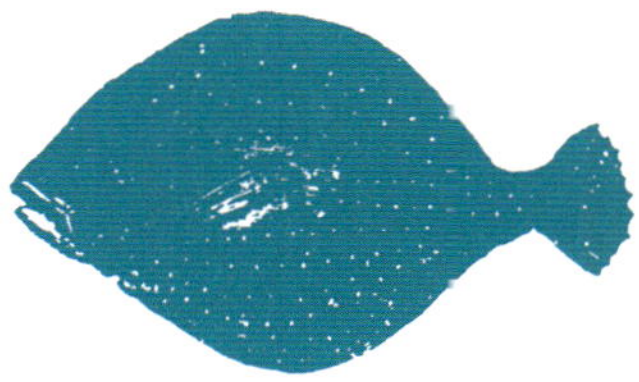

Löwenzahn

Er wächst überall wild und wird vor allem als lästiges Unkraut angesehen: der Löwenzahn, auch Butterblume oder Kuhblume genannt – oder Franzosensalat. In der Tat gilt er in Frankreich schon lange als Delikatesse – aber auch als Medizin. Schon im 16. Jahrhundert hatten die Franzosen seine harntreibende Wirkung erkannt (auf Französisch heißt er passenderweise auch »Pissenlit«), zudem wirkt er entschlackend und blutreinigend.

Kohlrabi

Jahrhundertelang haben sich die Botaniker gestritten, ob der Kohlrabi nun eine Rüben- oder eine Kohlart ist. Inzwischen ist man sich einig: Er gehört zur großen Familie der Kohlpflanzen. Auch wenn er sich weder aus den Blättern (wie Weiß- und Rotkohl) noch aus der Blüte (wie Blumenkohl und Broccoli) entwickelt, sondern ein verdickter Stengel ist.

ALLES GUTES GIBT...

BUTTERMILCH

Schleswig-Holstein ist bekanntlich das Land, in dem Milch und Sahne fließen. Und wenn aus der Sahne Butter gemacht wird – nun, dann entsteht, sozusagen als »Abfallprodukt«, die Buttermilch, eine kalorienarme, leicht säuerliche Flüssigkeit, die alle wichtigen Vitamine und Mineralstoffe der Milch enthält.

SALZWIESENLAMM

In Frankreich heißen sie »pré-salé«, auf deutsch: vorgesalzen, die Lämmer, die in der Normandie in Meeresnähe aufgewachsen sind und dank der salzhaltigen Luft und der besonderen Vegetation am Meer ein ungewöhnlich schmackhaftes Fleisch haben. Inzwischen ist man auch in Deutschland auf den Geschmack gekommen: Auf den Deichen entlang der deutschen Nordseeküste und auf den Salzwiesen im Deichvorland entwickeln die Schafe ein mindestens ebenso würziges Fleisch.

TYPISCH FÜR APRIL

Rotzunge	*Rotzungenfilet mit Kräuterhollandaise*	*Seite 106*
Löwenzahn	*Löwenzahnsalat*	*Seite 97*
Kohlrabi	*Junger Kohlrabi in Sahne*	*Seite 96*
Buttermilch	*Buttermilchsuppe mit Apfelringen und Kochwurst*	*Seite 98*
Salzwiesenlamm	*Ostfriesische Lammkeule*	*Seite 94*

Ostfriesische Lammkeule

Für 4 Personen
ganz einfach

1 Lammkeule (ca. 1,5kg)
Salz, Pfeffer aus der Mühle
2EL mittelscharfer Senf
250g Zwiebeln, 1/4l Brühe
250g Schlagsahne
evtl. Mehlbutter (Butter und Mehl 1:1 verknetet)

1

Überflüssiges Fett von der Keule abschneiden, Fett dann in kleine Würfel schneiden. Das Fleisch ringsum mit Salz und Pfeffer herzhaft würzen und mit dem Senf einreiben.

2

Fettwürfel in einem Bräter auslassen. Die Keule darin ringsum gut anbraten, Zwiebeln pellen und grob zerteilt darumlegen. In den vorgeheizten Backofen schieben, bei 200 Grad 1 1/2 bis 2 Stunden braten. Zwischendurch die Röststoffe mit Brühe und 1/4 Liter Wasser ablöschen, Keule ab und an begießen.

3

Keule aus dem Bratfond nehmen, in Alufolie eingewickelt ruhen lassen. Die Zwiebeln im Fond mit dem Schneidstab des Handrührers pürieren, die Sahne dazugießen, eventuell mit etwas Mehlbutter binden. Keule aufschneiden, mit der Sauce servieren.

Würzige Deichlämmer

Die Lämmer von der Nordseeküste, speziell aus der Husumer Gegend, sind weithin berühmt für ihr zartes Fleisch und ihren unvergleichlichen Geschmack – kein Wunder, sie weiden auf den Salzwiesen im Deichvorland, wo besonders aromatische Kräuter wachsen. Die Salzwiesenlämmer haben sich ihre Würzung sozusagen schon angefressen, und deshalb sind sie bei Feinschmeckern sehr begehrt. Ein großer Teil der schleswig-holsteinischen Lämmer wird nach Frankreich exportiert. Darum hat ein Einheimischer nicht immer Glück, wenn er sich auch einmal ein Stück davon gönnen will. Doch wenn man bei einem guten Schlachter vorbestellt kommt man auch in Norddeutschland an ein Salzwiesenlamm.

Rücken vom Salzwiesenlamm

Für 6 Personen
raffiniert

2 Salzwiesenlammrücken (à 1kg)
Salz, Pfeffer aus der Mühle
100g Schalotten
100g Knollensellerie
100g Champignons
30g Butter zum Braten
2 Lorbeerblätter
1 Zweig Thymian
1 kleiner Zweig Rosmarin
2 Knoblauchzehen
500g Lammknochen (in nußgroße Stücke gesägt)
Für die Sauce:
3/4l Kalbsfond (aus dem Glas)
50g gut gekühlte Butter zum Binden

1

Fettschicht vom Rücken rautenförmig einritzen, mit Salz und Pfeffer einreiben, mit der Fettseite nach unten in einen heißen Bräter legen, im vorgeheizten Backofen bei 250 Grad 10 Minuten braten.

2

Schalotten pellen, Sellerie schälen, Champignons kurz kalt abbrausen, alles würfeln. Lammrücken aus dem Bräter nehmen, eventuell Fett abschütten, Butter in den Bräter geben, Gemüse und Kräuter sowie die ungeschälten Knoblauchzehen und die Knochen gut darin wenden. Den Lammrücken mit der Fettseite nach oben darauflegen, weitere 10 Minuten braten. Rücken herausnehmen, dick in Alufolie einwickeln.

3

Den Bratfond auf dem Herd kräftig bräunen, immer wieder mit etwas Kalbsfond ablöschen und einkochen lassen, bis sich Röststoffe bilden. Den Vorgang mehrmals wiederholen, damit ein kräftiges dunkles Naturjus entsteht. Zum Schluß den restlichen Kalbsfond (etwa 3/8 Liter) dazugießen, eimal aufkochen, alles durch ein Sieb gießen. Die Sauce mit der kalten Butter binden.

4

Rückenfleisch vom Knochen lösen, schräg in Scheiben schneiden, anrichten, die Sauce extra reichen.

Junger Kohlrabi in Sahne

Für 6 Personen
ganz einfach

1kg Kohlrabi
50g Butter
2 Schalotten
100ml Brühe
250g Schlagsahne

1

Kohlrabi schälen, eventuell holzige Teile abschneiden, die zarten grünen Blättchen aufheben. Kohlrabi in dünne Scheiben schneiden.

2

Butter zerlassen, die gepellten Schalotten sehr fein würfeln, darin glasig dünsten, die Kohlrabischeiben dazugeben, in der Schalottenbutter wenden. Brühe dazugeben und zugedeckt bei milder Hitze 10 bis 12 Minuten garen.

3

In der Zwischenzeit in einem anderen Topf die Sahne einkochen lassen. Kohlrabiblättchen hacken.

4

Kohlrabi aus dem Kochsud heben, in einer vorgewärmten Schüssel warmstellen. Kochsud zur Sahne geben, nochmal alles cremig einkochen lassen. Kohlrabiblättchen unter die Sahne rühren, dann über das Gemüse gießen.

Typisch deutsch?

Kohlrabi gilt im Ausland als typisch deutsches Gemüse, daher wurde der deutsche Name, leicht abgewandelt, auch in andere Sprachen übernommen: die Spanier nennen ihn col rabano oder colirrámba, die Italiener càvolo rapa, die Franzosen chou rave – und bei den Engländern heißt er ganz ohne Abwandlung wie bei uns kohlrabi.

LÖWENZAHNSALAT

Für 6 Personen
raffiniert

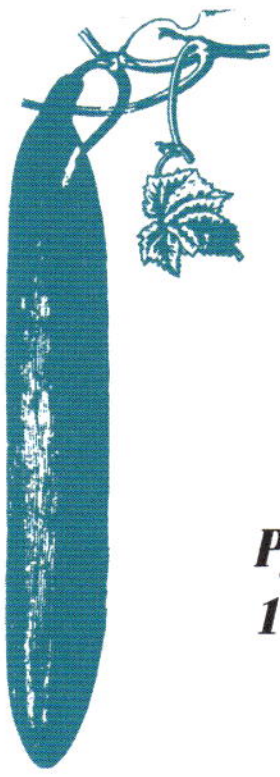

3 Eier (Gew.Kl. 4)
200g Löwenzahnblättchen
1 kleine Salatgurke
Für die Sauce:
2 Eigelb
100g saure Sahne (10% Fett)
1TL Senf, Salz, Zucker
Pfeffer aus der Mühle, 1EL Zitronensaft
1 Bund Schnittlauch, 100g Schlagsahne

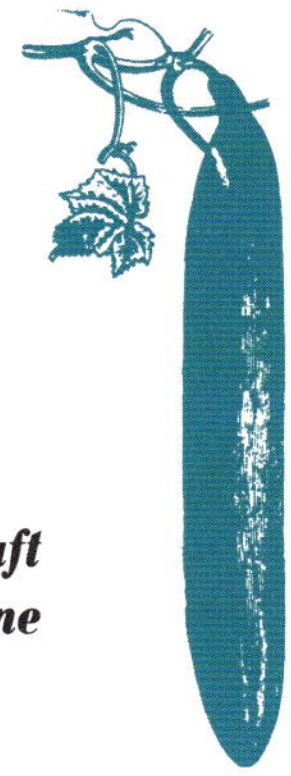

1

Eier hartkochen, kalt abschrecken, pellen. Löwenzahn putzen, waschen, in mundgerechte Stücke zupfen. Gurke schälen und in Scheiben hobeln.

2

Eigelb, Sahne, Senf, Salz, Zucker, Pfeffer und Zitronensaft gut miteinander verrühren. Schnittlauch in Röllchen schneiden, zur Sauce geben, zum Schluß die halbsteif geschlagene Sahne unterheben.

3

Löwenzahn und Gurkenscheiben auf Portionstellern anrichten und mit der Sauce begießen, den Salat mit Eiachteln garnieren.

VARIATION: Anstelle von Löwenzahn können Sie nach diesem Rezept auch Spinat, Endivien oder Feldsalat zubereiten.

FRISCH VON DER WIESE

Feinschmecker ziehen jetzt mit einem Körbchen und einem spitzen Messer auf die Wiese, um die ersten zarten Blattrosetten des Löwenzahns zu schneiden. Nur der wildwachsende Löwenzahn hat die fein-herbe Bitterkeit, kultivierte Pflanzen, wie man sie auf Märkten oder in Gemüsegeschäften kaufen kann, schmecken viel gröber. Achten Sie darauf, nur die frühen Blätter zu ernten, noch vor der Blüte, später werden sie hart und zäh. Und pflücken Sie Löwenzahn nur auf abgelegenen Wiesen, nicht aber in Straßennähe oder in der Stadt – wegen der Schadstoffe.

Buttermilchsuppe mit Apfelringen und Kochwurst

Für 4 Personen
ganz einfach

1 1/2l frische Buttermilch
200g Schlagsahne
4 Eigelb
75g – 100g Zucker
1 Prise Salz
2EL Speisestärke
250g getrocknete Apfelringe
etwas unbehandelte Zitronenschale
4 Kochwürste

1

Buttermilch und Sahne bis kurz vor dem Kochen erhitzen. Eier und Zucker mit der Prise Salz sehr schaumig rühren, dann die Speisestärke dazugeben.

2

Milchgemisch unter Rühren zur Eimasse geben, wieder in den Topf zurückgießen und unter ständigem Rühren dicklich einkochen.

3

Die zuvor in reichlich Wasser eingeweichten Apfelringe mit der Flüssigkeit und der Zitronenschale bei milder Hitze zugedeckt weichkochen, die Flüssigkeit sollte weitgehend aufgesogen sein.

4

Die Kochwürste in einem anderen Topf heiß werden lassen, mit den Apfelringen zur Suppe servieren.

Buttermilchreis

Für 4 Personen
ganz einfach

1l Milch
250g Milchreis
1 Prise Salz, 4EL Zucker
1 Vanilleschote
1/8l Buttermilch
125g Schlagsahne
Zucker, Zimt
unbehandelte geriebene Zitronenschale

1

Milch mit dem gewaschenen Reis, Salz und Zucker langsam zum Kochen bringen, die aufgeschlitzte ausgekratzte Vanilleschote und das Mark dazugeben. Bei sehr milder Hitze 30 Minuten zugedeckt ausquellen lassen.

2

Buttermilch zusammen mit der Sahne heiß werden lassen, zum Reis geben. Zucker, Zimt und Zitronenschale mischen und zum Reis servieren.

TIP: Wer den Reis kalt servieren will, schlägt die Sahne steif und hebt sie kurz vor dem Servieren darunter.

Am Morgen und am Abend

Als auf norddeutschen Bauernhöfen früher noch gebuttert wurde, fiel als Nebenprodukt die Buttermilch an – und die mußte sogleich verbraucht werden. Die norddeutsche Küche ist reich an süßen und salzigen Buttermilchgerichten, vor allem Suppen, die schon morgens zum Frühstück auf den Tisch kamen. Und am Abend, nach einer Schüssel Bratkartoffeln, bildeten sie den Abschluß des Tages.

KLACKERKLIEBEN-SUPPE

Für 4 Personen
preiswert

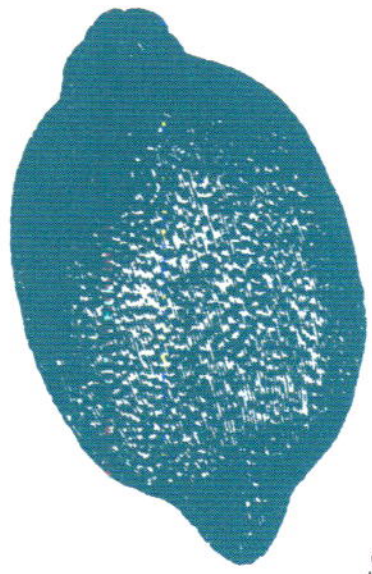

Für die Klackerklieben:
100g Mehl
1 Prise Salz
1EL Zucker
2 kleine Eier
Für die Suppe:
1l Milch
Schale einer unbehandelten Zitrone
1 Zimtstange, 1EL Zucker

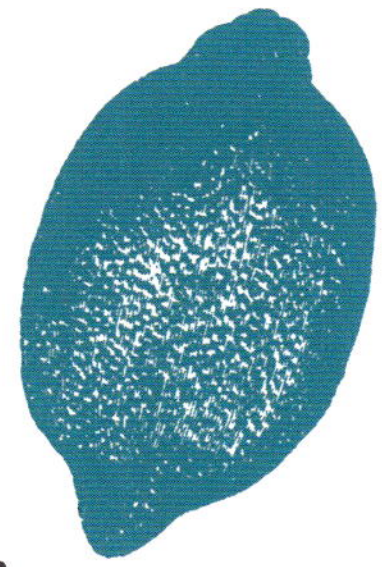

1

Mehl, Salz, Zucker, Eier und etwa 1/8 Liter Wasser zu einem Eierkuchenteig verrühren. Milch mit Zitronenschale, Zimt und Zucker zum Kochen bringen.

2

Teig über einen sich drehenden Schneebesen in die Suppe laufen lassen, es sollen sich kleine Klümpchen bilden. So lange leise kochen, bis alle Klieben oben schwimmen.

Klackerklieben heißt die Milchsuppe mit den Mehlklümpchen in Mecklenburg und Pommern, in Holstein nennt man sie Klackerklüten, weil die Klieben oder Klüten – man kann sie auch Klößchen nennen – in die Milch »geklackert« werden.

KLOPFSCHINKEN

Für 4 Personen
ganz einfach

4 Scheiben Holsteiner Katenschinken (ca. 1/2 cm dick)
Milch zum Einlegen
etwas frisch geriebene Muskatnuß
Für den Teig:
100g Mehl, 3 Eier
Salz, Pfeffer aus der Mühle
50ml Milch
Pflanzenfett zum Braten

1

Schinkenscheiben etwas klopfen. Milch leicht mit Muskat würzen. Die Schinkenscheiben für einige Stunden darin einlegen.

2

Aus Mehl, Eiern, Salz und Milch einen dickflüssigen Backteig herstellen, mit Pfeffer würzen und ausquellen lassen.

3

Schinken aus der Milch nehmen und gut abtropfen lassen. Schinken durch den Backteig ziehen, in reichlich heißem Fett von beiden Seiten goldbraun backen.

Dazu gibt es Salzkartoffeln und grünen Salat oder junges Gemüse mit viel Petersilie.

SO SPRICHT DER DICHTER

»In Holstein sind vor allem drei Dinge zu rühmen: die reine Luft, die hübschen Mädchen und die kernigen Katenschinken«, schrieb Theodor Storm, der Dichter aus Husum, der »grauen Stadt am grauen Meer«.

Eier in süss-saurer Specksauce

Für 4 Personen
preiswert

150g Zwiebeln
150g durchwachsener Speck
30g Butter, 30g Mehl
Zucker, Salz, Pfeffer aus der Mühle
etwas Essig
8 kleine Eier

1

Zwiebeln und Speck würfeln. Speck in einem Topf auslassen, die Butter dazugeben. Die Zwiebeln darin goldgelb andünsten, das Mehl darüberstäuben und gut anschwitzen. Mit 1/2 Liter Wasser ablöschen, 10 Minuten leise kochen lassen. Mit Zucker, Salz, Pfeffer und Essig herzhaft süßsäuerlich abschmecken.

2

Eier in 8 Minuten halbweich kochen, kalt abschrecken, pellen und mit der Sauce servieren. Dazu paßt Kartoffelbrei.

VARIATIONEN: Die Sauce statt mit Essig mit Senf abschmecken – oder reichlich gehackten Schnittlauch oder Petersilie unterziehen. Man kann die Eier auch als »verlorene« Eier direkt in der Sauce stocken lassen. Dann sollten es aber ganz frische Eier sein, damit das Eiweiß nicht ausflockt.

»Das weiß ein jeder, wer's auch sei, gesund und stärkend ist das Ei«, wußte schon Wilhelm Busch. Ob er Eier in süß-saurer Sauce meinte?

BREMER KÜKENRAGOUT

Für 4 – 6 Personen

raffiniert

4 Küken (à 200g), Salz
1 kleines Bund Suppengrün
1EL Pfefferkörner, 1 Lorbeerblatt
1 Gewürznelke, 1 kleine Zwiebel
1 Kalbsbries, 250g Spargel
Zucker, 50g Butter
150g feste weiße Champignons, 50g Mehl
1EL Krebsbutter, 1EL Zitronensaft
100g tiefgekühlte Erbsen
2 Eigelb, 125g Schlagsahne
evtl. Krebsschwänze oder Nordseekrabbenfleisch

1

Küken gründlich waschen. 2 Liter Salzwasser mit dem Suppengrün, den Gewürzen und der Zwiebel zum Kochen bringen. Küken darin 30 Minuten bei milder Hitze garziehen und dann abkühlen lassen.

2

Kalbsbries gut häuten und unter fließendem Wasser von Blutresten befreien, in Salzwasser 15 Minuten sieden, im Fond abkühlen lassen. Spargel schälen, in Salzwasser mit einer kräftigen Prise Zucker und einem Stich Butter 12 Minuten garen, in Stücke schneiden.

3

Champignons putzen, waschen, blättrig schneiden, in etwa 1/4 Liter vom Kükenfond kurz aufkochen. Restliche Butter schmelzen, Mehl darin anschwitzen, mit 1/4 Liter Kükenfond unter Rühren ablöschen. Champignons mit dem Sud dazugeben, alles 15 Minuten leise kochen.

4

Kalbsbries aus dem Fond nehmen, wie gewachsen in Röschen teilen, dabei die restliche Haut und Sehnen entfernen, zur Sauce geben, mit der Krebsbutter, Zitronensaft und Salz abschmecken. Die Spargelstücke und die Erbschen zum Ragout geben, heiß werden lassen. Eigelb mit der Sahne verquirlen, das Ragout damit binden, nicht mehr kochen lassen. Mit körnig gekochtem Reis servieren.

5

Wer es ganz fein haben will, läßt vor dem Legieren eine Handvoll Krebsschwänze oder Nordseekrabbenfleisch im Ragout heiß werden.

Unter der Ofenbank

Seit mehr als 200 Jahren schon ist es in Bremen üblich, wichtige Gäste mit »Bremer Kükenragout« zu bewirten. In Hamburg dagegen serviert man bei festlichen Anlässen »Hamburger Stubenküken«, meistens mit einer köstlichen Füllung. Ursprünglich wurden die Küken, weil sie zu zart für den ungeheizten Stall waren, in der warmen Stube unter der Ofenbank aufgezogen – deshalb wurden sie Stubenküken genannt, natürlich mit spitzem S-t gesprochen. Heute versteht man in Hamburg wie in Bremen unter »Stubenküken« gemästete junge Hühnchen, sechs bis acht Wochen alt, die noch klein, aber trotzdem schön fleischig sind. Um die Osterzeit schmecken sie am besten, sagt man.

Rotzungenfilet mit Kräuterhollandaise

Für 4 Personen
raffiniert

Für den Fischfond:
1/4l Weißwein
2 Stangen Porree
2 Lorbeerblätter, Salz
1 Bund Dill
Für die Sauce:
200g Butter, 4 Eigelb
2EL Weißwein, 2EL Brühe
Salz, Pfeffer aus der Mühle
1TL Senf, 1 Bund Schnittlauch
1 Handvoll Kerbel
8 Rotzungenfilets

1

Aus Wein, 1/4 Liter Wasser, dem geputzten, zerkleinerten Porree, Lorbeerblättern, Salz und Dill einen Sud kochen, 10 Minuten leise kochen lassen.

2

Butter schmelzen und in einen Topf mit Tülle umgießen. Eigelb mit dem Weißwein und der Brühe in einem zweiten Topf im Wasserbad cremig aufschlagen. Die Butter zuerst tropfenweise, dann in dünnem Strahl unter ständigem Rühren mit dem Schneebesen dazugeben (die Molke nicht verwenden). Mit Salz, Pfeffer und Senf abschmecken, dann die gehackten Kräuter unterziehen und warmhalten.

3

Fischfond durch ein Sieb gießen, nochmal abschmecken, dann die Filets darin 5 bis 7 Minuten pochieren (nicht kochen!). Abgetropft auf vorgewärmter Platte anrichten. Mit jungen Kartoffeln und der Sauce servieren.

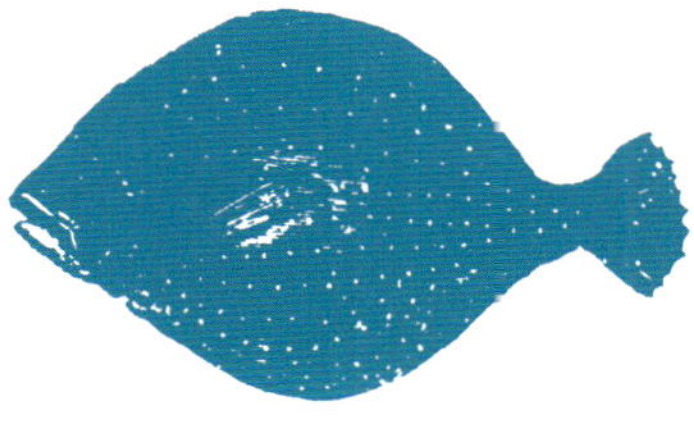

***N**ur selten hat man die Gelegenheit, dem Rotbarsch direkt ins Auge zu blicken. Meist kommt er in Form von Fischfilet in den Handel.*

Haferflocken-Pfannkuchen mit Rhabarberkompott

Für 4 Personen
preiswert

Für das Kompott:
750g Rhabarber, 100g Zucker
1/4l Rotwein, 1 Prise Salz
2 Gewürznelken
etwas unbehandelte Zitronenschale
Zucker und Himbeergeist zum Abschmecken
Für die Pfannkuchen:
150g Haferflocken
200ml Milch, 3 Eier (Gew.Kl. 3)
1EL Mehl, 1EL Zucker, 1 Prise Salz
Schmalz zum Braten
Zucker und Zimt zum Bestreuen
braune Butter zum Begießen

1

Rhabarber abziehen und in Stücke schneiden. Zucker goldbraun karamelisieren, mit dem Rotwein ablöschen. Salz, Nelken und Zitronenschale dazugeben. Wenn der Karamel sich gelöst hat, den Rhabarber darin garen, er soll aber nicht zerfallen. Abgekühlt mit Zucker und Himbeergeist abschmecken.

2

Aus Haferflocken, Milch, Eiern, Mehl, Zucker und Salz einen Teig herstellen, 30 Minuten quellen lassen. Schmalz in einer Pfanne heiß werden lassen, Teig in kleinen Portionen hineingeben und nacheinander vier Pfannkuchen auf beiden Seiten knusprig goldbraun backen.

3

Mit Zucker und Zimt bestreuen und mit brauner Butter begießen. Das Kompott extra dazu servieren.

RHABARBERGRÜTZE MIT SCHLAGSAHNE

Für 6 Personen
preiswert

2kg junger Rhabarber
1/4l Orangensaft
1/4l Himbeersirup
Schale von einer unbehandelten Zitrone
100g Zucker (nach Belieben auch mehr)
1 Prise Salz, 100g Sago
250g Schlagsahne

1

Rhabarber abziehen und in Stücke schneiden. Orangensaft, Himbeersirup und 1/4 Liter Wasser, Zitronenschale, Zucker und Salz zum Kochen bringen. Rhabarber darin pochieren, dann aus dem Saft heben.

2

Sago in den Saft geben, zugedeckt etwa 10 Minuten bei milder Hitze ausquellen lassen (er muß glasig aussehen). Rhabarberstücke wieder dazugeben, vermengen und in eine Schüssel füllen. Mit etwas Zucker bestreuen, damit sich keine Haut bildet, und kalt werden lassen. Mit geschlagener oder flüssiger Sahne servieren.

FISCH MIT RHABARBER

Einen kulinarischen Schock können Binnenländer erleiden, wenn man ihnen in Schleswig-Holstein Fisch mit Kompott vorsetzt, genauer gesagt: gekochten Aal mit Rhabarber. Dabei ist diese auf den ersten Blick so ungewöhnliche Kombination durchaus bekömmlich: Die Säure des Rhabarbers neutralisiert nämlich das Fett des Aals. Aus demselben Grund ist es bei den Dänen, zum Beispiel auf Bornholm, schon seit langem üblich, zum gebratenen Hering Rhabarber zu servieren. Und aus England kennt man die Sitte, gebackene Makrelen mit einem süßsauren Kompott aus grünen Stachelbeeren zu kombinieren.

Friesischer Schneckenkuchen

Für 12 Stücke
läßt sich vorbereiten

Für den Hefeteig:
350g Mehl, 200ml Milch
40g Hefe, 60g Zucker
100g Butter, 1 Prise Salz, 1 Ei
Für die Füllung:
200g Rosinen, 4EL Rum
Butter zum Bestreichen
40g Sukkade, 40g Orangeat
75g gehackte Mandeln
125g Zucker, 2TL Zimt
2TL geriebene unbehandelte Zitronenschale

1

Mehl in eine Schüssel geben, eine Mulde hineindrücken. Lauwarme Milch mit der Hefe verrühren. 1 Teelöffel Zucker dazugeben, in die Mulde gießen, mit etwas Mehl verrühren, zugedeckt gehen lassen.

2

Butter schmelzen, zusammen mit dem restlichen Zucker, Salz und Ei zum Vorteig geben, alles mit den Knethaken des Handrührers zu einem Teigball kneten. So lange gehen lassen, bis der Teig sein Volumen verdoppelt hat.

3

Rosinen in lauwarmem Rum einweichen Hefeteig aus der Schüssel nehmen, nochmal kneten, in zwei Hälften teilen, etwas ruhen lassen, dann zwei Quadrate ausrollen und mit Butter bestreichen. Sukkade und Orangeat noch etwas kleiner würfeln, mit Rumrosinen und Mandeln mischen, Zucker, Zimt und Zitronenschale unterrühren.

4

Mischung auf die Teighälften geben und gleichmäßig – aber nicht ganz bis zu den Rändern – darauf verteilen, fest aufrollen und in 3 bis 4 cm breite Stücke schneiden. Eine Springform von 26 cm Durchmesser fetten, die Teigstücke (nicht zu dicht, da der Teig noch aufgeht) mit der Schnittfläche nach oben hineinsetzen. Schnittflächen nach dem Gehen mit Butter bestreichen. Im vorgeheizten Backofen bei 175 bis 200 Grad in 40 bis 50 Minuten goldbraun backen.

DER KANDIS MUSS KNISTERN

Woher nehmen die Ostfriesen nur die Zeit, werden Sie sich fragen, fünfmal am Tag Tee zu trinken? Aber so steht es nun mal geschrieben. Morgens zum ersten Frühstück geht es los mit einer Kanne Tee, am Vormittag zwischen 10 und 11 Uhr trinkt man den beliebten »Elführtje«, nach dem Essen zwischen 14 und 15 Uhr gibt es natürlich Tee und noch einmal am Spätnachmittag – wenn das noch nicht genug war, bietet sich gegen 21 Uhr wieder ein günstiger Zeitpunkt. Und immer geht das in Ostfriesland nach einem festen Ritual vor sich: In die Teetasse wird ein großes Stück Kandis, ein »Kluntje«, gelegt und der Tee darübergegossen, wobei der Kandis so richtig knistern und knacken muß. Nur nicht umrühren! Mit einem speziellen Sahnelöffel wird nun ein Wölkchen von süßem Rahm, ein »Wulkje«, auf den Tee gelegt. Auch jetzt nicht umrühren, die Sahnewolke muß langsam von unten hochsteigen. So hat man dreifachen Genuß: zuerst den reinen Teegeschmack, dann die zarte Sahne, dann die Süße vom Kandis.

Übrigens: Jedem Gast, der in Ostfriesland ein Haus betritt, wird als erstes eine Tasse Tee angeboten. Schlagen Sie diese nicht aus, es würde als ausgesprochen unhöflich empfunden.

FRIESENTORTE

Für 12 Stücke
läßt sich vorbereiten

2 Pakete tiefgekühlter Blätterteig (à 300g)
2 Eigelb zum Bestreichen
Für die Füllung:
750g festes Pflaumenmus
4EL Zwetschgenwasser
500g Schlagsahne
2 Päckchen Vanillezucker
Backpflaumen ohne Stein zum Verzieren

1

Blätterteigplatten einzeln hinlegen und antauen lassen. Dann wieder aufeinander legen und zwei Quadrate ausrollen. Mit Hilfe des Springformbodens zwei Kreise von 28 cm Durchmesser ausschneiden. Aus den Teigresten kleine Halbmonde zum Verzieren ausstechen.

2

Böden und Halbmonde auf ein kalt abgespültes Blech legen. Böden mit einer Gabel dicht an dicht einstechen, 30 Minuten ruhen lassen. Mit Eigelb bestreichen, im vorgeheizten Backofen bei 225 Grad in 10 bis 12 Minuten goldbraun backen.

3

Pflaumenmus mit dem Zwetschgenwasser verrühren, einen Boden damit bestreichen. Schlagsahne mit dem Vanillezucker steif schlagen. Die Hälfte davon auf das Pflaumenmus streichen, den zweiten Boden darauflegen, leicht andrücken. Mit der restlichen Sahne bedecken und mit den Backpflaumen und den Blätterteighalbmonden verzieren.

TIP: Streichen Sie das Eigelb nicht über die Schnittkanten des Blätterteigs, sonst gehen die Böden ungleichmäßig auf. Blätterteigreste dürfen nicht zusammengeknetet werden, man legt sie übereinander und rollt sie dann aus.

Schmalz-Plätzchen

Für etwa 100 Stück
läßt sich vorbereiten

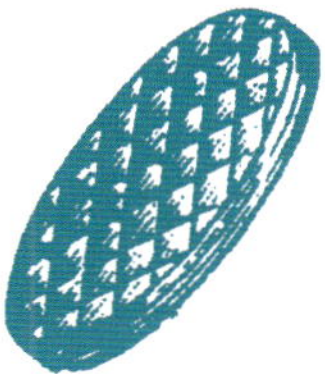

250g Schweineschmalz
250g Zucker
2 Eier (Gew.Kl. 2)
1/4TL Hirschhornsalz
Mark von 1 Vanilleschote
1 Prise Salz
500g Mehl
Fett für die Bleche

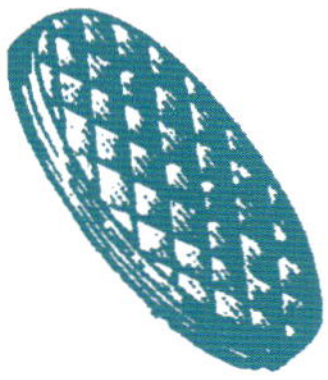

1

Schmalz mit den Quirlen des Handrührers aufschlagen. Zucker, Eier, Hirschhornsalz, Vanillemark und Salz dazugeben, gut verrühren. Das Mehl mit den Händen darunterkneten.

2

Teig zu Rollen formen. Rollen in Stücke schneiden und zu Kugeln drehen. Nicht zu dicht nebeneinander auf gefettete Bleche legen. Im vorgeheizten Backofen bei 150 bis 175 Grad etwa 30 Minuten backen, abgekühlt in Blechdosen aufbewahren.

Echte Leidenschaften

Aus Jever stammen die zarten Butterbrezeln mit dem vielversprechenden Namen »Echte Leidenschaften«, mit denen man sich in Ostfriesland gern die Teestunde verschönt. Ihren Namen sollen sie um die Jahrhundertwende von dem damaligen Leiter des Jeverschen Singvereins erhalten haben. Nach der Chorprobe knabberten die Damen solche Unmengen von den feinen Brezeln, daß er eines Tages ausrief: »Das ist ja eine echte Leidenschaft!«

Franzbrötchen

Für 15 Stück

braucht etwas Zeit

170g Butter
410g Mehl
35g Hefe
35g Zucker
1 gestrichener TL Salz
1TL Zimt
75g Zucker

1

100g kalte Butter und 35g Mehl mit einem Messer hacken, dann mit den Händen rasch verkneten und zu einer Rolle formen. In Pergamentpapier einschlagen und kalt stellen.

2

Restliches Mehl in eine Schüssel geben und eine Mulde hineindrücken. 200ml lauwarmes Wasser mit der Hefe verrühren, in die Mulde gießen, mit etwas Mehl verühren und zugedeckt 15 Minuten gehen lassen.

3

Teig mit den Knethaken des Handrührers kneten, dabei 35g weiche Butter und das Salz dazugeben. So lange kneten, bis sich der Teig als Kloß vom Schüsselboden löst. 30 Minuten gehen lassen.

4

Teig auf der leicht bemehlten Arbeitsfläche noch einmal kneten, 5 Minuten ruhen lassen und zu einem Rechteck von 20x30cm ausrollen. Butterrolle in Scheiben schneiden, auf die eine Hälfte der Teigplatte legen, die freie Hälfte darüberklappen und an den Rändern festdrücken, Ränder zusätzlich nach unten einschlagen. Wieder zu einem Rechteck von 30x40cm ausrollen. Von der Schmalseite her so zusammenlegen, daß der Teig in 3 Schichten übereinanderliegt, 20 Minuten im Kühlschrank ruhen lassen.

5

Teig zu einem Rechteck von 30x60cm ausrollen. Restliche Butter schmelzen und auf die Teigplatte streichen. Zimt und Zucker mischen, in ein kleines Sieb geben und die Teigplatte gleichmäßig mit dem Zimtzucker bestreuen. Platte von der Längsseite her aufrollen, die Teigrolle leicht flachdrücken.

6

15 Stücke von 4 cm Breite abschneiden. Jedes Teigstück parallel zur Schnittfläche mit einem Löffelstiel tief eindrücken, damit die typische Franzbrötchenform entsteht.

7

In größerem Abstand auf ein leicht gefettetes Blech legen, nochmal gehen lassen, dann im vorgeheizten Backofen bei 200 Grad 20 Minuten backen.

TIP: Wenn man den Hefeteig nach dem Gehen zusammenknetet, sollte man ihn 5 Minuten unter einem Tuch ruhen lassen, damit er sich entspannt. Dann kann man ihn ohne Schwierigkeiten ausrollen.

Konkurrenz fürs Rundstück

Traditionell ißt man in Hamburg zum Frühstück »Rundstücke« (mit scharfem s-t gesprochen!), das sind glatte, runde Brötchen, ohne Kerbe in der Mitte. Zunehmend aber entwickeln sich die Franzbrötchen zur Konkurrenz: lauwarme Hefeplunderteilchen mit Zimt, die der Hamburger nicht nur zum Frühstück, sondern auch zum Nachmittagskaffee schätzt. Ob es sich dabei wohl um eine Hamburger Variante der französischen Croissants handelt, wie der Name »Franzbrötchen« andeuten könnte? Vielleicht ließ sich ein Hamburger Bäcker vor langer Zeit nach einer Frankreichreise zu dem Rezept anregen…

Bienenstich

Für 20 – 25 Stücke
läßt sich vorbereiten

Für den Teig:
500 g Mehl, 1 Würfel Hefe
1/4l Milch, 40g Zucker
Salz, 60g Butter
Für den Belag:
100g Butter, 100g Zucker
200g Schlagsahne
4EL Heidehonig
300g Mandelblättchen
Fett für das Blech

1

Mehl in eine Schüssel geben, eine Mulde hineindrücken, Hefe mit der lauwarmen Milch und einer Prise Zucker verrühren, in die Mulde gießen, mit etwas Mehl verrühren. Restlichen Zucker, Salz und die Butter auf dem Mehlrand verteilen, gehen lassen. Dann alles mit den Knethaken des Handrührers zu einem glatten Teig verkneten und wieder gehen lassen.

2

Butter mit Zucker, Sahne und Honig so lange kochen, bis sich der Zucker gelöst hat, dann die Mandelblättchen unterrühren, abkühlen lassen.

3

Blech fetten, den Teig ausrollen und darauflegen, Teigfläche mehrmals einstechen, nochmal gehen lassen.

4

Bienenstichmasse darauf verteilen, im vorgeheizten Backofen bei 200 Grad in etwa 25 Minuten goldbraun backen.

Während in anderen deutschen Landschaften Bienenstich schon immer gefüllt wurde – mit Buttercreme oder Vanillepudding –, kannte man ihn in Norddeutschland ursprünglich nur ohne Füllung. So ist er reiner im Geschmack und daher immer noch sehr beliebt.

BISMARCK-FRÜHSTÜCK

Auf den ostfriesischen Inseln und in der Marsch schätzte man Möwen- und Kiebitzeier als Delikatesse – heute dürfen sie nicht mehr gesammelt werden. Bismarck konnte sich vor hundert Jahren noch an Kiebitzeiern erfreuen: Jedes Jahr bekam er zum Geburtstag am 1. April ein Kistchen mit 101 Stück geschickt. Absender waren die »Getreuen von Jever«, die dem »Eisernen Kanzler« mit ihrem Präsent ihre Anhängerschaft bekunden wollten. Ob er die Kiebitzeier wirklich nach dem Rezept genossen hat, das als »Bismarck-Frühstück« berühmt ist, bleibt für immer sein Geheimnis. Und so wird das Rezept noch heute in Kochbüchern aufgeführt: Pro Kopf drei Kiebitzeier mit einem halben Löffel Wasser verquirlen, in zerlassener Butter ein flockiges Rührei daraus bereiten, zum Schluß in Fleischbrühe und Madeira geschmorte Morcheln unterziehen. Anderen Berichten zufolge aß Bismarck die Kiebitzeier am liebsten hartgekocht mit Kresse und Radieschen, gebuttertem Schwarzbrot und einem klaren Schnaps dazu.

MENÜ DES MONATS

Löwenzahnsalat
Rücken vom Salzwiesenlamm
Junger Kohlrabi in Sahne
Rhabarbergrütze mit Schlagsahne

DIE KÜCHE

Auf allen norddeutschen Märkten gibt's jetzt den einheimischen Spargel: aus Braunschweig, aus Nienburg, aus der Lüneburger Heide. Und zum einheimischen Spargel gehört hier natürlich eine dicke Scheibe vom saftigen Holsteiner Katenschinken.

IM MAI

Am besten schmeckt der »König der Gemüse«, wenn man ihn noch am Tag der Ernte ißt: Frühmorgens gestochen, vormittags auf dem Wochenmarkt, abends auf dem Teller – das ist höchste Maiwonne.

Was es im Mai

Spargel

Spargel ist nicht nur ein von Feinschmeckern geschätzter Genuß, Spargel ist auch gesund – nicht umsonst haben die Botaniker ihn »Asparagus officinalis«, das heißt Apothekerspargel, genannt. Spargel regt nämlich den Stoffwechsel an, reinigt das Blut, schwemmt Schlacken und Giftstoffe aus dem Körper und unterstützt damit die Leber- und Nierenfunktion.

Katenschinken

Früher stand in jedem größeren Dorf in Holstein eine Räucherkate: Im Dachgebälk der kleinen reetgedeckten Häuser reiften in langsamer Räucherung über Buchenholz oder Wacholderspänen die unvergleichlichen Holsteiner Katenschinken – milde Knochenschinken von leicht süßlichem, aber würzigem Geschmack. Heute findet man nur noch bei ganz wenigen Schlachtern einen Schinken, der nach alter Methode gepökelt und geräuchert wurde.

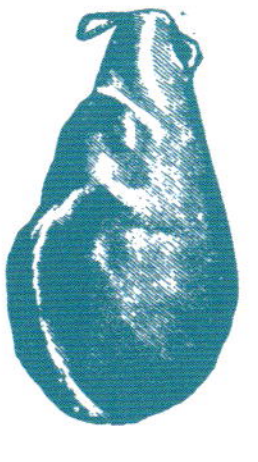

Grüne Stachelbeeren

Stachelbeeren sind die einzigen heimischen Beerenfrüchte, die sowohl unreif wie reif geerntet und verkauft werden. Die kleinen grünen, noch nicht ausgereiften Beeren eignen sich besonders gut für Kompott, Stachelbeergrütze, Chutney und Marmelade – die reifen Beeren, rot und gelb oder weiß-grün gestreift, schmecken am besten roh von der Hand in den Mund.

ALLES GUTES GIBT...

SPITZKOHL

Er ist viel zarter als jeder andere Kohl – und schmeckt überhaupt nicht kohlig. Eigentlich also genau der richtige Kohl für alle, die eigentlich keinen Kohl mögen. Und auch sonst hat er etwas Elitäres: Im Gegensatz zu seinen Verwandten Rotkohl, Weißkohl und Wirsingkohl ist er nicht das ganze Jahr auf dem Markt, sondern nur im Mai und Juni.

MAISCHOLLEN

Die Scholle ist nicht der edelste unter den Plattfischen – Steinbutt und Seezunge werden als delikater gerühmt und kosten entsprechend mehr. Aber der wahre Kenner läßt alles andere stehen für eine zarte junge Maischolle. Denn im Mai sind die Nordsee-Schollen noch klein und dabei besonders schmackhaft, weil sie sich im Wattenmeer von würzigem Krebsgetier und Muscheln ernährt haben.

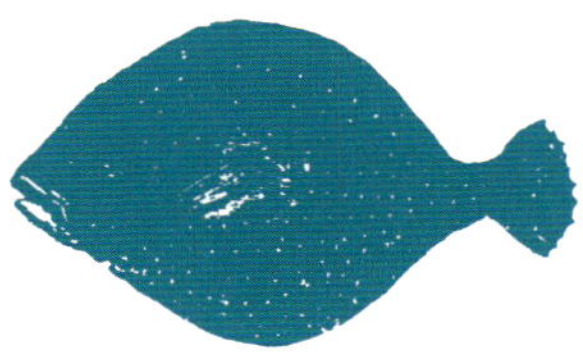

TYPISCH FÜR MAI

Spargel	*Spargelsalat in Kräutervinaigrette*	*Seite 124*
Katenschinken	*Heidespargel mit Holsteiner Katenschinken*	*Seite 122*
Grüne Stachelbeeren	*Stachelbeer-Crumble*	*Seite 134*
Spitzkohl	*Spitzkohl mit Senfsauce*	*Seite 132*
Maischollen	*Panierte Maischollen*	*Seite 127*

Heidespargel mit Holsteiner Katenschinken

Pro Person
ganz einfach

500g Spargel, 1 Prise Zucker, 10g Butter
150g – 200g Katenschinken

1

Spargel nicht zu sparsam schälen, mit Fleischfaden bündeln, in Salzwasser mit einer kräftigen Prise Zucker und einem Stich Butter je nach Dicke 12 bis 18 Minuten leise kochen. Nicht sprudelnd kochen, damit die zarten Köpfchen nicht beschädigt werden.

2

Spargel aus dem Sud heben, abgetropft auf vorgewärmter Spargelplatte anrichten, den Faden lösen. Den in nicht zu dünne Scheiben geschnittenen Schinken dazu reichen. Dazu schmecken junge Kartoffeln in Petersilienbutter, Sauce Hollandaise (Seite 123) oder geschmolzene Butter.

Direkt vom Spargelfeld

Mögen Schwetzingen und Schrobenhausen auch die bekannteren Anbaugebiete sein – der meiste deutsche Spargel wird in Norddeutschland geerntet, und zwar vor allem in der Lüneburger Heide und in der Gegend um Braunschweig. Norddeutsche Genießer wissen die Nähe der Spargelfelder zu schätzen, denn bekanntlich schmecken die weißen Stangen am besten, wenn sie, morgens frisch gestochen, noch am gleichen Tag gegessen werden. Kaufen Sie Ihren Spargel, wenn möglich, direkt beim Spargelbauern oder an seinem Stand auf einem der zahlreichen norddeutschen Wochenmärkte. Das empfindliche Gemüse wird hauptsächlich in Familienbetrieben im Nebenerwerb angebaut, denn sachkundige Saisonkräfte für die aufwendige Pflege der Beete und die Ernte sind schwer zu bekommen. So zieht in der Spargelzeit oft die ganze Familie vor Tau und Tag aufs Feld und gleich anschließend mit dem frisch gestochenen Spargel auf den nächsten Markt.

Sauce Hollandaise

Für 4 Personen
raffiniert

200g Butter
4 Eigelb, Salz
weißer Pfeffer aus der Mühle
1TL Zitronensaft

1

Butter schmelzen, in einen Topf mit Tülle umgießen, die Molke soll sich absetzen. Eigelb, Salz, Pfeffer, Zitronensaft und 6 Eßlöffel Wasser in einem zweiten Topf gut verrühren und im Wasserbad cremig aufschlagen, bis sich Eigelb und Flüssigkeit vollständig verbinden.

2

Die Butter zuerst tropfenweise, dann in dünnem Strahl unter ständigem Rühren mit dem Schneebesen dazugeben, die Molke zurücklassen. Nochmal abschmecken, sofort servieren.

TIP: Wenn die Sauce warmgehalten werden muß, stellt man sie in ein handwarmes Wasserbad, deckt sie aber nicht zu, es bilden sich sonst Wassertröpfchen, die die Hollandaise zusammenfallen lassen.

VARIATIONEN:

Pfeffer-Hollandaise

Statt des weißen Pfeffers schwarze und grüne Pfefferkörner im Mörser zerdrücken und zur Sauce geben.

Krebs-Hollandaise

Nehmen Sie 175g Butter und 50g Krebsbutter, und heben Sie kurz vor dem Servieren 150g feingewürfeltes Krebsfleisch unter die Sauce.

Malteser Sauce

Hier brauchen Sie 250g Butter. Eigelb mit 4 Eßlöffel Blutorangensaft, Salz, Pfeffer und wenig Zitronensaft verrühren und mit der geschmolzenen Butter aufschlagen. Zusätzlich mit wenig geriebener Orangenschale würzen.

SPARGELSALAT IN KRÄUTERVINAIGRETTE

Für 4 – 6 Personen
läßt sich vorbereiten

500g weißer Spargel
250g grüner Spargel
Salz, 1 Prise Zucker
4 kleine Eier
3 – 4EL Weißweinessig
2EL Zitronensaft
Pfeffer aus der Mühle
6 – 8EL Öl
2 Stiele Zitronenmelisse
1 Bund Schnittlauch
1 Beet Kresse
2 Stiele glatte Petersilie
Salatblätter

1

Weißen Spargel nicht zu sparsam, grünen Spargel nur an den unteren Enden schälen. Salzwasser mit Zucker zum Kochen bringen, zuerst den weißen Spargel 12 bis 15 Minuten, dann den grünen etwa 8 Minuten garen, herausnehmen, kalt werden lassen und in mundgerechte Stücke schneiden.

2

Eier hartkochen, kalt abschrecken, pellen und in Scheiben schneiden. Aus Essig, Zitronensaft, Salz, Zucker und Pfeffer eine Salatsauce rühren, zum Schluß das Öl mit dem Schneebesen unterrühren.

3

Kräuter hacken, eine Salatschüssel mit Salatblättern auslegen, Spargel und Eischeiben auf dem Salatbett anrichten, die gehackten Kräuter dazwischen streuen. Mit der Salatsauce begießen und durchziehen lassen.

VARIATION: Weißbrotwürfelchen in Knoblauchbutter rösten und über den Salat streuen.

Spargelomelett

Für 4 Personen
ganz einfach

Für die Füllung:
750g Spargel (nicht zu dicke Stangen)
Salz, 1 Prise Zucker, 20g Butter
Für die Omeletts:
12 Eier, Salz, Pfeffer aus der Mühle
40g Butter, Butter zum Braten
1 Bund glatte Petersilie

1

Spargel nicht zu sparsam schälen, in Salzwasser mit einer guten Prise Zucker und der Butter 12 bis 15 Minuten garen, aus dem Sud nehmen und warmstellen. Jeweils 3 Eier mit Salz und Pfeffer würzen und gut verquirlen. 10g Butter in kleinen Stücken hineingeben, mit sehr feingehackter Petersilie vermengen.

2

Butter in ein oder zwei Pfannen von 20 cm Durchmesser geben. Eimasse hineingießen; wenn die Masse zu stocken beginnt, mit einem Spatel an einer Seite etwas anheben, dabei das Omelett an den Pfannenrand schieben. Die angehobene Seite zur Mitte klappen, dann auch die andere Seite zur Mitte klappen, das Omelett auf einen sehr gut vorgewärmten Teller stürzen. Nacheinander 4 Omeletts braten. Omelett oben längs einschneiden, mit Spargelstangen belegen, sofort servieren.

Für die Liebe

Spargel galt zu Zeiten, als man noch an die wunderbaren Wirkkräfte der Natur glaubte, als Aphrodisiakum, also als ein Mittel, das die Liebeskräfte steigert. Aber das ist wohl eher auf seine Form als auf seine Inhaltsstoffe zurückzuführen. Als Medizin gegen Gicht und Nierenleiden hingegen soll Spargel mehr Wirkung zeigen, denn er ist harntreibend – jedenfalls haben noch bis ins vorige Jahrhundert Apotheker eine entsprechende Essenz verschrieben, angeblich mit gutem Erfolg.

Finkenwerder Speckschollen

Für 4 Personen
ganz einfach

4 Schollen, Zitronensaft
Salz, Pfeffer aus der Mühle
Mehl zum Wenden
200g durchwachsener Speck
75g – 100g Butter
1 Bund glatte Petersilie
Zitronenscheiben

1

Schollen waschen, die Flossen mit einer Schere etwas kürzen. Schollen mit Zitronensaft beträufeln, mit Salz und Pfeffer würzen und in wenig Mehl wenden, überschüssiges Mehl abklopfen.

2

Den kleingewürfelten Speck ausbraten, die krossen Speckwürfel herausnehmen und warmstellen. Speckfett auf 2 große Pfannen verteilen, die Butter in die Pfannen geben, die Schollen auf beiden Seiten goldbraun braten.

3

Fisch mit der weißen Seite nach oben anrichten, mit den Speckwürfeln und der feingehackten Petersilie bestreuen und mit Zitronenscheiben servieren. Dazu gibt es Kartoffelsalat, wenn möglich lauwarm.

Finkenwerder ist eine Insel in der Elbe, früher ein Fischerdorf, heute ein Vorort Hamburgs. Die Finkenwerder Elbfischer versorgten einst ganz Hamburg mit frischem Fisch, sie fischten nicht nur in der Elbe, sondern auch in der Nordsee – vor allem Schollen. Die typische Zubereitung nach Finkenwerder Art: Die Scholle wird in ausgelassenem Speck gebraten.

PANIERTE MAISCHOLLEN

Pro Person
ganz einfach

2 Maischollen
etwas Mehl, 1 Ei
Semmelbrösel
Butter zum Braten

1

Schollen putzen, waschen und trocknen. In Mehl, Ei und Semmelbröseln panieren, langsam in Butter auf beiden Seiten braten und mit Zitronenscheiben oder -achteln servieren. Dazu schmeckt Kartoffelsalat.

VARIATION: Man würzt und mehlt die Schollen nur, brät sie in heißer Butter und serviert sie zu Butterkartoffeln mit viel Petersilie und Erbsengemüse. Wer Gebratenes nicht so gut verträgt, wickelt die Schollen in gebutterte Alufolie und gart sie im Backofen.

TIP: Gebratene Plattfische richtet man übrigens grundsätzlich mit der hellen Seite nach oben an, pochierte Plattfische (oder in Folie gegarte) mit der dunklen Seite nach oben.

JUNGFRÄULICH

Nur im Mai gibt's im ostfriesischen Wattenmeer die jungfräulichen »Maischollen«, sie sind klein, aber saftig und haben besonders zartes, wohlschmeckendes Fleisch, weil sie sich vorwiegend von Plankton und kleinen Krebsen ernähren.

Gefüllte Heringe

Für 4 Personen
raffiniert

125g frisches Weißbrot
geriebene Schale einer unbehandelten Zitrone
8 grüne Heringe
Salz, Pfeffer aus der Mühle
250g Zwiebeln
150g durchwachsener Speck
2 Beete Kresse
50g Butter

1

Weißbrot entrinden und im elektrischen Blitzhacker zerkrümeln, die Zitronenschale daruntermischen. Heringe waschen und putzen, mit Küchenpapier abtrocknen. Heringe entlang der Mittelgräte mit dem Daumen auseinanderbrechen, die Fische aber nicht halbieren. Mittelgräte mit einem schmalen Messer vom Fischfleisch lösen, alle restlichen Gräten mit einer Pinzette herausziehen. Fisch mit Salz und Pfeffer würzen.

2

Zwiebeln pellen und in dünne Ringe, die Speckscheiben in schmale Streifen schneiden. Speck in einer Pfanne auslassen und die Zwiebelringe darin unter Wenden goldbraun braten.

3

Heringe mit der heißen Zwiebelmischung füllen, die Kresse vom Beet schneiden und auf der Zwiebelmasse verteilen, Heringe zusammenklappen. Eine ofenfeste Form gut buttern, die Heringe hineinlegen, mit den Weißbrotbröseln bestreuen. Restliche Butter flüssig machen und darüberträufeln. Im vorgeheizten Backofen bei 225 Grad in etwa 20 Minuten goldbraun backen.

Gebratene grüne Heringe

Für 4 Personen
ganz einfach

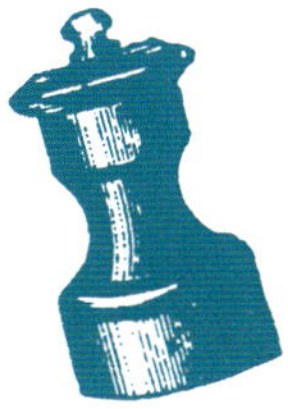

8 grüne Heringe
Zitronensaft
Salz, Pfeffer aus der Mühle
Mehl zum Wenden
Öl zum Braten

1

Heringe waschen, putzen, die Mittelgräte herauslösen. Heringe mit Zitronensaft, Salz und Pfeffer würzen, wieder zusammenklappen, dann in Mehl wenden, überschüssiges Mehl abschütteln.

2

Öl in einer großen Pfanne heiß werden lassen, Heringe von beiden Seiten bei nicht zu großer Hitze goldbraun braten.

Zu Bratkartoffeln oder lauwarmem Kartoffelsalat mit viel Schnittlauch servieren.

Hering satt in Kappeln

Alljährlich im Frühjahr ziehen die Heringe in großen Schwärmen in die flachen Ufergewässer und in die Buchten der Ostsee, um zu laichen. In der Schlei bei Kapeln werden sie noch nach althergebrachter Art – wie im Mittelalter – mit einem Heringszaun gefangen. Das ist im Prinzip eine große, in Flechtbauweise aus Ruten hergestellte Reuse. Der zur Schleimündung weit geöffnete »Rachen« verengt sich trichterförmig, so daß die Heringe in eine Falle geleitet werden, nämlich in die am Ende angebrachten Netze. Ab Himmelfahrt feiert Kappeln alljährlich die Kappelner Heringstage. Das ist ein großes Volksfest, bei dem es in allen Gaststätten »Hering satt« gibt. Und bei der traditionellen Heringswette müssen Prominente das Gewicht der mit Fischen gefüllten Netze erraten.

Hamburger Stubenküken auf Gemüsebett

Für 4 Personen
raffiniert

4 Stubenküken (à 200g)
Salz, Pfeffer aus der Mühle
4 dünne Scheiben Speck
1 großes Bund Suppengrün
100g Butter
1/8l Geflügelfond (evtl. aus dem Glas)
2EL Weißwein
1 Bund glatte Petersilie
3EL Schmand (24% Fett)

1

Stubenküken gut waschen und trocknen, mit Salz und Pfeffer innen und außen würzen, die Speckscheiben herumlegen und mit Holzstäbchen feststecken.

2

Suppengrün putzen, waschen und in sehr feine Stifte schneiden. 50g Butter in einem flachen Bräter heiß werden lassen, die Stubenküken darin anbraten, in den auf 200 Grad vorgeheizten Backofen schieben und 15 bis 20 Minuten braten. Herausnehmen und zugedeckt warmstellen.

3

Restliche Butter in den Bräter geben, das Gemüse darin unter Wenden dünsten, Fond und Wein dazugeben, mit Salz und Pfeffer würzen, bei milder Hitze 10 Minuten schmoren.

4

Petersilie hacken, den Schmand unter das Gemüse rühren und die Petersilie untermengen.

5

Stubenküken auf das Gemüse setzen, nochmal kurz unter den Grill schieben, um den Speck zu bräunen. Mit jungen Kartoffeln servieren.

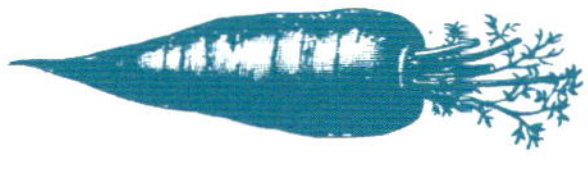

Klare Hühnersuppe

Für 4 Personen
ganz einfach

1kg Hühnerklein (Flügel, Mägen, Herzen)
1EL Gemüsebrühepaste (Reformhaus)
6 mittelgroße Frühlingszwiebeln
1 Lorbeerblatt, 150g Zuckerschoten
3 junge Möhren, Salz, Pfeffer aus der Mühle
1 Bund glatte Petersilie

1

Hühnerklein waschen und putzen. 1 1/2 Liter Wasser mit der Gemüsebrühepaste, dem Grün der Frühlingszwiebeln, dem Lorbeerblatt und dem Hühnerklein zum Kochen bringen. Bei milder Hitze etwa 1 Stunde leise kochen lassen.

2

Inzwischen die Zuckerschoten putzen und in Rauten schneiden. Frühlingszwiebeln putzen und in mundgerechte Stücke, die Möhren putzen und in Scheibchen schneiden.

3

Brühe durch ein Sieb gießen, die vorbereiteten Gemüse darin garziehen lassen, mit Salz und Pfeffer abschmecken, mit gehackter Petersilie bestreut servieren. Eventuell mit Fadennudeln oder Reis anrichten.

Ein Mittel gegen jede Krankheit

Unsere Großmütter wußten es noch, und sie hatten es wiederum von ihren Großmüttern gelernt: Eine heiße Hühnerbrühe ist die beste Medizin gegen jede Krankheit. Erkältung? Bauchweh? Übelkeit? Da wurde nicht nach dem Arzt gerufen, da wurde ein Huhn geschlachtet und eine kräftige, gehaltvolle Hühnerbrühe gekocht. Und die half besser und schneller als jede Medizin: Spätestens nach drei Tagen war der Patient gesund. Und wenn nicht, dann konnte man immer noch nach dem Arzt schicken…

Spitzkohl mit Senfsauce

Für 4 Personen
ganz einfach

1,5kg Spitzkohl, Salz
100g durchwachsener Speck
30g Butter, 30g Mehl, 1/4l Milch
1EL scharfer Senf, 1EL süßer Senf

1

Spitzkohl waschen und putzen, ganz lassen. Salzwasser in einem großen Topf zum Kochen bringen, den Kohl darin knapp garkochen, herausnehmen, gut abtropfen lassen und warmstellen.

2

Inzwischen den Speck würfeln und ausbraten. Speckwürfel herausnehmen und warmhalten. Butter zum Speckfett geben, das Mehl darin goldgelb anschwitzen, mit 1/4 Liter Kohlwasser und der Milch ablöschen, 10 Minuten leise kochen. Mit Salz, Pfeffer und dem Senf herzhaft abschmecken.

3

Spitzkohl vierteln, den Strunk herausnehmen, den Kohl auf vorgewärmter Platte anrichten, mit der Senfsauce begießen und mit den Speckwürfeln bestreuen. Zu Frikadellen oder Bratwurst servieren.

VARIATIONEN:

Spitzkohl mit Bröselbutter:
Spitzkohl garen, mit Bröselbutter, die mit hartgekochten Eiwürfeln und wenig Zitronenschale vermengt ist, begießen.

Spitzkohl als Auflauf:
Spitzkohl in Streifen schneiden, kurz blanchieren, mit gekochten Kartoffelscheiben in eine Auflaufform schichten, herzhaft salzen und pfeffern, mit einer Eisahne übergießen, mit Bröseln und gehackten Haselnüssen bestreuen. Mit Butterflöckchen belegen, im Backofen goldbraun überbacken.

Ein Verwandter aus China

Spitzkohl ist der feinere Verwandte des Weißkohls, mit zarteren Blättern, dezenterem Kohlgeschmack und der unverwechselbaren spitzen Form. Im Gegensatz zum derberen Weißkohl, der schon seit Jahrhunderten in Norddeutschland angebaut wird, ist diese Kohlsorte noch relativ neu auf unseren Feldern: Missionare haben sie erst im Jahre 1837 aus China nach Europa mitgebracht. Spitzkohl enthält, genau wie seine deftigeren Geschwister aus der Kohlfamilie, sehr viel Vitamin C, und zwar in einer Vorstufe, die sich erst beim Kochen voll erschließt. Bei allen anderen Gemüsen geht das Vitamin C beim Kochen weitgehend verloren.

Stachelbeer-Crumble

Für 4 Personen
preiswert

Butter für die Form
500g unreife Stachelbeeren
150g Zucker
4EL Orangensaft
2EL Weißwein
Für die Streusel:
100g Butter
125g Zucker
175g Mehl
1TL Zimt
250g Schlagsahne

1

Eine ofenfeste Form gut mit Butter ausstreichen. Stachelbeeren putzen und waschen, in die Form geben. Zucker, Orangensaft und Wein mischen, darübergießen, im vorgeheizten Backofen bei 200 Grad 10 Minuten garen.

2

Inzwischen aus Butter, Zucker, Mehl und Zimt Streusel zubereiten, gleichmäßig über die Stachelbeeren verteilen, bei 200 Grad weitere 30 Minuten im Backofen goldbraun backen. Mit der steif geschlagenen Schlagsahne servieren.

Die Vorliebe der Hamburger für Englisches ist ja bekannt. Stachelbeer-Crumble, auf englisch Gooseberry Crumble, hat seinen Namen daher, daß man die Streusel auf die Beeren krümelt – und krümeln heißt im Englischen »to crumble«.

Die Rhododendronparks in Westerstede, in Bremen und an der Hamburger Elbchaussee sind im Mai ein Wallfahrtsziel für unzählige Blumenfreunde.

Stachelbeer-Fool

Für 4 Personen
raffiniert

500g unreife Stachelbeeren
150g Zucker (evtl. auch mehr)
1 Päckchen Vanillezucker
300g Crème double

1

Stachelbeeren putzen, waschen, mit Zucker, Vanillezucker und wenig Wasser zugedeckt bei milder Hitze etwa 10 Minuten weich kochen. Früchte durch ein Sieb streichen und kalt werden lassen.

2

Crème double steif schlagen und das Püree unterheben. Für 3 bis 4 Stunden kalt stellen, dann servieren.

Warum die Stachelbeersahne in England Fool heißt, ist ungeklärt. Das englische Wort bedeutet Narr, Hanswurst, aber es kann auch toller Kerl heißen, und »fool's paradise« ist das Schlaraffenland. Ob die Engländer den Gooseberry Fool wie närrisch lieben? Oder ob er ihnen so toll schmeckt wie alle Genüsse des Schlaraffenlandes?

Englische Vorlieben

Jahrhundertelang haben die Engländer die Stachelbeeren, ihre »gooseberries«, heiß geliebt, sie entwickelten immer neue Sorten mit reicheren Erträgen und größeren Beeren – und alljährlich fanden Rezeptwettbewerbe statt. Erst als der amerikanische Stachelbeermehltau eingeschleppt wurde, gingen die meisten Kulturen ein. Die Rezepte aber blieben in alten Kochbüchern erhalten, nicht nur in England, sondern auch in Hamburg, das sich schon immer – und nicht nur kulinarisch – an England orientiert hat. Von Spöttern wird Hamburg sogar als »Vorort von London« apostrophiert.

Stachelbeerkompott

Für 4 Personen
ganz einfach

1kg unreife Stachelbeeren, 375g Zucker
Schale einer unbehandelten Zitrone, 1 Zimtstange
evtl. etwas Speisestärke zum Binden

1

Stachelbeeren putzen und waschen. 3/4 Liter Wasser und den Zucker zusammen mit der Zitronenschale und der Zimtstange 10 Minuten sprudelnd kochen lassen. Stachelbeeren hineingeben und 5 Minuten leise darin kochen, kalt werden lassen. Zitronenschale und Zimt herausnehmen.

2

Nach Wunsch das Kompott mit etwas angerührter Speisestärke binden. Oder die Beeren aus dem Sud nehmem und ihn sirupähnlich einkochen lassen. Etwas abkühlen lassen und die Beeren wieder dazugeben.

Pfannkuchen im Mai

Meine Großmutter backte die besten Pfannkuchen der Welt, aber es gab sie bei ihr ausschließlich im Mai, denn sie brachte sie nur in Verbindung mit grünem Stachelbeerkompott auf den Tisch. Sie backte einen ganzen Stoß Eierpfannkuchen, der auf einer Tortenplatte aufgeschichtet und im Backofen warmgehalten wurde – jeder Pfannkuchen mit Zucker bestreut. Bei Tisch schnitt sie den Pfannkuchenberg dann tortenförmig auf. Jeder bekam eine Portion auf den Teller, daneben füllte man sich auf die eine Seite Kompott aus unreif gepflückten grünen Stachelbeeren, auf die andere Seite sanfte, gelbe Vanillecreme. Der knusprige Pfannkuchen, das säuerliche Kompott, die milde Creme – das war für uns Kinder damals das schönste Sonntagsessen im Mai.

Stachelbeertorte mit Baiser

Für 12 Stücke
läßt sich vorbereiten

Für den Mürbeteig:
200g Mehl, 100g Butter
60g Zucker, 1 Ei, 1 Prise Salz
Mehl zum Ausrollen
Für die Füllung:
500g unreife Stachelbeeren, 40g Speisestärke
1/2l Weißwein, 250g Zucker
1TL abgeriebene unbehandelte Orangenschale
Hülsenfrüchte zum Blindbacken
3 Stücke Zwieback, 3 Eiweiß
30g gehobelte Haselnüsse

1

Alle Zutaten für den Teig rasch zusammenkneten und kalt stellen. Stachelbeeren putzen, waschen. Speisestärke mit wenig Wein anrühren. Den restlichen Wein mit 200g Zucker und der Orangenschale zum Kochen bringen und die Stachelbeeren darin 5 Minuten leise kochen lassen. Die Beeren herausnehmen, Flüssigkeit mit der Speisestärke binden, die Beeren wieder dazugeben und kalt werden lassen.

2

Mürbeteig auf leicht bemehlter Arbeitsfläche ausrollen, eine Springform von 26 cm Durchmesser fetten und mit dem Teig auslegen, einen Rand hochziehen. Backpapier auf den Teigboden legen, die Hülsenfrüchte gleichmäßig darauf verteilen und im vorgeheizten Backofen bei 200 Grad 15 Minuten vorbacken. Die Hülsenfrüchte mit dem Papier vom Boden nehmen, den Boden in der Form kalt werden lassen.

3

Zwieback in einen Klarsichtbeutel geben. Beutel verschließen und mit dem Rollholz zerdrücken. Krümel auf dem vorgebackenen Teigboden verteilen.

4

Eiweiß steif schlagen und restlichen Zucker unterheben. Kompott unter das Eiweiß heben und die Masse auf dem Tortenboden verteilen. Die Haselnüsse darüberstreuen, im vorgeheizten Backofen bei 175 Grad in 35 bis 40 Minuten goldbraun backen.

Welfenspeise

Für 4 Personen

preiswert

Für die Creme:
1/2l Milch, 50g Zucker
2 Päckchen Vanillezucker
40g Speisestärke
4 Eiweiß
Für den Weinschaum:
4 Eigelb, 50g Zucker
1 Päckchen Vanillezucker
1/4l Weißwein
2EL Zitronensaft

1

Milch, Zucker und Vanillezucker zum Kochen bringen, die Speisestärke mit etwas Wasser anrühren, dazugeben und unter ständigem Rühren kräftig kochen lassen. Topf vom Herd nehmen, das steifgeschlagene Eiweiß unterheben, wieder auf den Herd zurückstellen, einmal aufkochen lassen und in eine kalt ausgespülte Schüssel füllen.

2

Eigelb, Zucker, Vanillezucker, Wein und Zitronensaft gut verrühren, über einem Wasserbad so lange aufschlagen, bis die Masse dicklich wird. In ein Eiswasserbad stellen und kalt schlagen, dann über die Creme gießen.

TIP: Die Creme muß ganz kalt sein, wenn der Weinschaum daraufgefüllt wird, sonst mischen sich die beiden Massen.

Die Welfenspeise ist eine traditionelle Spezialität aus Niedersachsen. Mit ihren Farben sollte sie dem Königshaus Ehre erweisen, denn die Könige von Hannover aus dem Herrschergeschlecht der Welfen trugen die Farben Gelb und Weiß auf ihrem Banner.

Flensburger Rumtopf

Der klassische Rumtopf wird im Mai angesetzt und im Laufe der folgenden Monate gefüllt, jeweils mit den Früchten der Saison, den Abschluß bilden Ende September die Zwetschgen. Aber natürlich muß man nicht das ganze Erntejahr in einem Rumtopf versammeln, man kann genauso gut nur eine einzige Fruchtsorte einlegen – oder eine Mischung aus zwei oder drei Sorten. Interessant schmeckt es auch, wenn man die heimischen Früchte mit Exoten ergänzt.

Die Saison beginnt im Mai mit den Erdbeeren. Für den Start rechnet man 500g Früchte, ebensoviel Zucker und eine Flasche 54prozentigen Rum. Bei jeder weiteren Fruchtzugabe kommt man mit 375g Zucker aus. Es muß jeweils soviel Rum aufgegossen werden, daß die Früchte bedeckt sind. Für den Rumtopf dürfen nur allerbeste Früchte verwendet werden. Das Gefäß, in das man die Früchte einlegt, muß absolut fettfrei sein, und die Früchte sollten nach dem Waschen auch wieder ganz trocken sein.

So bereiten Sie die Früchte vor: Erdbeeren waschen und zwar in stehendem Wasser, gut abtropfen lassen, das Grün abnehmen, dann je nach Größe halbieren oder vierteln. Ganz besonders gut sind kleine Früchte, die man dann auch ganz läßt. Sauerkirschen werden entstielt, aber nicht entsteint. Aprikosen, Pfirsiche und Pflaumen häutet man und entsteint sie. Zwetschgen werden nur entsteint. Ananas wird geachtelt, der harte Strunk entfernt, dann schneidet man das Fruchtfleisch von der Schale in kleine Keilchen.

Nicht in den Rumtopf kommen: Rhabarber, Beerenfrüchte (weil sie zerfallen und dann nur als Kernchen im Rumtopf herumschwimmen), Äpfel und Bananen.

Was tun, wenn trotz aller Vorsicht der Rumtopf anfängt zu gären? Wenn Sie Glück haben und es schon bemerken, wenn nur kleine Bläschen aufsteigen, gießen Sie sofort 100 Gramm reinen Alkohol (aus der Apotheke) auf etwa 3 Liter Rumtopf dazu. Damit läßt sich meist die Gärung stoppen. Bewahren Sie Ihren Rumtopf dann im Kühlschrank auf. Wenn er aber schon schäumt, ist leider gar nichts mehr zu retten! Also beobachten Sie den Rumtopf, und stellen Sie ihn an einen möglichst kühlen Ort.

Den Rumtopf genießen

Es gibt unzählige Möglichkeiten, Rumtopffrüchte zu genießen. Als Dessert: Rumtopffrüchte mit Vanillecreme, mit Eis oder mit Quarkspeise. Oder: Rumtopffrüchte zu feinen Eierkuchen. Oder: Rumtopffrüchte zu Milchreis. Als Gebäck: Rumtopffrüchte in kleinen Obsttörtchen, gekrönt von einer Sahnehaube. Als Getränk: Rumtopffrüchte, abgetropft, mit Sekt aufgegossen. Und natürlich kann man die Rumtopffrüchte auch einfach pur mit ihrem hochprozentigen Saft löffeln!

Deutschlands Rum-Stadt

Ob der Flensburger Rumtopf in Flensburg erfunden wurde, ist nicht überliefert – auf jeden Fall hat sich Deutschlands nördlichste Stadt den Namen »Rum-Stadt« verdient, denn sie hat das braune Getränk aus Westindien in Norddeutschland heimisch gemacht. Im 18. und 19. Jahrhundert fuhren die flensburgischen Kauffahrteisegler bis nach Westindien, und auf der Heimreise hatten sie die großen Eichenfässer mit Rum aus Jamaika an Bord. Die Flensburger lagerten die Fässer aus Übersee so lange, bis der Rum den richtigen Reifegrad hatte, setzten ihn auf Trinkstärke herab und verkauften ihn dann weiter. Heute haben die großen und weltbekannten Rumfirmen Deutschlands ihre Stammhäuser in Flensburg. Sie sorgen dafür, daß jeder Norddeutsche so viel Grog, Pharisäer oder Teepunsch trinken und so viel Rumtopffrüchte löffeln kann, wie er verträgt.

Windbeutel mit Erdbeersahne

Für 6 Personen
läßt sich vorbereiten

Für den Brandteig:
50g Butter, 1TL Zucker
1 Prise Salz, 65g Mehl
Butter und Mehl für das Blech
2 Eier (Gew.Kl. 3)
Für die Erdbeersahne:
3 Blatt weiße Gelatine
250g Erdbeeren
1EL Puderzucker
1 Päckchen Vanillezucker
etwas unbehandelte geriebene Zitronenschale
250g Schlagsahne
Puderzucker zum Bestäuben
Zitronenmelisse zum Verzieren

1

Für den Teig 1/8 Liter Wasser mit Butter, Zucker und Salz zum Kochen bringen. Das Mehl auf einmal hineinschütten, rasch mit einem Kochlöffel verrühren. Die Masse zum Kloß abbrennen (am Topfboden muß eine weiße Haut zu sehen sein), in eine Schüssel geben und ein Ei unterrühren. Masse kalt werden lassen, dann das zweite Ei dazugeben.

2

Backblech fetten und leicht mehlen. Aus der Brandteigmasse 6 Windbeutel aufspritzen, im vorgeheizten Backofen bei 225 bis 250 Grad etwa 30 Minuten backen. Zwischendurch die Backofentür nicht öffnen, sonst fallen die Windbeutel zusammen. Windbeutel waagerecht mit einem scharfen Messer oder einer Schere aufschneiden, aber nicht ganz durchschneiden. Kalt werden lassen.

3

Für die Füllung die Gelatine in kaltem Wasser einweichen. Erdbeeren waschen, putzen und würfeln. Fruchtwürfel mit Puderzucker, Vanillezucker und Zitronenschale mischen und fein hacken. Gelatine tropfnaß bei milder Hitze auflösen, zu den Erdbeeren geben, gut verrühren und kalt stellen. Wenn die Masse zu gelieren beginnt, die steif geschlagene Sahne unterheben, in die Windbeutel füllen und kalt stellen. Mit Puderzucker bestäuben, mit Zitronenmelisse verzieren.

Die Norddeutschen sind Weltmeister im Erdbeerenessen: Mehr als zwei Kilo verzehrt jeder von ihnen im Jahr – vorwiegend gezuckert mit Milch.

ERDBEERTORTE

Für 12 Stücke
raffiniert

Für die Tortenböden:
30g Butter, 6 Eier
150g Zucker
1 Päckchen Vanillezucker
225g Mehl, 1 Msp. Backpulver
Für die Füllung:
1kg Erdbeeren, 2EL Puderzucker
2 Blatt rote Gelatine
500g Schlagsahne
250g schwarzes Johannisbeergelee
75g gehackte Pistazien

1

Butter bei milder Hitze schmelzen. Eier trennen, Eigelb mit dem Zucker und Vanillezucker schaumig rühren, dann die Butter dazugeben und gut verrühren. Eiweiß steif schlagen, auf die Eimasse geben, dann Mehl und Backpulver darübersieben, alles vorsichtig unter die Eimasse heben.

2

Eine Springform von 26 cm Durchmesser mit Backpapier auslegen, Biskuitmassse einfüllen, im vorgeheizten Backofen bei 200 Grad etwa 25 Minuten backen, auf einem Kuchengitter auskühlen lassen. Den Boden zweimal durchschneiden, sodaß drei Böden entstehen.

3

Erdbeeren (möglichst gleichgroße Früchte) in stehendem Wasser waschen, abtropfen lassen, dann das Grün abnehmen. 250g Erdbeeren mit dem Schneidstab des Handrührers pürieren, mit dem Puderzucker abschmecken. Eingeweichte Gelatine tropfnaß bei milder Hitze auflösen, zum Erdbeerpüree rühren. 375g Sahne steif schlagen und unterheben, wenn das Püree zu gelieren beginnt.

4

Einen Boden in den Springformrand legen, mit der Hälfte der Erdbeersahne bestreichen, den zweiten Boden auflegen, restliche Erdbeersahne daraufstreichen, dann den dritten Boden auflegen, leicht andrücken, kalt stellen.

5

3 Eßlöffel Johannisbeergelee in einem kleinen Topf mit wenig Wasser bei milder Hitze flüssig rühren. Torte aus dem Rand lösen, den oberen Boden mit dem Johannisbeergelee bestreichen. Restliche Sahne steif schlagen, den Tortenrand damit bestreichen, mit den Pistazien bestreuen.

6

Restliche Erdbeeren halbieren, die Torte damit belegen. Restliches Johannisbeergelee flüssig machen und die Erdbeeren damit überziehen. Torte bis zum Servieren kalt stellen.

Lauter kleine Rosen

Verblüffend: Die Blüten der Erdbeerpflanze gleichen aufs Haar den Blüten der Heckenrose, die man jetzt an allen holsteinischen Feldwegen sieht. Aber das ist nicht zufällig so: Die Erdbeere gehört zur Familie der Rosengewächse, ist also botanisch eine kleine Schwester der Heckenrose. Was wir als Erdbeerfrucht ansehen, ist dabei gar keine Frucht, es ist ein fleischiger Blütenstand, auf dem die eigentlichen Früchte sitzen: die kleinen braunen Kernchen.

Menü des Monats

Klare Hühnersuppe

Heidespargel mit Holsteiner Katenschinken und Sauce Hollandaise

Windbeutel mit Erdbeersahne

DIE KÜCHE

Im Juni beginnt in Norddeutschland die Matjessaison. Und die Saison der zarten, grünen Bohnen. Und die Saison der Frühkartoffeln. Deshalb ist im Juni an der ganzen Küste das beliebteste Gericht: Matjes mit Speckstippe, Bohnen und Pellkartoffeln.

IM JUNI

Kartoffeln sind im Norden vor allem als Bratkartoffeln beliebt: zu Aal in Gelee, zu Sülze, zu eingelegtem Brathering. Restaurants mit besonders guten Bratkartoffeln werden als Geheimtips gehandelt.

Was es im Juni

Matjes

Früher gab es sie nur im Juni, wenn die ersten Heringsfänge der Saison angelandet wurden. Die jungen Heringe, die noch keinen Rogen und keine Milch gebildet hatten, waren besonders zart und fett. Sie wurden auf See »gekehlt«, das heißt geschlachtet und ausgenommen, und dann nur ganz milde gesalzen, weil sie sogleich zum Verbraucher kamen. Der Name Matjes für diese jungfräulichen Heringe kommt aus dem Niederländischen: von »Meisje«, das ist ein junges Mädchen.

Möhren

Möhren – oder Wurzeln, wie sie in Norddeutschland heißen – gehören zu den ältesten Gemüsen, die wir kennen. Einer ihrer prominentesten Liebhaber war der römische Kaiser Tiberius: Er ließ sich Möhren eigens aus Germanien kommen. Aber die Möhre ist viel älter als das Römische Reich – Funde in schweizerischen Pfahlbauten beweisen, daß sie schon in der Jungsteinzeit in Mitteleuropa angebaut wurde.

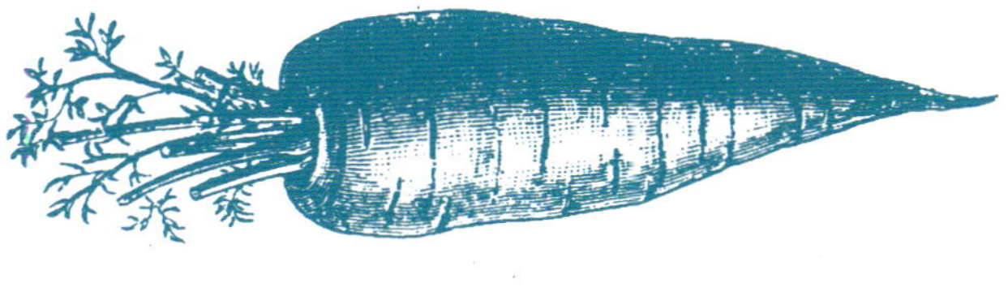

Grüne Bohnen

Wie Kartoffeln und Tomaten haben wir auch die grünen Bohnen den spanischen Eroberern zu verdanken: Sie brachten sie im 16. Jahrhundert aus Südamerika nach Europa. Bis dahin hatte man hierzulande nur die Dicke Bohne oder die Langbohne gekannt – beides Sorten, von denen man nur die Kerne essen konnte. Sie wurden dann von der zarteren grünen Bohne von ihrem Platz 1 auf der Speisekarte total verdrängt.

ALLES GUTES GIBT...

KARTOFFELN

Jetzt kommen endlich die ersten deutschen Frühkartoffeln auf den Markt – in Norddeutschland vor allem aus der Lüneburger Heide. Speisefrühkartoffeln sind ein Edelgemüse und sollten auch so behandelt werden: also frisch verbrauchen, deshalb auch nur kleine Mengen kaufen, möglichst direkt vom Erzeuger. Am besten schmecken sie frisch ausgebuddelt aus dem eigenen Garten, gekocht, nur mit Butter und Salz: Eine Delikatesse!

ERBSEN

Nur wenn sie ganz frisch und jung sind, schmecken Erbsen auch wirklich saftig und süß. Wenn Sie jetzt Erbsen zum Selbstauspalen kaufen, müssen Sie darauf achten, daß die Schoten wirklich zart und grün sind. Eine trockene Schale, durch die man die Konturen der einzelnen Erbsen deutlich erkennen kann, deutet auf nachgereifte Erbsen hin, die den Zucker weitgehend in Stärke verwandelt haben und deshalb mehlig und leicht bitter schmecken können.

TYPISCH FÜR JUNI

Matjes	*Burgunder-Matjestopf*	*Seite 153*
Möhren	*Schnüsch*	*Seite 155*
Grüne Bohnen	*Matjes mit grünen Bohnen und Speckstippe*	*Seite 150*
Kartoffeln	*Hamburger Pfannfisch*	*Seite 158*
Erbsen	*Hannoversche Erbsensuppe*	*Seite 154*

Matjes mit grünen Bohnen und Speckstippe

Für 4 Personen
ganz einfach

250g magerer luftgetrockneter Speck
100g Butter, 250g Zwiebeln
Salz, Pfeffer aus der Mühle
4 – 6 junge Matjesheringe
1kg grüne Bohnen
1 Bund Bohnenkraut, Salz, 20g Butter
1 Bund glatte Petersilie

1

Speck in kleine Würfel schneiden. Butter in einer Pfanne schmelzen lassen, den Speck darin ausbraten. Zwiebeln pellen und würfeln, zum Speck geben und unter Rühren goldbraun braten, mit Salz und Pfeffer würzen.

2

Matjesheringe häuten und filieren, dabei alle Gräten auslösen. Man spürt die Gräten am besten, wenn man mit dem Zeigefinger über das Filet streicht. Matjes auf einer Platte anrichten und kalt stellen.

3

Bohnen putzen, waschen, abgetropft in mundgerechte Stücke brechen und in Salzwasser mit dem Bohnenkraut in 12 bis 15 Minuten knapp gar kochen. Das Wasser abgießen und die Bohnen in der Butter mit der feingehackten Petersilie schwenken.

Matjes und Bohnen mit der erhitzten Speckstippe zu neuen Kartoffeln – in der Schale gekocht – servieren. Wer mag, reicht zu den Matjesfilets zusätzlich rohe Zwiebelringe.

Der Hering, der aus fernen Zonen
Sich in den Ozean verirrt,
Ahnt nicht, daß man zu grünen Bohnen
Einst seinen Leichnam legen wird.
(makabrer Spruch eines umbekannten Verfassers)

Die Matjes-Saison

Jeweils am dritten Wochenende im Juni wird in Glückstadt an der Unterelbe die Matjes-Saison eröffnet – mit einem großen Volksfest rund um den historischen Marktplatz, mit Matjes-Probierständen am Hafen und Matjes-Spezialitäten in allen Restaurants. Matjes hat in Glückstadt Tradition: Früher verfügte das Städtchen über eine eigene Heringsflotte, die ihren Fang direkt in den kleinen Binnenhafen brachte, speziell den Matjes, den berühmten jungfräulichen Hering, der im Frühjahr gefangen wurde, bevor er Milch oder Rogen ansetzte. Noch auf See wurde er gekehlt (d.h. ausgenommen) und in Salzlake in Holzfässern eingelegt. Das Geheimnis dabei: Ein winziges Stück vom Darm muß im Fisch bleiben, dann bilden sich Fermente, die den Fisch bei der Reifung im Faß besonders zart und mild werden lassen. Über Jahrhunderte waren die so gereiften »Glückstädter Matjes« eine berühmte Delikatesse. Heute kommen sie aus Dänemark oder aus Holland, und es gibt sie nicht nur im Frühsommer, sondern das ganze Jahr über. Aber aus Tradition ißt man nicht nur in Glückstadt, sondern an der ganzen Nordseeküste den Matjes nach wie vor am liebsten im Juni, dem Monat, in dem er früher von allen Feinschmeckern so sehnlich erwartet wurde.

Die klassische Art, Matjes zu genießen: Der Matjes wird auf Eiswürfeln serviert, dazu gibt es grüne Bohnen, Speckstippe und junge Kartoffeln. Oder: Matjesfilet auf gebuttertem Schwarzbrot als Vorspeise.

Matjestopf nach Hausfrauenart

Für 4 Personen
läßt sich vorbereiten

4 junge Glückstädter Matjesheringe
250g Schmand (24% Fett)
150g Mayonnaise
150g Joghurt
2 aromatische Äpfel
150g Zwiebeln
2 Gewürzgurken
100g Senfgurken
1 Röhrchen Kapern
1EL mittelscharfer Senf
2 Lorbeerblätter

1

Heringe putzen, filieren, dabei alle Gräten entfernen. Schmand, Mayonnaise und Joghurt miteinander verrühren.

2

Äpfel schälen, das Kerngehäuse herausschneiden, Äpfel in kleine Würfel schneiden. Zwiebeln pellen und in Ringe schneiden. Gewürz- und Senfgurken würfeln, alles zur Schmandsauce geben, die Kapern mit der Flüssigkeit und den Senf dazugeben, alles gut miteinander verrühren. Zum Schluß die Lorbeerblätter dazugeben.

3

Matjesfilets in mundgerechte Stücke schneiden, in der Schmandsauce mehrere Stunden durchziehen lassen. Dazu gibt es Pellkartoffeln, und zwar die ersten deutschen Kartoffeln, die mit dem jungen Matjes zur gleichen Zeit Saison haben.

TIP: Matjesheringe sollte man selbst filieren. Sie schmecken dann viel besser und sind außerdem auch billiger. Später im Jahr sollte man die Heringe 1 bis 2 Stunden wässern.

Burgunder-Matjestopf

Für 10 – 12 Personen
raffiniert

1/4l trockener Rotwein
1/4l Rotweinessig
250g Zucker. 2 Lorbeerblätter
2 Gewürznelken
1EL schwarze Pfefferkörner
1EL Senfkörner, 375g rote Zwiebeln
6 junge Matjesheringe

1

Rotwein, Essig, Zucker und Gewürze zum Kochen bringen, 5 Minuten leise kochen lassen. Zwiebeln pellen und in Ringe schneiden, in den Sud geben, einmal aufkochen lassen, vom Herd nehmen und kalt werden lassen.

2

Heringe häuten, filieren, dabei alle Gräten entfernen. Heringe in mundgerechte Stücke schneiden. Sud durch ein Sieb gießen, Flüssigkeit auffangen. Matjesstücke und die Zwiebeln in ein entsprechend großes Gefäß schichten, mit dem Sud begießen und mindestens 2 Tage kühl gestellt durchziehen lassen.

TIP: Lassen Sie die Heringe nicht im Kühlschrank durchziehen, sie werden dann hart! Wenn Sie anstelle von Rotwein trockenen Sherry verwenden, entsteht ein wunderbar würziger Sherryhering.

Viel Zucker

Das Rezept für den Burgunder-Matjes stammt – der hohe Zuckeranteil verrät es – von unseren skandinavischen Nachbarn. Speziell die Dänen gehen sehr großzügig mit dem Zuckertopf um, auch bei Speisen, die eigentlich gar nicht süß gemeint sind. Die Marinade für eingelegte Heringe setzten sie nicht etwa mit einer Prise, sondern gleich mit einem halben Pfund Zucker an. Aber es schmeckt fabelhaft! Und zwar gleich gut auf Brot wie zu Bratkartoffeln.

Hannoversche Erbsensuppe

Für 6 Personen
preiswert

Für die Grießklößchen:
1/4l Milch, 30g Butter
Salz, Zucker
100g Hartweizengrieß, 2 Eier
Für die Suppe:
250g Möhren, 200g Petersilienwurzel
1 1/2l Fleischbrühe
600g ausgepalte junge Erbsen (von etwa 1 1/2kg Erbsenschoten)
50g Butter, 1 Bund glatte Petersilie

1

Milch mit Butter, Salz und Zucker zum Kochen bringen, den Grieß einrieseln lassen und so lange unter Rühren kochen, bis sich die Masse als Kloß vom Topfboden löst. Vom Herd nehmen, ein Ei darunterrühren, die Masse etwas abkühlen lassen, dann das zweite Ei dazurühren. Mit zwei nassen Teelöffeln kleine Klößchen formen, auf einer geölten Platte absetzen.

2

Möhren und Petersilienwurzeln putzen und in kleine Würfel schneiden. Fleischbrühe zum Kochen bringen, die Erbsen hineingeben, 10 Minuten leise kochen lassen, dann die Möhren zusammen mit der Petersilienwurzel und der Butter dazugeben und weitere 10 Minuten leise kochen.

3

Die Grießklößchen in Salzwasser 15 Minuten garziehen lassen, in die Suppe geben und mit der gehackten Petersilie bestreuen.

Schnüsch

Für 6 Personen
ganz einfach

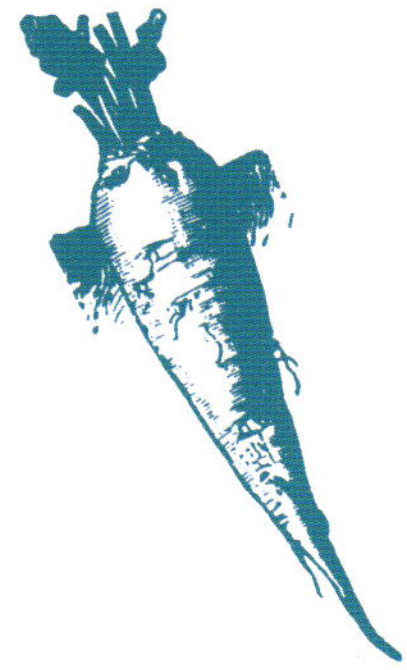

1,5kg junge Erbsen in der Schote
250g grüne Bohnen
250g enthülste große Bohnen (evtl. tiefgekühlt)
Salz, 250g junge Wurzeln (Möhren)
250g neue Kartoffeln
3/4l Milch, 100g Butter
1 Bund glatte Petersilie
4 Scheiben milder Katenschinken

1

Erbsen auspalen. Grüne Bohnen putzen, waschen und in mundgerechte Stücke brechen und zusammen mit den großen Bohnen in 1 Liter Salzwasser bei milder Hitze zugedeckt 15 Minuten kochen.

2

Wurzeln und Kartoffeln schälen, waschen und in Scheiben schneiden, zusammen mit den Erbsen zu den Bohnen geben, 20 Minuten zugedeckt garen. Gemüse aus der Flüssigkeit heben, in eine vorgewärmte Schüssel füllen und zugedeckt warmstellen.

3

Milch, Butter und feingehackte Petersilie aufkochen und über das Gemüse gießen. Sehr heiß servieren. Den Katenschinken auf Holzbrettchen anrichten und dazu reichen.

Quer durch den Garten

Schnüsch ist eine Spezialität der Landschaft Angeln, die sich zwischen Flensburger Förde und Schlei erstreckt. Auf den fetten Weiden grasen die berühmten Angliter Kühe, die eine besonders sahnige Milch geben. Die ersten zarten Gemüse – die Auswahl ist nicht festgelegt, man erntet, was gerade wächst, sozusagen quer durch den Garten –, mit der sahnigen Milch übergossen und mit einer Scheibe Holsteiner Katenschinken serviert: das ist das schönste Sommeressen, das man sich vorstellen kann!

Finnische Sommersuppe

Für 4 Personen
ganz einfach

3 Möhren
1 kleiner Blumenkohl
500g Erbsen in der Schote
250g grüne Bohnen
250g kleine junge Kartoffeln
125g Freilandspinat
1 1/2l Fleischbrühe
2TL Mehl, 1/2l Milch
30g Butter
Zucker zum Abschmecken
Salz, Pfeffer aus der Mühle
1 Bund glatte Petersilie

1

Alles Gemüse putzen. Möhren in Scheibchen schneiden. Blumenkohl in Röschen teilen, Erbsen auspalen, Bohnen schräg in Stücke schneiden, Kartoffeln schälen und vierteln. Spinat putzen und mehrmals waschen. Fleischbrühe zum Kochen bringen und alles Gemüse bis auf den Spinat darin knapp garen.

2

Mehl mit etwas Milch anrühren, restliche Milch zum Kochen bringen, mit dem angerührten Mehl binden, Spinatblätter hineingeben und darin zusammenfallen lassen. Butter in Flöckchen einrühren, mit Zucker abschmecken, alles in die Gemüsesuppe rühren, mit Salz und Pfeffer würzen, mit gehackter Petersilie bestreut servieren.

Die Finnische Sommersuppe ist verwandt mit dem »Schnüsch« aus dem nördlichen Schleswig-Holstein. Überall an der Ostseeküste hat man ähnliche Suppen in der Kombination von Milch und dem ersten frühen Sommergemüse von jeher gerne gegessen.

Lachstopf nach Art der Bornholmer Fischer

Für 4 Personen
raffiniert

750g Kartoffeln (möglichst aus biologischem Anbau)
Salz, Pfeffer aus der Mühle
6 Lorbeerblätter
4 Lachskoteletts (à 150g – 200g)
1 Bund Dill, 250g Schlagsahne, 1 Zitrone

1

Kartoffeln waschen, schälen und in Scheiben schneiden. In einem ovalen Fischtopf verteilen, mit Salz und Pfeffer würzen. Die Lorbeerblätter daraufgeben, die Lachskoteletts nebeneinander darauflegen und soviel Wasser dazugießen, daß die Kartoffelscheiben bedeckt sind.

2

Topf auf den Herd stellen, rasch zum Kochen bringen, die Hitze reduzieren und 15 Minuten zugedeckt leise sieden.

3

Kochflüssigkeit abgießen. Sahne mit feingehacktem Dill würzen, über den Fisch gießen. Einmal aufkochen lassen, im Topf servieren. Zitronenachtel dazu reichen.

Alles in einem Topf

Von Insel zu Insel ist dieses Rezept gereist. Wie einst nur auf Bornholm, so bereitet man heute auch auf der Ostseeinsel Fehmarn den Lachstopf zu. Das Bestechende an dem Gericht: Man benötigt nur einen einzigen Topf – Fisch und Kartoffeln werden zusammen gegart.

Hamburger Pfannfisch

Für 4 Personen
preiswert

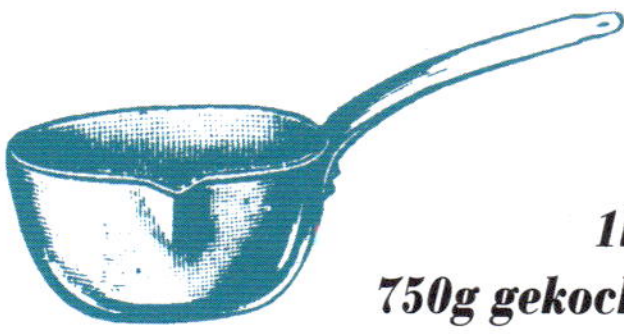

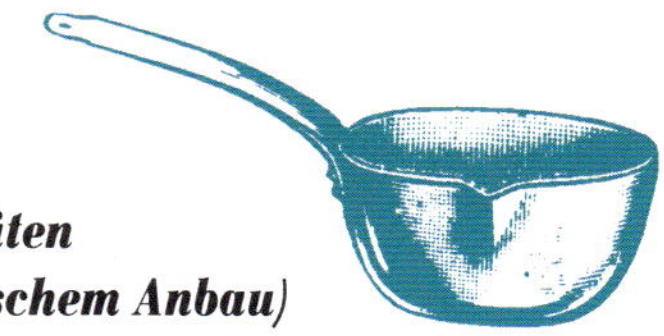

1 Zwiebel, 1EL Salz
2 Lorbeerblätter
1EL Pfefferkörner
3EL Weißweinessig
1kg Lengfisch mit Haut und Gräten
750g gekochte Pellkartoffeln (aus biologischem Anbau)
3EL Senf, 100g Butter
80g Butterschmalz
Pfeffer aus der Mühle
1 Bund glatte Petersilie

1

Zwiebel pellen und grob zerteilen. 1 Liter Salzwasser mit Lorbeerblättern, Pfefferkörnern, Essig und den Zwiebelstückchen zum Kochen bringen. Den Lengfisch darin garziehen lassen, eventuell einmal wenden, vom Herd nehmen und im Sud kalt werden lassen. Fisch aus dem Sud heben, häuten und in mundgerechten Portionen von den Gräten lösen.

2

Kartoffeln pellen und in Scheiben schneiden. Vom Sud 1/2 Liter abnehmen, mit dem Senf verrühren. 30g Butter und das Butterschmalz in einer großen Pfanne heiß werden lassen, die Kartoffeln darin unter Wenden bräunen, mit Salz und Pfeffer würzen, den Fisch vorsichtig darunterheben. Senfsud zum Kochen bringen, mit der restlichen kalten Butter unter Rühren binden. Sauce über den Fisch gießen, bei milder Hitze 10 Minuten durchziehen lassen. Mit gehackter Petersilie bestreut servieren.

Pfannfisch ist eigentlich ein typisches Hamburger Resteessen. Wenn bei einer Mahlzeit Fisch und Kartoffeln übrigblieben, bildeten sie die Grundlage für das Abendessen – dann gab's »Pannfisch«: Kartoffeln und Fisch wurden aufgebraten und mit Senfsauce übergossen.

In Norddeutschland schätzt man nicht nur Fisch aus dem Meer – man liebt auch Forellen, vor allem die fleischigen Regenbogenforellen.

Curry-Huhn mit Blattspinat und Pinienkernen

Für 4 Personen
raffiniert

1 Bund Suppengrün
Salz, 1 Poularde
2 Lorbeerblätter
1EL Pfefferkörner
4 Blättchen Salbei
1 Knoblauchzehe
375g Freilandspinat
60g Butter, 40g Mehl
1 – 2EL Madrascurry
2 Eigelb
125g Schlagsahne
2 EL Pinienkerne

1

Suppengrün putzen, waschen, grob zerteilen, in Salzwasser zum Kochen bringen. Poularde mit den Gewürzen und der unzerteilten Knoblauchzehe hineingeben. 45 bis 50 Minuten leise kochen lassen.

2

Spinat putzen, dabei die groben Stiele abschneiden. Spinat mehrmals waschen, in 20 Gramm Butter bei milder Hitze zusammenfallen lassen, beiseite stellen.

3

Poularde aus der Brühe nehmen, etwas abkühlen lassen, dann häuten, das Fleisch von den Knochen lösen und in mundgerechte Stücke teilen.

4

Restliche Butter schmelzen, Mehl darin goldgelb anschwitzen, Curry unterrühren und kurz anschwitzen. Nach und nach unter Rühren mit gut 1/2 Liter Hühnerbrühe ablöschen, 10 Minuten leise kochen lassen. Spinat grob hacken, zusammen mit dem Hühnerfleisch in der Sauce wieder heiß werden lassen. Eigelb mit der Sahne verrühren, das Ragout damit legieren. Mit goldgelb gerösteten Pinienkernen bestreuen und sofort mit Reis servieren.

Mitgebracht von grosser Fahrt

Erstaunlicherweise findet man das Curry-Huhn in Bremen keineswegs exotisch, sondern es gilt als typische Bremer Spezialität. Und das schon seit Jahrzehnten – sowohl in den privaten Küchen als auch in der Gastronomie. Das muß mit der Christlichen Seefahrt zu tun haben. An Bord wurde, zumal auf großer Fahrt, immer schon gern kräftig gewürzt – besonders, wenn die Lebensmittel nicht mehr ganz frisch waren. Das Scharfgewürzte, speziell mit der fernöstlichen Currymischung, hat den Seeleuten wohl so gut geschmeckt, daß sie es auch zu Hause essen wollten. Darum haben sie nicht nur die Gewürze, sondern auch die Rezepte aus fernen Landen mitgebracht.

Schnell geschnappt

Das hübsche Wort Schnaps wurde, wenn man den Sprachforschern glauben will, von den Bremern geprägt. Zumindest ist es in der Hansestadt früher als anderswo, nämlich bereits 1770, erstmals nachgewiesen. Es bedeutet soviel wie »schnell schnappen und im Mund unterbringen«. Ein Schnaps ist also genau das Quantum, das man mit einem Schluck trinken kann.

Hamburger Aalsuppe

Für 6 Personen
braucht etwas Zeit

1 Katenschinkenknochen mit Schinkenresten
2 1/2l Fleischbrühe
1 Bund Suppengrün
375g gemischtes Backobst
100g Knollensellerie
3 Möhren, 2 Petersilienwurzeln
1 Stange Porree
500g Erbsen in der Schote
Essig und Zucker zum Abschmecken
500g frischer grüner Aal
Salz, Zitronensaft
1 Bund Petersilie, 1 Bund Thymian
1 Bund Majoran, 2 Stiele Estragon
1 Handvoll Kerbel

1

Schinkenknochen in kaltem Wasser aufsetzen, 10 Minuten leise kochen, herausnehmen, dann in der Fleischbrühe zusammen mit dem geputzten, grob zerkleinerten Suppengrün eine Stunde leise kochen. Schinkenknochen herausnehmen, etwas abkühlen lassen, das Schinkenfleisch ablösen und in kleine Würfel schneiden, wieder in die Suppe geben. Das Suppengrün nicht weiter verwenden.

2

Brühe etwas entfetten. Backobst mit Wasser bedeckt weichkochen, Gemüse putzen, waschen, in Würfel oder in Ringe schneiden. Erbsen auspalen, alles mit dem Backobst und der Kochflüssigkeit zur Suppe geben, weitere 20 Minuten leise kochen lassen. Mit Essig und Zucker süßsauer abschmecken.

3

Den Aal in mundgerechte Stücke schneiden und in einem Salz-Zitronen-Sud 10 Minuten garziehen lassen. Alle Kräuter hacken, mit den Aalstückchen zur Suppe geben. Mit Schwemmklößchen (Seite 169) servieren.

Hemmelsdorfer Aalsuppe

So kocht Rolf Wenzke seine Aalsuppe in Hemmelsdorf am Hemmelsdorfer See in der Nähe der Lübecker Bucht:
Zuerst bereitet er einen Fischsud aus Süßwasserfischen, mit Lorbeerblättern, Pfefferkörnern, einer mit Gewürznelke gespickten Zwiebel und Räucheraalabschnitten zu. Dann wird der Fischsud durch ein Sieb gegossen und kleingewürfeltes Suppengrün darin knapp gar gekocht. Backpflaumen und getrocknete Apfelringe werden separat weich gekocht und mitsamt der Kochflüssigkeit dazugegeben. Grüner Aal wird in mundgerechte Stücke geschnitten und separat in einem Weinsud mit Lorbeerblättern und Pfefferkörnern pochiert. Abgetropft kommt er zur Suppe, die herzhaft süß-sauer abgeschmeckt wird. Kurz vor dem Servieren gibt Rolf Wenzke dann noch Räucheraalstücke hinein. Er reicht warmes Weißbrot oder frische Brötchen und einen trockenen Weißwein dazu.

Aalfreie Aalsuppe

In Hamburg ist man sich verblüffenderweise keineswegs einig darüber, ob in der Aalsuppe ein Aal schwimmen muß oder nicht. Weil »alles« auf plattdeutsch »aal« heißt, kann der Name auch darauf hindeuten, daß in der Suppe alle Kräuter und Gemüse der sommerlichen Saison schwimmen, sozusagen »alles drin« ist. Seien Sie deshalb nicht erstaunt, wenn Ihnen eine absolut aal-freie Hamburger Aalsuppe serviert wird – die dann aber auch Specksuppe oder Saure Suppe heißen kann. Auf jeden Fall wird sie, ob mit oder ohne Aal, meist ab Johanni zubereitet. Denn die Basis ist immer ein Schinkenknochen mit Schinkenresten – wie er nach dem Ende der Spargelsaison in einem traditionellen Hamburger Haushalt übrigbleibt.

Hemdsärmelig

Auch in feinster Gesellschaft dürfen die Herren – so steht's in alten Benimmbüchern – nach dem zweiten Teller Aalsuppe das Jackett ablegen und in Hemdsärmeln weiteressen.

Spargel-Kartoffelsuppe mit Steinpilzen

Für 4 Personen
raffiniert

10g getrocknete Steinpilze
1 1/2l Hühnerbrühe
375g neue Kartoffeln
375g Spargel
Salz, Pfeffer aus der Mühle
1 Bund Schnittlauch

1

Die Steinpilze mit einem großen Messer fein hacken. Mit der Hühnerbrühe zum Kochen bringen und 30 Minuten leise kochen lassen. Inzwischen Kartoffeln und Spargel schälen. Kartoffeln in dünne Scheiben, Spargel in mundgerechte Stücke schneiden.

2

Beides in der Hühnerbrühe bei milder Hitze garen, mit Salz und Pfeffer abschmecken. Schnittlauch in Röllchen schneiden, die Suppe damit bestreuen und servieren.

Schluss mit Spargel

Am 24. Juni ist auf den Spargelfeldern unwiderruflich der letzte Stechtag. Dann brauchen die Pflanzen eine Pause, um sich für die nächste Saison zu erholen. Zwar wird mittlerweile das ganze Jahr über importierter Spargel verkauft, aber der Kenner weiß, daß die zarten Stangen keine lange Reise vertragen. Deshalb gönnt er sich zu Johanni – als ganz besonderen Genuß – die letzte Spargelmahlzeit in diesem Jahr.

Spargelragout mit Kalbfleischklösschen

Für 4 Personen
raffiniert

Für die Klößchen:
300g schieres Kalbfleisch aus der Schulter
2 Scheiben Toastbrot
2 Schalotten, 1 Ei
Salz, Pfeffer aus der Mühle, Curry
Für das Ragout:
750g Spargel, Salz, Zucker
250g ausgepalte junge Erbsen oder 1 Packung tiefgekühlte Erbsen
30g Butter, 30g Mehl
Pfeffer aus der Mühle
Zitronensaft und Zucker zum Abschmecken
125g Schlagsahne
2 Eigelb, 1 Handvoll Kerbel

1

Kalbfleisch zweimal durch die feine Scheibe vom Fleischwolf drehen. Toastbrot entrinden und in kaltem Wasser einweichen. Schalotten pellen und sehr fein würfeln. Toastbrot ausdrücken, zusammen mit den Schalottenwürfeln und dem Ei zum Kalbshack geben, mit Salz, Pfeffer und Curry abschmecken. 16 kleine Klößchen formen und kalt stellen.

2

Spargel schälen und in mundgerechte Stücke schneiden. In Salzwasser mit einer kräftigen Prise Zucker und einem Stückchen Butter 10 Minuten garen, aus dem Sud nehmen, abtropfen lassen. Kalbfleischklößchen in Salzwasser 10 Minuten garziehen lassen, nicht kochen, Erbsen 15 Minuten in Salzwasser garen.

3

Butter zerlassen, das Mehl darin goldgelb anschwitzen, nach und nach mit 1/2 Liter Spargelwasser unter Rühren ablöschen. Mit Salz, Pfeffer, Zitronensaft und Zucker pikant abschmecken, 10 Minuten leise kochen lassen. Spargelstücke, abgetropfte Erbschen und Klößchen dazugeben, heiß werden lassen. Sahne mit dem Eigelb verrühren, das Ragout damit legieren. Kerbel hacken, das Ragout damit bestreuen und sofort servieren.

Lauwarme Champignons in Speckvinaigrette

Für 4 Personen
raffiniert

1 Zwiebel
500g weiße feste Champignons
75g magerer durchwachsener Speck
2EL Essig, 1EL Zitronensaft
1EL Worcestershiresauce
1TL Zucker, Salz, Pfeffer aus der Mühle
6EL Öl, 1EL Sonnenblumenkerne
1 Beet Kresse

1

Zwiebel pellen und sehr fein würfeln. Champignons putzen, in einem Sieb unter fließendem Wasser unter Rütteln waschen, gut abtropfen lassen, dann vierteln. Speck in kleine Würfel schneiden und ausbraten, Speckwürfelchen auf Küchenpapier abtropfen lassen. Aus Essig, Zitronensaft, Worcestershiresauce, Zucker, Salz, Pfeffer und 4 Eßlöffel Öl eine Salatsauce rühren.

2

Restliches Öl zusammen mit dem Speckfett heiß werden lassen, die Zwiebelwürfel darin glasig dünsten, die Pilze darin kurz braten, in eine Schüssel füllen, mit der Salatsauce begießen, gut mischen. Mit den Sonnenblumenkernen, Speckwürfelchen und der Kresse bestreut lauwarm servieren.

Gestreift und gewürfelt

Duchwachsener Speck, der in Norddeutschland auch »gestreifter« Speck heißt, ist ein unverzichtbarer Bestandteil der norddeutschen Küche: Feingewürfelt und ausgebraten gibt man ihn über Gemüse oder Salat, er gehört als Speckstippe zu grünen Bohnen und Matjes, er verleiht der Finkenwerder Ewerscholle ihren typischen Geschmack – und Bratkartoffeln oder Bauernfrühstück hätten ohne ihn nicht das richtige Aroma. Speziell die Bremer lieben den gestreiften Speck so sehr, daß sie ihre Staatsflagge liebevoll als »Speckflagge« bezeichnen. Denn sie ist rotweiß gestreift und zum Flaggenstock hin gewürfelt.

Der Sellerie liefert nicht nur die Knolle: Wie Petersilie streut man die scharf-würzigen Blättchen roh über Suppen und Gemüse.

Frische Suppe

Für 4 – 6 Personen
ganz einfach

1kg Suppenfleisch
2 Markknochen, Salz
1EL Gemüsebrühepaste (aus dem Reformhaus)
250g Knollensellerie
3 Möhren, 2 Petersilienwurzeln
1 Kohlrabi, 150g Porree
150g Brechbohnen
1 kleiner Blumenkohl
1 Bund glatte Petersilie

1

Fleisch und Markknochen in 3 Liter kaltem Salzwasser aufsetzen, zum Kochen bringen, die Gemüsebrühepaste dazugeben und 1 1/2 bis 2 Stunden offen leise kochen lassen. Alle Gemüse putzen, waschen, entweder in Ringe schneiden oder würfeln, Blumenkohl in Röschen teilen.

2

Fleisch und Knochen aus der Brühe nehmen, Gemüse in der Brühe garen. Fleisch in kleine Würfel schneiden, zur Suppe geben. Petersilie fein hacken, kurz vor dem Servieren unter die Suppe rühren. Mit Schwemmklößchen servieren.

Damit die typisch norddeutsche Komponente, die »broken Söt«, nicht zu kurz kommt, gibt's zur Frischen Suppe Rosinenreis. Dazu wird eine Schüssel mit gequollenen Rosinen ausgelegt, dann drückt man den heißen Reis in die Schüssel und stürzt das Ganze auf einen Teller. Dieses kleine Kunstwerk wird als Beilage zur Frischen Suppe auf den Tisch gestellt – so ist es seit Generationen in Ostholstein üblich. Als neumodisch und überhaupt nicht fein gilt es, einfach Rosinen unter den gekochten Reis zu mischen. Diese Lösung ist doch allzu praktisch – das ist »unordentlich«, sagen die Einheimischen.

Schwemmklösschen

Für 6 Personen
preiswert

1/4l Milch
Salz
frisch geriebene Muskatnuß
25g Butter
125g Mehl
2 Eier

1

Milch, Salz, Muskat und Butter zum Kochen bringen, das Mehl auf einmal hineinschütten, rasch verrühren, bis sich die Masse als Kloß vom Topfboden löst und eine weiße Haut am Topfboden zu sehen ist.

2

Ein Ei in die heiße Masse geben, gut unterrühren, Masse etwas abkühlen lassen, dann das zweite Ei dazugeben und verrühren. Mit zwei nassen Teelöffeln kleine Klößchen formen, 10 Minuten in Salzwasser garziehen lassen.

Bremer Wickelkuchen

Für etwa 20 Stücke
läßt sich vorbereiten

Für den Teig:
500g Mehl, 1 Prise Salz, 30g Hefe
1/4l Milch, 1EL Zucker, 100g Butter
Für die Füllung:
100g Butter zum Bestreichen
100g Mandelstifte, 250g Rosinen
150g Zucker, 1EL Zimt
2TL abgeriebene unbehandelte Zitronenschale
Für den Guß:
100g Puderzucker
Rum zum Verrühren
40g Mandelblättchen

1

Mehl in eine Schüssel geben, eine Mulde hineindrücken, Salz auf den Mehlrand streuen. Hefe mit 1/8 Liter lauwarmer Milch und dem Zucker verrühren, in die Mulde gießen und mit etwas Mehl verrühren, zugedeckt 10 Minuten gehen lassen. Restliche Milch erwärmen, die Butter darin auflösen, zum Vorteig geben und mit den Knethaken des Handrührers zu einem glatten Teig kneten, 20 Minuten gehen lassen.

2

Teig auf bemehlter Arbeitsfläche zu einem Rechteck von 30x50cm ausrollen, Butter schmelzen, die Teigplatte damit bestreichen. Mandeln und Rosinen darauf verteilen. Zucker, Zimt und Zitronenschale mischen, darüber streuen. Teigplatte der Länge nach aufrollen und an den offenen Seiten gut zusammendrücken.

3

Rolle mit der Nahtstelle nach unten auf ein gefettetes Backblech legen, nochmal gehen lassen, Oberfläche mit einem Messerrücken mehrmals quer eindrücken. Im vorgeheizten Backofen bei 175 bis 200 Grad etwa 45 Minuten backen. Auf einem Kuchengitter auskühlen lassen.

4

Aus Puderzucker und Rum einen Guß rühren, den Kuchen damit bestreichen, mit den goldbraun gerösteten Mandelblättchen bestreuen.

Erdbeer-Rhabarber-Grütze

Für 4 – 6 Personen
ganz einfach

1kg Erdbeeren, 750g Rhabarber
1/4l Orangensaft, 1/4l Apfelsaft
1/4l Himbeersirup
2 Päckchen Vanillezucker
100g Speisestärke
Schale von einer unbehandelten Zitrone
Zucker zum Bestreuen

1

Erdbeeren in stehendem Wasser waschen, abtropfen lassen und von den Kelchblättern befreien, Früchte vierteln. Rhabarber waschen, abziehen und in 3 cm lange Stücke schneiden.

2

Orangen- und Apfelsaft mit dem Himbeersirup und dem Vanillezucker mischen, etwas davon zum Anrühren der Speisestärke abnehmen. Restliche Saftmischung mit der Zitronenschale zum Kochen bringen, die Rhabarberstücke darin portionsweise garen, sie sollen nicht zerfallen. Zitronenschale herausnehmen.

3

Flüssigkeit mit der angerührten Speisestärke binden, Rhabarber wieder hineingeben, zum Kochen bringen, dann die Erdbeeren unterrühren, einmal kräftig aufkochen. In eine Schüssel füllen, mit Zucker bestreuen, damit sich keine Haut bildet, kalt werden lasssen. Mit Milch oder flüssiger Sahne servieren.

Auftakt der Saison

Mit Erdbeeren und Rhabarber startet die norddeutsche Hausfrau in die Rote-Grütze-Saison. Nach der langen beerenlosen Zeit, in der sie die geliebte Nachspeise aus Säften oder Konserven zubereiten mußte, kann sie jetzt aus dem vollen schöpfen. Bald wird es auch Johannisbeeren, Himbeeren und Kirschen geben, später Pflaumen und Zwetschgen – die nächsten Monate sind also gerettet.

Roh gerührte Erdbeerkonfitüre

läßt sich vorbereiten

500g Erdbeeren
1EL Zitronensaft
500g Gelierzucker
1EL Himbeergeist

1

Erdbeeren in stehendem Wasser waschen, abtropfen lassen, dann von den Kelchblättern lösen. Das Fruchtfleisch grob zerteilen und mit einer Gabel zerdrücken, mit dem Zitronensaft verrühren.

2

Gelierzucker mit den Quirlen des Handrührers nach und nach unter das Fruchtpüree mischen, 15 Minuten weiterrühren. Die Konfitüre muß etwas dicklich werden. Zum Schluß den Himbeergeist darunterrühren.

3

Konfitüre in kleine Gläser füllen und im Kühlschrank aufbewahren.

Bei allen roh gerührten Konfitüren ist es unerläßlich, nur ausgesuchte, einwandfreie Früchte zu verwenden. Stellen Sie die Gläschen für 10 Minuten bei 100 Grad in den Backofen, so werden sie weitgehend keimfrei gemacht. Die Gläschen sollten so klein sein, daß sie gerade für ein Frühstück zu zweit reichen.
Nach der gleichen Machart kann man auch Himbeeren und schwarze Johannisbeeren zu roh gerührter Konfitüre verarbeiten.

Vor der Tür

Hamburger Hausfrauen, die eine raffinierte, roh gerührte Erdbeerkonfitüre zubereiten wollen, können sich darauf verlassen, daß sie bei ihrem Gemüsemann oder auf dem Markt superfrische Früchte finden, denn Erdbeeren wachsen zuhauf vor den Toren der Hansestadt. Zu den Hauptanbaugebieten in Deutschland zählen das Alte Land südlich der Elbe, die Vierlande östlich von Hamburg und die Winsener Elbmarsch südöstlich der Hansestadt.

Menü des Monats

Finnische Sommersuppe
Matjes mit grünen Bohnen und Speckstippe
Erdbeer-Rhabarber-Grütze

Die Küche

In norddeutschen Bauerngärten reifen jetzt die Beeren: Johannisbeeren, Brombeeren, Himbeeren – schönste Zutaten für süße Suppen und für die berühmte Rote Grütze. Und für den Plettenpudding, den Thomas Mann mit den Buddenbrooks unsterblich machte.

IM JULI

Im Juli beginnt im Alten Land die Kirschernte: zuerst die süßen Knupperkirschen, die am besten von der Hand in den Mund schmecken, dann die Sauerkirschen für Kompott und Rote Grütze.

WAS ES IM JULI

BUCHWEIZEN

Buchweizen war früher aus dem Speiseplan der norddeutschen Küstenländer nicht wegzudenken: Buchweizengrütze, Buchweizenklöße, Buchweizenpfannkuchen – das genügsame Korn, das auch auf kargen Böden wuchs, ernährte die seinerzeit auch genügsamen Menschen. Heute kommt Buchweizen zu neuen Ehren – er ist von der Vollwertküche wiederentdeckt worden.

SAUERKIRSCHEN

Während die Süßkirschen von den hiesigen wilden Vogelkirschen abstammen, sind die Sauerkirschen aus Kleinasien zu uns gekommen. Der römische Feldherr und Feinschmecker Lukullus entdeckte sie an der Schwarzmeerküste in der Hafenstadt Kerasos – daher auch der botanische Name Prunus cerasus. Aus Italien brachten die Römer sie dann in den Norden.

BROMBEEREN

Ihren Namen haben sie vom althochdeutschen »bramo«, das heißt Dornstrauch; man nennt sie auch Kratzbeeren oder Kroatzbeere – wer sich einmal beim Brombeersammeln die Hände aufgerissen hat, weiß warum. Neuerdings werden auch stachellose Brombeeren gezüchtet – ihr Aroma ist aber nicht ganz so ausgeprägt.

ALLES GUTES GIBT...

ROTE JOHANNISBEEREN

Ein norddeutscher Bauerngarten ohne Johannisbeersträucher – das kann man sich kaum vorstellen. Neben den Erdbeeren haben sich die roten Johannisbeeren zum meistangebauten Beerenobst entwickelt. Die Landfrauen bereiten daraus, wie schon ihre Großmütter, vor allem Saft oder Gelee – oder bringen sie eingezuckert mit Milch als erfrischendes Dessert auf den Tisch.

SCHWARZE JOHANNISBEEREN

Sie haben einen sehr speziellen, manchen Leuten unangenehmen Geruch – und werden deshalb auch Wanzenbeeren genannt. Aber vom gesundheitlichen Standpunkt her sind schwarze Johannisbeeren eine unserer wertvollsten Obstarten. Bemerkenswert ist vor allem ihr Vitamin-C-Gehalt: 177mg auf 100g Beeren. Aber sie sind auch reich an Mineralstoffen, u.a. Kalium, Calcium, Eisen und Magnesium.

TYPISCH FÜR JULI

Buchweizen	*Bookweeten Janhinnerk*	*Seite 182*
Sauerkirschen	*Sauerkirschen in Rum*	*Seite 198*
Brombeeren	*Rodegrütt für Hermann Claudius*	*Seite 179*
Rote Johannisbeeren	*Johannisbeertorte*	*Seite 199*
Schwarze Johannisbeeren	*Schwarze Johannisbeer-Konfitüre*	*Seite 200*

Rote Grütze nach Hamburger Art

Für 6 Personen
läßt sich vorbereiten

500g rote Johannisbeeren
125g schwarze Johannisbeeren
500g Erdbeeren
250g Himbeeren
1/2l roter Johannisbeersaft
60g Speisestärke
200g Zucker (oder mehr)

1

Rote Johannisbeeren waschen, abtropfen lassen, die Beeren mit einer Gabel von den Rispen streifen. Schwarze Johannisbeeren waschen, abtropfen lassen, Stielansätze und Blüten abnehmen. Erdbeeren in stehendem Wasser waschen, abtropfen lassen und die Blattkelche entfernen. Erdbeeren halbieren oder vierteln. Himbeeren verlesen, nicht waschen. Etwas vom Johannisbeersaft abnehmen und die Speisestärke damit anrühren.

2

Restlichen Saft zusammen mit den roten Johannisbeeren zum Kochen bringen, 5 Minuten leise kochen lassen, 10 Minuten neben dem Herd ziehen lassen. Alles durch ein Sieb gießen, die gekochten Früchte durchstreichen, eventuell mit Saft auf 1 Liter auffüllen. Mit Zucker abschmecken, mit der angerührten Speisestärke binden und so lange kochen, bis die Grütze klar aussieht.

3

Die vorbereiteten Früchte daruntermischen, einmal aufkochen, in eine Schüssel umfüllen, mit Zucker bestreuen und kalt werden lassen. Mit flüssiger Sahne, Milch oder Vanillesauce servieren.

In Hamburg wird die Rote Grütze mit Stärkemehl gedickt, sie darf aber nicht ganz fest sein, sondern muß sich teilen, wenn die Milch darübergegossen wird. In Schleswig-Holstein dagegen dickt man sie vorzugsweise mit Puddingpulver, und die Grütze muß so fest sein, daß man sie in Stücken auf den Teller füllen kann, wo sie dann von Milch umspült wird...

Hermann Claudius und die »Rodegrütt«

Das schönste Loblied auf die Rote Grütze hat der norddeutsche Dichter Hermann Claudius verfaßt – mit seinem Gedicht »Rodegrütt«. Und das war nicht nur so dahingedichtet, nein, Hermann Claudius liebte Rodegrütt über alles. Wenn er Anfang der fünfziger Jahre Urlaub machte auf der Nordseeinsel Pellworm, war er täglich zu Gast im Pfarrhaus der Neuen Kirche bei Pastor Karl Hansen und seiner Frau Gertrud, genannt »Gert«. Die kochte ihm jeden Tag eine ganze Schüssel von seiner Leibspeise, und Hermann Claudius schrieb ihr dafür dankbare Widmungen in seine Bücher, zum Beispiel »Korl Hansen sin Gert is dreedusend Taler wert« oder »Der lieben Gert im schönen Pastorat mit de rode gode Koh bi de Nikark«.

Und hier das Rezept der Pastersfru von Pellworm, überliefert von ihrer Tochter Hanne, die heute auf der Ostseeinsel Fehmarn lebt:
»Früchte der Jahreszeit aus dem Pellwormer Pfarrgarten (Rhabarber, Erdbeeren, Kirschen, schwarze und rote Johannisbeeren, Himbeeren, Brombeeren – wenn man Stachelbeeren oder Äpfel nimmt, wird es eine grüne Grütze) mit Wasser bedeckt und mit Zucker nach Geschmack gesüßt weichkochen. Kleinkernige Früchte wie Johannisbeeren, Brombeeren, Himbeeren durch ein Haarsieb streichen. Da mein Vater die Grütze gern fest hatte – man mußte sie spitten, das heißt abstechen können –, nahm meine Mutter pro 1/2 Liter ein Vanillepuddingpulver. Die rote Grütze wurde gleich nach dem Kochen portionsweise in tiefe Teller gefüllt, der Rest kam in eine Glasschale. Dazu gab es Milch von de rode gode Koh.«

Rodegrütt! Rodegrütt!
Kiek mal, watt lütt Hein hüüt itt!
All'ns rundüm hett he vergeten.
Rodegrütt! Dat is en Eten,
Rodegrütt!

»Na, lütt Heini, noch en beten?«
Mudder hett hüüt veel to möten:
Hans und Hein und Stien und Greet
eet, as güng dat üm de Wett –
Rodegrütt!

GRIESSKLÖSSCHEN FÜR SÜSSE SUPPEN

Für etwa 30 Stück
läßt sich vorbereiten

1/2l Milch
1 Prise Salz, 1 Prise Zucker
75g Butter
200g Hartweizengrieß
4 Eier, 2EL Zucker
1 Päckchen Vanillezucker
1TL unbehandelte geriebene Zitronenschale

1

Milch, Salz, 1 Prise Zucker und Butter in einem Topf zum Kochen bringen, den Grieß einrieseln und unter Rühren 5 Minuten ausquellen lassen. Topf vom Herd nehmen, die Eier nach und nach dazugeben und gut verrühren.

2

Mit Zucker, Vanillezucker und der Zitronenschale abschmecken. Mit zwei nassen Eßlöffeln von der Masse Klößchen formen, in siedendem Salzwasser portionsweise 15 bis 20 Minuten garziehen lassen.

TIP: Grießklößchen lassen sich sehr gut einfrieren. Wer also immer einen Vorrat davon haben will, bereitet sie gleich in doppelter Menge zu. Zum Einfrieren läßt man die Klößchen kalt werden und legt sie dann nebeneinander in Gefrierbeutel.

Bickbeersuppe

Für 4 Personen
ganz einfach

375g Bickbeeren (Heidelbeeren)
50g Zucker
Schale von einer unbehandelten Zitrone
20g Speisestärke

1

Bickbeeren verlesen und waschen, in 1/2 Liter Zuckerwasser zusammen mit der Zitronenschale einmal kräftig aufkochen.

2

Speisestärke mit wenig Wasser verrühren, die Suppe damit binden. Zitronenschale herausnehmen. Bickbeersuppe heiß oder kalt mit Grießklößchen servieren. Wer will, püriert die Suppe vor dem Binden mit dem Schneidstab des Handrührers.

Süsse Suppen vorneweg

In Hamburg und Schleswig-Holstein schätzt man süße Fruchtsuppen – aber nicht etwa als ein verlängertes Kompott zum Nachtisch, sondern als Vorspeise oder als Hauptgericht. Vorneweg eine Bickbeersuppe mit Grießklößchen, hinterher vielleicht noch eine Schüssel Bratkartoffeln – das ist in norddeutschen Augen eine ganz korrekte Speisefolge, auch wenn's einen Süddeutschen wundern mag. Weitere Favoriten der norddeutschen Suppenköchin: Kirschsuppe, Apfelsuppe, vor allem aber ab Ende August die heißgeliebte Fliedersuppe – aus den Beeren des Holunderstrauchs, die in Norddeutschland Fliederbeeren heißen.

Bookweeten Janhinnerk

Für 4 Personen
ganz einfach

250g Buchweizenmehl
3 Eier, Salz
200g fetter geräucherter Speck
evtl. etwas Öl
Rübensirup oder Heidehonig

1

Buchweizenmehl mit Eiern und soviel Wasser verrühren, daß ein dickflüssiger Teig entsteht, mit Salz würzen und etwas ausquellen lassen.

2

Den gut gekühlten Speck in sehr kleine Würfel schneiden und goldgelb ausbraten. Teig portionsweise in heißem Speckfett zu kleinen Pfannkuchen backen, wenn nötig etwas Öl dazugeben.

3

Pfannkuchen im Backofen warmhalten, mit Rübensirup oder Heidehonig servieren.

Im Emsland wird der Teig für den Bookweeten Janhinnerk statt mit Wasser zuweilen auch mit Milchkaffee oder mit Tee angerührt.

HOLSTEINER BUCHWEIZENKLÖSSE

Für 12 – 15 Stück
preiswert

1kg Kartoffeln (mehligkochend), Salz
100g fetter geräucherter Speck
250g Buchweizenmehl
4 Eier, Pfeffer aus der Mühle
Butter zum Begießen

1

Kartoffeln waschen, schälen und in Salzwasser garkochen. Abgießen und gut abdämpfen, dann durch die Kartoffelpresse drücken. Den gut gekühlten Speck in sehr kleine Würfel schneiden, zusammen mit dem Buchweizenmehl und den Eiern zur abgekühlten Kartoffelmasse geben, mit Salz und Pfeffer würzen, alles zusammenkneten.

2

Aus dem Kloßteig mit nassen Händen Klöße formen, in Salzwasser 10 bis 15 Minuten garziehen lassen. Mit brauner Butter servieren.

BUCHWEIZENGRÜTZE

Für 6 Personen
ganz einfach

375g Buchweizengrütze
2l Milch, Salz
Zucker und Zimt zum Bestreuen
Milch zum Begießen

1

Grütze waschen und abtropfen lassen, in der Milch mit einer kräftigen Prise Salz bei mittlerer Hitze 15 bis 20 Minuten ausquellen lassen. In tiefe Teller füllen.

2

Bei Tisch streut sich jeder nach Belieben Zucker und Zimt über die Grütze und gießt kalte Milch dazu.

Buchweizen-Blütenfest

Buchweizen war in ganz Norddeutschland einmal Hauptbestandteil des Küchenzettels. Die anspruchslose Pflanze gedieh auch auf kargen Böden, in Moor und Heide, und trug doch nahrhafte Frucht. Mit Weizen hat der Buchweizen übrigens nichts zu tun, er ist gar kein Getreide, sondern eine Knöterichart, den Namen verdankt er seinen den Bucheckern ähnlichen Früchten. In den Hochmoorgebieten an Weser und Ems brannten die Moorkolonisten früher große Moorflächen ab und säten Buchweizen in die noch warme Asche. Das ergab zunächst gute Ernten – doch nach einigen Jahren war der Boden ausgelaugt und erholte sich nicht wieder. Das Moorabbrennen ist deshalb heute verboten. Buchweizen wird in Norddeutschland so gut wie gar nicht mehr angebaut – in Reformhäusern und Naturkostläden, zunehmend auch in Kaufhäusern, findet man vorwiegend Importe aus Kanada und China. Ein Buchweizenfeld jedoch gibt es noch, und zwar im Emsland in der Gemeinde Geeste. Das »Emsland-Moormuseum« hat das Feld angelegt und lädt am letzten Sonntag im Juli zum Fest der Buchweizenblüte ein. Auf einem Moorlehrpfad lassen sich die Spuren der Moorbrandkultur noch heute deutlich verfolgen. Und vor allem kann man im Museum zur Feier der Buchweizenblüte einen echten Bookweeten Janhinnerk probieren, einen Buchweizenpfannkuchen, wie er früher das tägliche Brot der Moorkolonisten war.

JUNGE ERBSENSUPPE

Für 4 Personen
ganz einfach

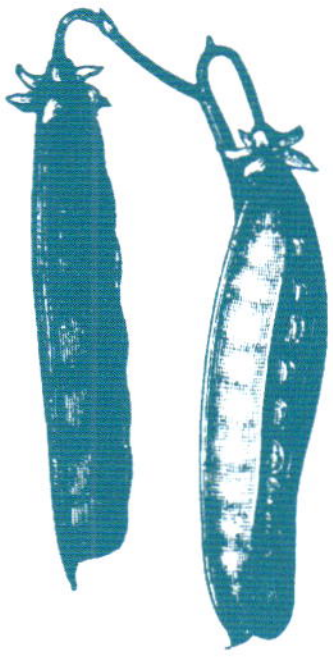

2 Schalotten, 50g Butter
300g ausgepalte oder tiefgekühlte Erbsen
Salz, Pfeffer aus der Mühle
200g Schlagsahne
4TL Crème fraîche
2EL gehackte gemischte Kräuter

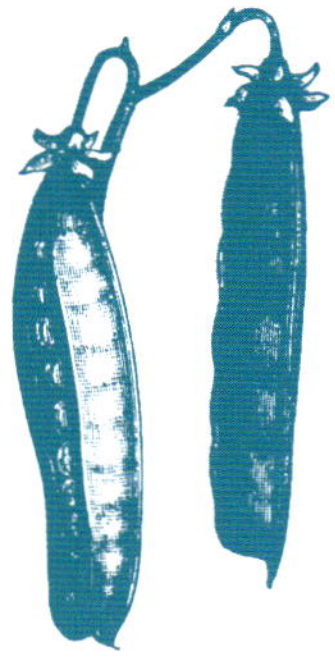

1

Schalotten fein würfeln, in der Butter glasig andünsten, die Erbsen dazugeben, mit 3/4 Liter Wasser auffüllen, mit Salz und Pfeffer würzen und 20 Minuten leise kochen lassen.

2

Suppe mit dem Schneidstab des Handrührers pürieren, zusätzlich nochmal durch ein Haarsieb streichen. Suppe wieder zum Kochen bringen, die Sahne dazugießen und heiß werden lassen.

3

Suppe in vorgewärmten Tassen anrichten, je 1 Teelöffel Crème fraîche daraufgeben und mit den gehackten Kräutern servieren.

FRISCH GEPFLÜCKT

Erbsen werden in unseren Regionen schon seit Tausenden von Jahren gegessen, das weiß man von Ausgrabungen. Allerdings kannten unsere Vorfahren noch nicht die zarten jungen Erbsen, sie ernteten nur die voll ausgereiften Samen der Erbsenschote und trockneten sie dann. Erst im 15. Jahrhundert bürgerte es sich ein, die frischen grünen Samen zu essen. Selbst heute gehören frische Erbsen zu den wenigen Gemüsen, die es noch nicht das ganze Jahr über zu kaufen gibt. Die Saison dauert nur von Juni bis August, und das Angebot ist klein, denn 95 Prozent der hiesigen Ernte gehen direkt an die Konserven- und Tiefkühlindustrie. Grund genug, im Juli zuzugreifen, wenn die Gemüsebauern aus Niedersachsen und Schleswig-Holstein ihre frischgepflückten Schoten auf den Märkten anbieten.

Vierländer Gemüseplatte

Für 4 Personen
ganz einfach

3 junge Kohlrabi
2 Bund Wurzeln (Möhren)
500g Freilandspinat
4 Schalotten, 100g Butter
Salz, Pfeffer aus der Mühle
Zucker zum Abschmecken
frisch geriebene Muskatnuß
1 Bund Basilikum

1

Kohlrabi schälen, in dünne Scheiben schneiden, die kleinen Blättchen hacken und beiseite stellen. Wurzeln schälen, waschen und in Scheibchen schneiden. Blattspinat putzen, alle groben Stiele entfernen, Blätter mehrmals waschen. Schalotten pellen und sehr fein würfeln. In der Butter glasig dünsten und auf drei Töpfe verteilen.

2

Kohlrabischeiben in der Schalottenbutter wenden und mit Salz und Pfeffer würzen. Mit wenig heißem Wasser begießen, zugedeckt bei milder Hitze 10 Minuten garen. Wurzeln in der Schalottenbutter wenden, mit Zucker bestreuen, leicht karamelisieren, mit Salz und Pfeffer würzen, mit wenig Wasser begießen, zugedeckt ebenfalls 10 Minuten garen. Spinat in der Schalottenbutter zusammenfallen lassen, mit Salz, Pfeffer und Muskatnuß abschmecken.

3

Alle Gemüse auf einer heißen Servierplatte anrichten, Kohlrabi mit den Kohlrabiblättchen und die Wurzeln mit dem grob gezupften Basilikum bestreut servieren. Dazu gibt es Butterkartoffeln, in gehackter Petersilie geschwenkt.

In Norddeutschland besteht Suppengrün aus Möhre, Sellerie, Porree und Petersilienwurzel, in Süddeutschland kommt Petersilie dazu.

Hamburger Beefsteak mit Zwiebeln

Für 4 Personen
ganz einfach

4 Beefsteaks (abgehangen, aus der Kluft geschnitten)
schwarzer Pfeffer aus der Mühle, 8EL Öl,
250g Zwiebeln, 50g Butter, Salz

1

Beefsteaks mit frisch gemahlenem Pfeffer einreiben und mit 2 Eßlöffel Öl beträufeln. 30 Minuten bei Zimmertemperatur stehen lassen. Zwiebeln pellen und in Ringe schneiden. Restliches Öl zusammen mit der Butter in einer Pfanne heiß werden lassen, die Zwiebeln darin goldbraun braten, mit Salz würzen.

2

Zwiebeln aus der Pfanne nehmen, abtropfen lassen, Fett zurück in die Pfanne geben und erhitzen. Die Beefsteaks darin von beiden Seiten rasch anbraten, bei reduzierter Hitze in 8 bis 10 Minuten unter öfterem Wenden braten. Auf vorgewärmter Platte anrichten, warmstellen, die Zwiebeln noch einmal in der Pfanne heiß werden lassen, auf die Beefsteaks geben und sofort servieren.

Alles Verständigungssache

Die Holsteiner Mastochsen liefern das vorzügliche, leicht marmorierte Fleisch für das berühmte Hamburger Beefsteak, das schon den Dichter Detlev von Liliencron begeisterte: »Am besten wird gegessen auf der Welt in Hamburg, diesem edlen Beefsteakhorte.« Hamburger Schlachter wissen genau, was man möchte, wenn man ein »Beefsteak aus der Kluft« oder einfach ein »Kluftsteak« verlangt. Auch in Bremen und in Schleswig-Holstein wird es keine Verständigungsprobleme geben. Aber südlich von Hannover kann es schon schwieriger werden: Da kennen die Schlachter – oder Metzger – weder das Beefsteak noch das Kluftsteak. Man muß schon ein Steak »aus der Oberschale« verlangen, wenn man sich ein richtiges Hamburger Beefsteak braten will.

Holsteiner Würzfleisch

Für 4 Personen
raffiniert

1 Kalbsniere
200g Schweinenacken ohne Knochen
50g Schweineschmalz
Salz, Pfeffer aus der Mühle
3/8l Fleischbrühe
20g Butterschmalz
150g Zwiebeln
150g durchwachsener Speck
200g Champignons
200g Pfifferlinge
1 kleine Kartoffel

1

Die Niere wässern, dabei das Wasser öfter wechseln. Schweinenacken in nicht zu große Würfel schneiden. Schmalz in einem Schmortopf heiß werden lassen, das Fleisch darin unter Wenden braun braten, mit Salz und Pfeffer würzen, Fleischbrühe dazugießen und zugedeckt 15 Minuten schmoren.

2

Niere von Fett und Röhrchen befreien, in Scheiben schneiden, portionsweise im heißen Butterschmalz von beiden Seiten rasch anbraten, beiseite stellen.

3

Zwiebeln pellen und würfeln, den Speck sehr klein würfeln. Pilze putzen, auf einem Sieb unter kaltem Wassser abbrausen, abtropfen lassen, dann grob hacken.

4

Speck ausbraten, die Zwiebeln darin glasig andünsten, dann die Pilze dazugeben und andünsten, zum Schluß das Fleisch und die Nierchen unterheben. Kartoffel schälen, fein reiben, das Würzfleisch damit binden, weitere 10 Minuten leise schmoren lassen. Mit Salzkartoffeln und grünem Salat servieren.

Gestovte Dicke Bohnen

Für 4 Personen
preiswert

1,5kg Dicke Bohnen in der Hülse
3/8l Fleischbrühe
1 Bund Bohnenkraut
40g Butter
20g Mehl
1/4l Milch
Salz, Pfeffer aus der Mühle
1 Bund glatte Petersilie

1

Bohnen aus der Hülse lösen, in der Fleischbrühe zusammen mit dem Bohnenkraut zugedeckt 20 bis 25 Minuten garen.

2

Butter schmelzen lassen, das Mehl darin goldgelb anschwitzen, mit 1/4 Liter von dem Kochsud und der Milch unter Rühren ablöschen, mit Salz und Pfeffer würzen. 10 Minuten leise kochen lassen.

3

Die Bohnenkerne abtropfen lassen, in die Bechamelsauce geben und mit der gehackten Petersilie vermengen.

Zu Lammkoteletts und mehligen Kartoffeln servieren.

Dicke Bohnen mit Wurzeln

Für 4 Personen
preiswert

1kg Dicke Bohnen in der Hülse
500g Wurzeln (Möhren)
1 mittelgroße Zwiebel
50g Butter
Salz, Pfeffer aus der Mühle
Zucker nach Geschmack
1 Bund Petersilie

1

Bohnen aus der Hülse lösen und in Salzwasser zugedeckt 20 bis 25 Minuten garen. Wurzeln schälen, waschen und in 1 cm dicke Scheibchen schneiden. Zwiebel pellen und fein würfeln.

2

Butter schmelzen, die Zwiebelwürfel darin glasig dünsten, die Wurzeln darin wenden, mit Salz, Pfeffer und Zucker abschmecken, mit wenig Wasser begießen und zugedeckt bei milder Hitze 10 Minuten garen. Mit den Bohnenkernen mischen und mit gehackter Petersilie bestreut servieren.

Ganz feines Gemüse

Dicke Bohnen gelten als derb und deftig – dabei gibt es einen Trick, aus ihnen ein ganz feines Gemüse zu machen: Man schnippt die ausgepalten gegarten Bohnenkerne aus der weißen Haut, heraus kommen leuchtend grüne, zarte, kleine Kerne. In Petersiliensahne oder auch einfach in Butter geschwenkt sind sie ein Gedicht!

Krabbenragout mit pochierten Eiern

Für 4 Personen
raffiniert

50g durchwachsener Speck
30g Butter, 30g Mehl
2 – 3EL Apfelessig
1 – 2EL Zucker
Salz, Pfeffer aus der Mühle
Essig zum Pochieren
4 frische, gut gekühlte Eier
150g Schmand (24% Fett)
400g Nordseekrabbenfleisch

1

Den gut gekühlten Speck in sehr kleine Würfel schneiden und in der Butter auslassen, das Mehl dazugeben und unter Rühren kräftig bräunen. Mit 1/2 Liter Wasser unter Rühren ablöschen, mit Essig, Zucker, Salz und Pfeffer pikant abschmecken. 10 Minuten leise kochen lassen.

2

Essigwasser zum Kochen bringen, die Eier einzeln in eine Tasse aufschlagen und in leicht siedendes Wasser gleiten lassen. Mit Hilfe eines Löffels das Eiweiß über das Eigelb ziehen, 6 Minuten sieden lassen, auf einen geölten Teller legen und zugedeckt warm stellen.

3

Sauce mit dem Schmand verrühren, die Krabben darin heiß werden lassen (nicht kochen, sonst werden die Krabben hart).

4

Die Eier, wenn nötig, etwas in Form schneiden und auf dem Krabbenragout anrichten. Dazu paßt Reis oder Kartoffelbrei.

TIP: Zum Pochieren der Eier nur Essig ins Wasser geben, nicht aber Salz: Essig zieht zusammen, Salz treibt auseinander!

Krabbensalat mit Brunnenkresse

Für 4 – 6 Personen
raffiniert

1 Eigelb, Salz, Pfeffer aus der Mühle
1EL mittelscharfer Senf
1EL Zitronensaft, 150ml Öl
150g Vollmilchjoghurt
1 Bund Brunnenkresse
250g ausgepalte frische Erbsen oder tiefgekühlte Erbsen
500g Nordseekrabbenfleisch

1

Eigelb mit Salz, Pfeffer, Senf und Zitronensaft verrühren, das Öl zuerst tropfenweise, dann in dünnem Strahl unter ständigem Rühren dazugießen, bis eine dicke Mayonnaise entsteht. Den Joghurt unterrühren.

2

Brunnenkresse waschen, Blättchen von den groben Stielen zupfen, in der Salatschleuder gut trockenschleudern oder mit Küchenkrepp trockentupfen. Erbsen in Salzwasser 10 bis 15 Minuten knapp gar kochen, abgießen, in Eiswasser abschrecken, gut abtropfen und kalt werden lassen (tiefgekühlte Erbsen nur kurz unter heißem Wasser abspülen).

3

Krabbenfleisch unter die Mayonnaise heben, die Erbsen dazugeben, gut mischen und durchziehen lassen. Kurz vor dem Servieren die Brunnenkresse unter den Salat mischen.

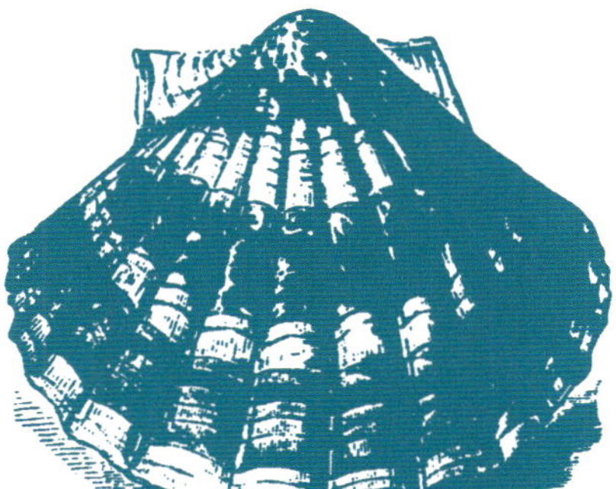

PLETTENPUDDING

Für 4 Personen
raffiniert

1 Blatt rote, 2 Blatt weiße Gelatine
300g Himbeeren und einige zum Verzieren
6EL Himbeergeist, 1 Vanilleschote
1/4l Milch, 60g Zucker
4 Eigelb, 8 Löffelbisquits
250g Schlagsahne
50g Orangeat, 50g Zitronat
Zitronenmelisseblättchen zum Verzieren

1

Rote und weiße Gelatine getrennt in kaltem Wasser einweichen. Himbeeren verlesen, nicht waschen, 150g davon mit einer Gabel zerdrücken, mit 2 Eßlöffel Himbeergeist verrühren und abdecken.

2

Vanilleschote aufschlitzen, das Mark herausschaben, mit der Schote zur Milch geben und die Hälfte des Zuckers unterrühren, langsam zum Kochen bringen. Die Schote herausnehmen. Eigelb mit dem restlichen Zucker schaumig rühren. Die heiße Milch unter ständigem Rühren dazugießen, im Wasserbad so lange dickschaumig aufschlagen, bis sich alles gut verbunden hat. Die ausgedrückte weiße Gelatine darin unter Rühren auflösen.

3

Creme in zwei Hälften teilen. Rote Gelatine tropfnaß bei milder Hitze auflösen, zu den Himbeeren rühren, das Himbeerpüree unter die eine Hälfte der Creme mischen. Beide Cremes kalt stellen, bis sie zu gelieren beginnen.

4

Eine Schüssel mit den Löffelbisquits auslegen, mit dem restlichen Himbeergeist beträufeln. Sahne steif schlagen, je zur Hälfte unter die Cremes heben. Helle Creme auf die Bisquits füllen, darüber das sehr fein gewürfelte Orangeat und Zitronat verteilen, restliche Himbeeren daraufgeben und die rote Creme darüberfüllen. Das muß sehr zügig geschehen, da die Creme durch die kalte Schlagsahne schnell fest wird.

5

Den Plettenpudding bis zum Servieren kalt stellen. Mit Himbeeren und den Zitronenmelisseblättchen verzieren.

Aus allen Beeren des Sommers kocht man in Norddeutschland Rote Grütze. Dazu gibt's wahlweise Milch, Sahne oder Vanillesauce.

Die Buddenbrooks

Ob sich ohne Thomas Mann in Lübeck oder anderswo heute noch jemand an das alte Traditionsgericht Plettenpudding erinnerte? Diesem üppigen Nachtisch hat er in den »Buddenbrooks« ein Denkmal gesetzt:

»Nun kam, in zwei großen Kristallschüsseln, der Plettenpudding, ein schichtweises Gemisch aus Makronen, Himbeeren, Bisquits und Eiercrème; am unteren Tischende aber begann es aufzuflammen, denn die Kinder hatten ihren Lieblingsnachtisch, den brennenden Plumpudding bekommen...«

Auch sonst erfährt man aus den »Buddenbrooks« interessante Details über die Küche im alten Lübeck. Wenn sich zum Beispiel Madame Kröger über die beste Manier äußert, Karpfen in Rotwein zu kochen:

»Wenn sie in ordentliche Stücke zerschnitten sind, Liebe, dann mit Zwiebeln und Nelken und Zwiebacke in die Kasserolle, und dann kriegen Sie sie mit etwas Zucker und einem Löffel Butter zu Feuer... Aber nicht waschen, Liebste, alles Blut mitnehmen, um Gottes willen...«

Und dann ist da noch die schöne Geschichte, wie Tony Buddenbrook einmal einen Gast ärgerte:

Eines Tages, als ein fremder Prediger, dessen Appetit allgemeine Freude erregte, im Hause zu Gast war, ordnete sie heimtückisch Specksuppe an, das städtische Spezialgericht. Dies ist eine mit säuerlichem Kraut bereitete Bouillon, in die man das ganze Mittagsmahl: Schinken, Kartoffeln, saure Pflaumen, Backbirnen, Blumenkohl, Erbsen, Bohnen, Rüben und andere Dinge mitsamt der Fruchtsauce hineinrührte. Niemand auf der Welt konnte dies genießen, wenn er nicht von Kindesbeinen daran gewöhnt war. »Schmeckt es? Schmeckt es, Herr Pastor?« fragte Tony beständig... »Nein? O Gott, wer hätte das gedacht!«

KÜSTERKUCHEN

Für 20 – 25 Stücke
läßt sich vorbereiten

500g Butter
450g Zucker, 9 Eier
250g Mandelblättchen
10g bittere Mandeln oder Bittermandelöl
2 Vanilleschoten
1TL unbehandelte geriebene Zitronenschale
500g Mehl, Butter zum Fetten
50g Puderzucker

1

Butter schaumig schlagen. Zucker und Eier abwechselnd unter Rühren mit den Quirlen des Handrührers dazugeben, so lange rühren, bis sich der Zucker weitgehend gelöst hat. Die Mandelblättchen und feingeriebenen bitteren Mandeln dazugeben. Vanilleschoten aufschlitzen, das Mark herauskratzen, zusammen mit der Zitronenschale zur Masse geben und gut verrühren.

2

Mehl nach und nach dazugeben. Teig auf ein gefettetes Blech streichen, im vorgeheizten Backofen bei 200 Grad etwa 15 Minuten backen, dann den Puderzucker darübersieben und weitere 10 Minuten backen, der Zucker soll leicht karamelisieren.

Der Küsterkuchen wird, dick mit Pflaumenmus bestrichen, in Ostfriesland zum Tee serviert.

Griessbrei mit Sauerkirschen

Für 4 Personen
läßt sich vorbereiten

2 Eier, 3/4l Milch
unbehandelte geriebene Schale von 1 Zitrone
250g Zucker, 40g Grieß
750g Sauerkirschen

1

Die Eier trennen. Milch mit der Hälfte der Zitronenschale und 50g Zucker zum Kochen bringen, den Grieß unter Rühren einrieseln lassen und 15 Minuten unter Rühren ausquellen lassen. Vom Herd nehmen, das Eigelb unter den Grieß rühren. Eiweiß steif schlagen und unter den Grießbrei heben, wieder auf die Herdplatte zurückstellen und einmal aufkochen lassen.

2

Grießbrei in eine Schüssel umfüllen und mit etwas Zucker bestreut kalt werden lassen. Sauerkirschen entsteinen, mit der restlichen Zitronenschale und dem restlichen Zucker mischen, bei milder Hitze zum Kochen bringen, knapp gar dünsten. Gut gekühlt zum Grießbrei servieren.

Sauerkirschen in Rum

Das ist eine Art Mini-Rumtopf mit nur einer einzigen Fruchtsorte – und zwar der, die den meisten Leuten am besten schmeckt! Das Rezept ist ganz einfach: 1kg Sauerkirschen waschen und entstielen – nicht entsteinen! Mit 750g Gelierzucker mischen, mit 54prozentigem Rum begießen, sodaß die Früchte bedeckt sind. In ein gut schließendes Gefäß füllen, gelegentlich umrühren, damit sich der Zucker löst. An einem kühlen, dunklen Ort etwa vier Wochen durchziehen lassen. Im Kühlschrank halten sich die Rumkirschen mehrere Monate.

JOHANNISBEERTORTE

Für 12 Stücke
läßt sich vorbereiten

Für den Mürbeteig:
250g Mehl
165g Butter, gut gekühlt
100g Zucker, 1 Ei (Gew.Kl. 3)
1/2TL unbehandelte geriebene Zitronenschale
Für den Belag:
1kg Johannisbeeren
6 Eiweiß, 1 Prise Salz
250g gemahlene Mandeln
150g Zucker

1

Alle Zutaten für den Mürbeteig rasch zusammenkneten und kalt stellen. Johannisbeeren waschen und abtropfen lassen, die Beeren mit einer Gabel von den Rispen streifen. Eiweiß mit dem Salz sehr steif schlagen. Mandeln, Zucker und Johannisbeeren vorsichtig mischen, dann unter das Eiweiß heben. Die Beeren dabei so wenig wie möglich verletzen.

2

Den Mürbeteig auf einer bemehlten Arbeitsfläche ausrollen. Eine leicht gefettete Springform von 26 cm Durchmesser damit auslegen, dabei einen Teigrand hochziehen. Beerenmasse daraufgeben, glattstreichen.

3

Im vorgeheizten Backofen bei 175 Grad auf der zweiten Einschubleiste von unten etwa eine Stunde backen. Auf einem Kuchengitter auskühlen lassen.

SCHWARZE JOHANNISBEER-KONFITÜRE

raffiniert

500g schwarze Johannisbeeren
1TL unbehandelte geriebene Zitronenschale
500g Gelierzucker

1

Johannisbeeren waschen und putzen. Nur absolut einwandfreie Beeren verwenden. Früchte mit einer Gabel zerdrücken. Zitronenschale dazugeben.

2

Zucker zu den Früchten geben, mit den Quirlen des Handrührers so lange rühren, bis die Konfitüre dicklich wird. Das dauert etwa 15 Minuten.

3

In vorbereitete Gläser abfüllen, sofort verschließen, im Kühlschrank aufbewahren.

TIP: Verwenden Sie Gläser mit Twist-off-Deckeln und sterilisieren Sie diese bei 100 Grad im Backofen. Nehmen Sie unbedingt kleine Gläser, denn roh gerührte Konfitüren sollten nach dem Öffnen bald verbraucht werden.

»Sant Johanstreublin«

Woher haben die Johannisbeeren ihren Namen? Im Kräuterbuch des Gelehrten Leonhart Fuchs aus dem Jahre 1543 wird es bereits erklärt: Sie heißen nach Johannes dem Täufer. Die »Sant Johanstreublin«, so kann man dem Buch entnehmen, »werden auß keiner andern ursachen so genent, das sie umb S. Johans des Teüffers tag reiff und zeitig werden.« Um den 24. Juni herum beginnt auch heutzutage die Saison. Richtig da sind sie allerdings erst im Juli, dann findet man sie auf allen Märkten, und auch in norddeutschen Gärten sind sie nun reif.

Menü des Monats

Junge Erbsensuppe
Hamburger Beefsteak mit Zwiebeln
Vierländer Gemüseplatte, Petersilienkartoffeln
Plettenpudding

Die Küche

Der August bringt die kleinen harten Kochbirnen, die man in Hamburg für Bohnen, Birnen und Speck braucht. Und Kürbis, den die Ostfriesen zu ihrem Leibgericht »Dütjes un Datjes« servieren. Und Holunderbeeren, aus denen die Holsteiner »Fliederbeersuppe« kochen.

Im August

Die Arbeitsteilung funktioniert perfekt: Während die Vier- und Marschlande Hamburg das Gemüse liefern, ist das Alte Land der Obstgarten. Im August beginnt die Apfel- und Birnenernte.

Was es im August

Kürbis

Der »Kaiser des Gartens«, wie der Kürbis in einer alten chinesischen Handschrift genannt wird, hat seinen festen Platz in jedem norddeutschen Gemüsegarten: auf dem Komposthaufen. Da sitzt er wie auf einem Thron, entwickelt innerhalb weniger Monate bis zu sechs Meter lange Ranken und bis zu zentnerschwere Früchte – die so gut wie ausschließlich süß-sauer eingemacht und dann zu Bratkartoffeln gegessen werden.

Birnen

Mag es auch schönere, süßere, saftigere Birnen geben – in Norddeutschland schätzt man vor allem die kleinen, harten Augustbirnen, und zwar für das Traditionsgericht »Bohnen, Birnen und Speck«. Mit Glück hat man Zugang zu einem Obstgarten, in dem noch eine »Bardowicker Sommerbergamotte« steht – im Handel ist diese gute alte Birnensorte heute so gut wie gar nicht mehr zu haben.

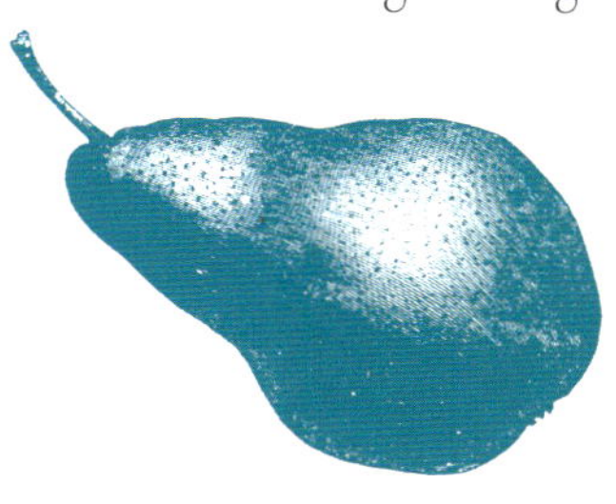

Fliederbeeren

In Norddeutschland heißen sie Fliederbeeren, in Süddeutschland Holder- oder Hollerbeeren, der offizielle Name ist Holunderbeeren – und ihr Saft hat von allen Fruchtsäften den höchsten gesundheitlichen Wert Wegen seiner vielen Vitamine (vor allem Vitamin A, B-Vitamine und Vitamin C) und Mineralstoffe (hier vor allem Kalium, Natrium und Eisen) gilt er in der Naturmedizin als bestes Vorbeugungsmittel gegen Erkältungskrankheiten.

ALLES GUTES GIBT...

WACHOLDERBEEREN

Mit Wacholderbeeren würzt man, so heißt eine alte norddeutsche Küchenregel, alle Tiere, die dem Wacholderstrauch in der freien Natur begegnen: Wildschwein, Reh, Hirsch, Hase, Kaninchen, Fasan, Rebhuhn – und natürlich die Heidschnucken, die graugehörnten kleinen Schafe mit dem zarten Fleisch, die es nur in der Lüneburger Heide gibt.

SCHMORGURKEN

Sie gehören zu den ganz wenigen Gemüsen, die es noch nicht das ganze Jahr über gibt: Schmorgurken kommen nur im August und im September auf unsere Märkte, also dann, wenn sie auf unseren Feldern reifen. Im Gegensatz zur schlanken, grünen Salatgurke eignen sie sich nicht zum Rohessen, ihr schöner, kräftiger Gurkengeschmack erschließt sich erst beim Schmoren. Dann ergeben sie, gewürzt zum Beispiel mit Dill oder Bohnenkraut, ein köstliches Sommergemüse.

TYPISCH FÜR AUGUST

Kürbis	*Eingelegter Kürbis*	*Seite 222*
Birnen	*Bohnen, Birnen und Speck*	*Seite 206*
Fliederbeeren	*Fliederbeersuppe*	*Seite 227*
Wacholderbeeren	*Heidschnuckenrücken in Wacholderrahm*	*Seite 212*
Schmorgurken	*Schmorgurken mit Bohnenkraut*	*Seite 220*

Bohnen, Birnen und Speck

Für 4 Personen
ganz einfach

500g geräucherte Schweinebacke
750g Brechbohnen
750g Kartoffeln (festkochend)
8 kleine Augustbirnen (wenn möglich Bergamotte)
2 Bund Bohnenkraut
Salz, Pfeffer aus der Mühle
1 Bund glatte Petersilie
mittelscharfer Senf

1

Schweinebacke in schwach gesalzenem Wasser etwa 1 Stunde sanft kochen. Bohnen waschen, putzen und in mundgerechte Stücke brechen. Kartoffeln waschen, schälen und in Scheiben schneiden. Birnen waschen und den Blütenansatz herausschneiden. Alles zusammen mit dem Bohnenkraut zum Fleisch geben, 20 Minuten mitkochen.

2

Das Fleisch herausnehmen. Eintopf mit Salz und Pfeffer abschmecken und die gehackte Petersilie untermischen. Schweinebacke in Scheiben schneiden, auf den Bohnen anrichten. Mittelscharfen Senf dazu servieren.

Nur im August

Ein Süddeutscher soll sich nur wundern, wenn er das hört: Bohnen, Birnen und Speck. Er wird sicherlich auf den Geschmack kommen. Er stellt sich darunter wahrscheinlich ein grünes Bohnengemüse mit süßem Birnenkompott vor. Aber das Hamburger Traditionsgericht ist gar nicht so abartig, wie es sich anhört. Die kleinen harten Augustbirnen, mit denen es zubereitet wird, sind nämlich nicht süß. Und kein bißchen fruchtig. Deshalb vertragen sie sich ganz ausgezeichnet mit den Bohnen und der Schweinebacke, die auch noch dazugehört. Nur: Es müssen wirklich die richtigen Birnen sein – und die gibt es nur im August. Vorsicht also, wenn in einem Restaurant das ganze Jahr über Bohnen, Birnen und Speck auf der Karte steht: Dann muß man auch als Norddeutscher das Schlimmste befürchten!

SAUERFLEISCH

Für 4 – 6 Personen
preiswert

2 Zwiebeln, 2 Wurzeln (Möhren)
1 Stange Porree, Salz, 3 Lorbeerblätter
1EL weiße Pfefferkörner
1 1/4kg Schweinenacken mit Knochen
15 Blatt Gelatine, 1/4l Weißweinessig
2EL Zitronensaft, 4EL Zucker
2 Gewürzgurken

1

Zwiebeln pellen und vierteln, Wurzeln schälen, ganz lassen. Porree putzen, längs aufschlitzen und unter fließendem Wasser gut waschen, grob zerschneiden. Alles in 2 Liter Salzwasser zusammen mit den Lorbeerblättern und Pfefferkörnern zum Kochen bringen, den Schweinenacken hineingeben, etwa 30 Minuten darin garziehen lassen.

2

Fleisch aus dem Sud nehmen, abkühlen lassen. Gelatine in kaltem Wasser einweichen. Sud durch ein Sieb gießen. 3/4 Liter davon abmessen, kalt stellen, das Fett abheben. Den Essig unterrühren. Mit Zitronensaft, Salz und Zucker sehr kräftig abschmecken. Gelatine tropfnaß in einem kleinen Topf bei milder Hitze auflösen, unter Rühren zum Sud geben.

3

Gewürzgurken in Scheiben schneiden. Tiefe Teller oder eine flache Form mit den Gewürzgurkenscheiben auslegen, die Wurzeln aus dem Kochsud nehmen, mit einem Buntmesser in Rädchen schneiden, ebenfalls in der Form dekorativ anordnen. Mit etwas Sülzenfond begießen, im Kühlschrank fest werden lassen.

4

Schweinenacken von den Knochen lösen, in Scheiben schneiden, auf die vorbereiteten Teller oder die Form legen. Mit dem restlichen Sülzenfond begießen und im Kühlschrank fest werden lassen. Dazu schmecken Bratkartoffeln.

Vierländer Hochzeitssuppe

Für 6 – 8 Personen
braucht etwas Zeit

Für die Brühe:
1,5kg Roastbeefknochen, 250g Rinderherz
2 Bund Suppengrün
6 Lorbeerblätter, 2EL schwarze Pfefferkörner
1 große Zwiebel, 4 Gewürznelken
3EL gekörnte Brühe
Für die Suppe:
1,5kg Hochrippe, 3EL gekörnte Brühe
250g Wurzeln (Möhren)
250g Porree, 250g Knollensellerie
250g Champignons
Für die Markklößchen:
70g Rindermark aus 3 - 4 Knochen
100g Semmelbrösel, 2 Eier (Gew.Kl. 3)
1EL gehackte Petersilie
Salz, Pfeffer aus der Mühle
frisch geriebene Muskatnuß
Für die Schwemmklößchen:
10g Butter, Salz, frisch geriebene Muskatnuß
65g Mehl, 2 Eier
Für den Eierstich:
3 Eier, 1/4l Milch, Salz, Pfeffer aus der Mühle
Butter für die Form, 2 Bund glatte Petersilie

1

Alle Zutaten für die Brühe in einem großen Topf mit 5 Liter kaltem Wasser aufsetzen. Bei milder Hitze 3 Stunden leise offen kochen lassen, zu Anfang etwas abschäumen. Knochen und Gemüse mit einer Schaumkelle aus der Brühe nehmen. Sieb mit einem Mulltuch auslegen, Brühe langsam durchgießen, damit die Trübstoffe zurückbleiben. Brühe mit Wasser wieder auf 4 Liter auffüllen.

2

Für die Suppe Hochrippe mit der gekörnten Brühe in den Topf geben, 1 1/2 bis 2 Stunden leise offen kochen lassen. Inzwischen Gemüse und Pilze putzen. Wurzeln in Rädchen, Porree in Ringe, Sellerie in Würfel und die Champignons in Scheiben schneiden. Nacheinander in etwas Brühe knapp garen, beiseite stellen.

3

Für die Markklößchen das Mark aus den Knochen drücken, in kleine Würfel schneiden, bei milder Hitze auslassen, durch ein Sieb gießen und kalt stellen. Dann mit den Quirlen des Handrührers aufschlagen und die restlichen Zutaten darunterkneten. 30 kleine Klößchen formen, kalt stellen.

4

Für die Schwemmklößchen 1/8 Liter Wasser mit der Butter, Salz und Muskat zum Kochen bringen. Mehl auf einmal hineinschütten, rasch verrühren, dann solange rühren, bis sich die Masse als Kloß vom Topfboden löst und sich eine weiße Haut gebildet hat. Masse aus dem Topf nehmen, sofort ein Ei darunterrühren, etwas abkühlen lassen, dann das zweite Ei dazugeben.

5

Für den Eierstich alle Zutaten gut verrühren (nicht schaumig!). Eine flache, ofenfeste Form gut buttern. Eiermilch einfüllen, mit Alufolie abdecken. Im Backofen im Wasserbad bei 150 Grad in 30 bis 40 Minuten stocken lassen. Kalt werden lassen, stürzen und in kleine Würfel schneiden.

6

Fleisch aus der Brühe nehmen, etwas abkühlen lassen, von den Knochen lösen, Fett und Haut abschneiden, Fleisch in kleine Würfel schneiden. Markklößchen in Salzwasser 25 Minuten garziehen lassen. Schwemmklößchen mit zwei Teelöffeln abstechen, ebenfalls in Salzwasser 25 Minuten garen.

7

Fleischbrühe wieder zum Kochen bringen und abschmecken, alle vorbereiteten Zutaten hineingeben und sehr heiß werden lassen. Mit gehackter Petersilie bestreut servieren.

In den Vierlanden und im Alten Land, Hamburgs fruchtbaren Obst- und Gemüsegärten, feiert man heute noch »Suppenhochzeiten«, bei denen es Hochzeitssuppe satt fürs ganze Dorf gibt. Und beim Drehen der unzähligen kleinen Klößchen helfen vorher, auch das ist Tradition, die Nachbarinnen mit.

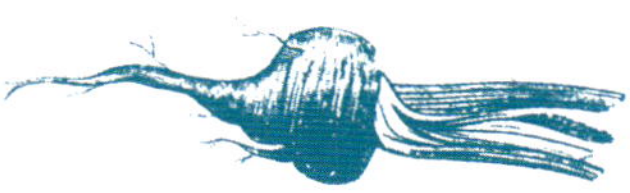

Frikadellen mit Kapern und Gurke

Für 12 Stück
preiswert

1 altbackenes Brötchen
2EL Kapern
50g Gewürzgurke
250g Hackfleisch, 250g Mett
1 Ei (Gew.Kl. 3)
1EL mittelscharfer Senf
Salz, Pfeffer aus der Mühle
frisch geriebene Muskatnuß
1 mittelgroße Zwiebel
evtl. Semmelbrösel
Butterschmalz zum Braten

1

Brötchenrinde abreiben, Brötchen in lauwarmem Wasser einweichen. Kapern abgießen und fein hacken, Gewürzgurke in kleine Würfel schneiden.

2

Hackfleisch und Mett mischen, das Brötchen ausdrücken und dazugeben. Kapern, Gurkenwürfel, Ei und Senf gut damit verkneten, mit Salz, Pfeffer und Muskatnuß herzhaft abschmecken. Zwiebel sehr fein würfeln, untermischen. Etwas stehen lassen, eventuell noch Semmelbrösel dazugeben.

3

Aus dem Hackteig 12 Frikadellen formen, in heißem Butterschmalz von beiden Seiten bei nicht zu starker Hitze goldbraun braten.

Frikadellen mit Champignons

Für 12 Stück
preiswert

1 altbackenes Brötchen
250g Champignons
1 mittelgroße Zwiebel
250g Hackfleisch, 250g Mett
2 Eier (Gew.Kl. 3)
Salz, Pfeffer aus der Mühle
frisch geriebene Muskatnuß
Butterschmalz zum Braten

1

Vom Brötchen die Rinde abreiben, das Brötchen in lauwarmem Wasser einweichen. Champignons putzen, waschen, gut abtropfen lassen und grob hacken. Zwiebel pellen und sehr fein würfeln.

2

Brötchen ausdrücken. Hack und Mett mischen, Brötchen, Eier und Pilze damit verkneten, mit Salz, Pfeffer und Muskatnuß herzhaft würzen.

3

Aus dem Teig 12 Frikadellen formen und in heißem Butterschmalz auf beiden Seiten bei nicht zu starker Hitze goldbraun braten.

TIP: Sie können die Zwiebelwürfel auch in Butterschmalz andünsten und dann abgekühlt zum Hackteig geben.

Eine Lübeckerin in München

...und wenn ich »Frikadellen« sage, so begreift sie es nicht, denn es heißt hier »Pflanzerln«; und wenn sie »Karfiol« sagt, so findet sich wohl nicht so leicht ein Christenmensch, der darauf verfällt, daß sie Blumenkohl meint; und wenn ich sage »Bratkartoffeln«, so schreit sie so lange »Wahs!« bis ich »Geröhste Kartoffeln« sage, so heißt das hier, und mit »Wahs« meint sie: »Wie beliebt«...

(aus einem Brief Tony Buddenbrooks an ihre Mutter)

Heidschnuckenrücken in Wacholderrahm

Für 6 Personen
raffiniert

2kg Heidschnuckenrücken (beim Schlachter oder Wildhändler bestellen)
ersatzweise 2 kg Lammrücken
3EL Wacholderbeeren, Salz, Pfeffer aus der Mühle
50g Butterschmalz, 3 Zwiebeln, 1 Wurzel (Möhre)
1 Stange Porree, 3 Lorbeerblätter
2 Gewürznelken, 1/4l Rotwein, 1/8l Fleischbrühe
1EL Weinessig, 400g Schmand (24% Fett)

1

Heidschnuckenrücken häuten und parieren (in Form schneiden). Haut und Abschnitte aufheben. Die unteren kleinen Filets auslösen, kalt stellen. Wacholderbeeren in einem Mörser zerdrücken, den Rücken mit der Hälfte davon gut einreiben, mit Salz und Pfeffer würzen.

2

Den Rücken in die Saftpfanne des Backofens legen, mit rauchheißem Butterschmalz begießen. Zwiebeln pellen und würfeln. Wurzel schälen, Porree putzen, beides in kleine Stücke schneiden. Mit den Lorbeerblättern, Nelken und Hautabschnitten um den Rücken auf der Saftpfanne verteilen. Im vorgeheizten Backofen bei 200 bis 250 Grad 55 bis 60 Minuten braten. Rotwein, Brühe und Essig mischen, Röststoffe damit ablöschen. Rücken aus dem Ofen nehmen, dick in Alufolie einschlagen und ruhen lassen.

3

Pfanneninhalt in kleinen Topf umfüllen, Röststoffe mit dem restlichen Weingemisch mit einem Pinsel ablösen, mit Schmand und den restlichen Wacholderbeeren 5 Minuten kräftig kochen lassen. Sauce durch ein Sieb gießen. Die kleinen Filets mit Salz und Pfeffer würzen, in heißem Butterschmalz unter häufigem Drehen 5 Minuten braten, in Alufolie ruhen lassen. Rückenfleisch mit einem schmalen scharfen Messer vom Knochen lösen, schräg in Scheiben schneiden, wieder auf den Rückenknochen legen, mit den Filets auf einer Platte anrichten.

Dazu schmecken geschmorte Champignons (Seite 214) und Salzkartoffeln.

Für die Schönheit der Lüneburger Heide

Heidschnucken sind die malerischen Schafe mit den schmalen schwarzen Gesichtern und den gedrehten Hörnern, die es nur in der Lüneburger Heide gibt, dort aber schon seit vielen hundert Jahren. Ihnen ist die Schönheit der Heide zu danken, denn sie treiben dort Landschaftspflege: Sie halten die Heide kurz und gesund, und sie zupfen die zahllosen kleinen Birkensämlinge, die sonst innerhalb weniger Jahre die Heide überwuchern würden. Weil sie zusammen mit Heide und Birken auch noch aromatische Kräuter und Gräser fressen, hat ihr Fleisch einen besonders würzigen Geschmack – nicht typisch Schaf, sondern eher wie Wild. Heidschnuckenbraten ist bei Kennern so geschätzt, daß man ihn außerhalb der Lüneburger Heide nur schwer bekommt – es wird alles gleich an Ort und Stelle aufgegessen. In den Gasthöfen der Heide aber stehen Heidschnuckenbraten und Ragout im Frühherbst überall auf der Speisekarte.

GESCHMORTE CHAMPIGNONS

Für 6 Personen
ganz einfach

750g Champignons
100g Zwiebeln
75g Butter
2 Bund Schnittlauch
250g Schmand (24% Fett)

1

Champignons putzen, in einem Sieb unter fließendem Wasser unter Rütteln waschen, abtropfen lassen und vierteln. Zwiebeln pellen und sehr fein würfeln.

2

Butter schmelzen, die Zwiebeln darin goldgelb andünsten, die Champignons dazugeben und so lange braten, bis sie Farbe bekommen.

3

Schnittlauch in Röllchen schneiden, die Hälfte davon zum Schmand rühren, dann zu den Pilzen geben und etwas einkochen lassen. Mit dem restlichen Schnittlauch bestreut servieren.

Früher kannte man ihn im Norden vor allem als Suppenwürze: Porree, der anderswo auch Lauch heißt. Heute schätzt man ihn auch als Gemüse.

Klare Porreesuppe

Für 4 – 6 Personen
preiswert

500g Porree, 50g Butter
Salz, Pfeffer aus der Mühle
1l Hühnerbrühe (evtl. aus guter Suppenpaste oder Extrakt)
Curry und Ingwerpulver zum Abschmecken

1

Porree putzen, längs aufschneiden, gut waschen und die weißen und hellgrünen Teile in dünne Ringe schneiden.

2

Butter schmelzen lassen, Porreeringe darin andünsten, mit Salz und Pfeffer würzen und mit der Hühnerbrühe auffüllen.

3

10 Minuten leise kochen lassen, mit Curry und Ingwerpulver pikant abschmecken. In vorgewärmten Tassen mit Blätterteig-Käsetalern oder Blätterteigstangen (S. 217) anrichten.

Blätterteig-Käsetaler

Für 6 Stück
preiswert

3 Scheiben tiefgekühlter Blätterteig
1 Eigelb, 1EL Milch
50g frisch geriebener herzhafter Käse

1

Blätterteig auftauen lassen, nicht ausrollen. Kreise von 6 cm Durchmesser ausstechen, auf ein kalt abgespültes Backblech legen.

2

Eigelb mit der Milch verrühren, die Taler damit bestreichen, dabei nicht über den Rand streichen, sonst geht der Blätterteig nicht auf. Taler mit Käse bestreuen und im vorgeheizten Backofen bei 225 Grad in etwa 10 Minuten goldbraun backen.

Blätterteig-Stangen

Für etwa 30 Stück
preiswert

3 Scheiben tiefgekühlter Blätterteig
Eigelb zum Bestreichen
Mohn, Sesam oder Kümmel zum Bestreuen

1

Blätterteigscheiben nebeneinander liegend auftauen lassen. Mit einem Kuchenrädchen in Streifen schneiden, mit Eigelb bestreichen.

2

Je nach Geschmack mit Mohn, Sesam oder Kümmel bestreuen, auf ein kalt abgespültes Backblech setzen, im vorgeheizten Backofen bei 200 bis 225 Grad etwa 10 Minuten goldbraun backen.

Spickhecht in Sahnesauce

Für 4 Personen
raffiniert

1,5kg Hecht, 2EL Zitronensaft, Salz, 50g Butter
125g fetter Speck (vom Schlachter in sehr dünne Scheiben geschnitten)
2 – 3 große Kartoffeln, 2 Stangen Porree
2 Wurzeln (Möhren), 250g Schmand (24% Fett)
evtl. Mehlbutter zum Binden, Pfeffer aus der Mühle

1

Den Hecht vom Fischhändler sorgfältig schuppen lassen. Innen und außen gründlich waschen, mit Zitronensaft beträufeln, mit Salz würzen und mit den Speckscheiben dicht belegen. Den Hecht in eine entsprechend große, gut gebutterte, ofenfeste Form stellen und die geschälten Kartoffeln (wegen der Standfestigkeit) in die Bauchöffnung geben.

2

Porree putzen, längs aufschlitzen, gut waschen und in dünne Ringe schneiden. Wurzeln schälen und in dünne Rädchen schneiden. Beide Gemüse um den Fisch herum verteilen und mit der restlichen flüssigen Butter begießen. Im Backofen bei 200 Grad in 40 bis 50 Minuten garen. Zwischendurch einige Male mit der Butter beschöpfen.

3

Schmand glattrühren und den Fisch 15 Minuten vor Ende der Garzeit damit begießen. Hecht auf vorgewärmter Platte anrichten und warmstellen. Das Gemüse mit der Sauce auf dem Herd nochmal aufkochen, eventuell mit etwas Mehlbutter (Mehl und Butter im Verhältnis 1:1 verknetet) binden, mit Salz und Pfeffer abschmecken und um den Fisch gießen. Mit Salzkartoffeln servieren.

Früher wurde der pommersche Spickhecht, wie der Name sagt, mit Speck gespickt. Moderne Köche belegen ihn statt dessen mit Speck, weil das Fischfleisch dann saftiger bleibt. Trotzdem nennen sie ihn weiter Spickhecht.

Bauernfrühstück

Für 4 Personen
ganz einfach

750g mittelgroße Kartoffeln (festkochend, möglichst aus biologischem Anbau)
150g Schinkenspeck, 6 Eier
3EL Mineralwasser
Salz, Pfeffer aus der Mühle
100g Butterschmalz
4 – 8 kleine Gewürzgurken
1 Bund Schnittlauch

1

Kartoffeln kochen, abgießen, noch heiß pellen, kalt werden lassen und in nicht zu dicke Scheiben schneiden. Schinkenspeck klein würfeln. Eier mit dem Mineralwasser verquirlen, mit Salz und Pfeffer würzen.

2

Speckwürfel in einer großen Pfanne ausbraten und kroß werden lassen, aus der Pfanne nehmen und beiseite stellen. 50g Butterschmalz zum Speckfett geben, die Kartoffeln darin unter Wenden bräunen. Mit Salz und Pfeffer würzen, warmhalten.

3

Etwas Butterschmalz in eine kleinere Pfanne geben, ein Viertel der Eimenge und der Speckwürfel darauf verteilen, darauf ein Viertel der gebratenen Kartoffeln geben. Wenn das Ei gestockt und auf der Unterseite goldbraun gebraten ist, das Bauernfrühstück auf einen vorgewärmten Teller stürzen. Warmstellen, bis drei weitere Portionen zubereitet sind.

4

Gewürzgurken längs vierteln, neben dem Bauernfrühstück auf den Tellern anrichten, mit dem in Röllchen geschnittenen Schnittlauch bestreut servieren.

Schmorgurken mit Bohnenkraut

Für 4 Personen
raffiniert

2 Bund Bohnenkraut, 1kg Schmorgurken
1 mittelgroße Zwiebel, 30g Butter
Salz, Pfeffer aus der Mühle
150g Schmand (24% Fett)
Senf zum Abschmecken

1

Bohnenkraut von den Stielen zupfen, die Hälfte der Blätter fein hacken. Schmorgurken schälen, längs halbieren, die Kerne herausschaben. Gurkenfleisch in 2 cm dicke Stücke schneiden. Zwiebel pellen und in sehr feine Würfel schneiden.

2

Zwiebelwürfel in der Butter goldgelb andünsten, Gurken dazugeben, mit Salz, Pfeffer und dem gehackten Bohnenkraut zugedeckt etwa 30 Minuten schmoren. Schmand zum Gemüse geben, etwas einkochen lassen, mit Salz, Pfeffer und etwas Senf pikant abschmecken und mit dem restlichen Bohnenkraut bestreut servieren.

TIP: Schmorgurken passen gut zu Kurzgebratenem oder zu gedünstetem Fisch.

VARIATION: Schmorgurken mit gehackten Kapern und grobem Senf schmoren, mit Zucker abschmecken und mit gehacktem Dill bestreut servieren.

Ärztlicher Rat

Von Till Eulenspiegel, dem Schalk aus Mölln, soll der »ärztliche Rat« stammen, der in Norddeutschland in so mancher Kneipe an der Wand hängt:
»Nix daun, slapen, düchtig freten, düchtig supen
– sachte gahn und bäten pupen: dat sleit an!«
Das ist wirklich nur im hohen Norden zu verstehen, darum eine, wenn auch recht nüchtern klingende, Übersetzung:
»Nichts tun, schlafen, tüchtig fressen, tüchtig saufen
– langsam geh'n und n' bißchen pupsen: das schlägt an!«

Senfgurken

läßt sich vorbereiten

2,5kg große gelbe Senfgurken (Aziagurken)
100g Salz, 100g kleine Schalotten
3/4l Weinessig, 200g Zucker
1 Zweig Estragon, 2 Dillblüten
1 Stückchen Meerrettich
100g Senfkörner

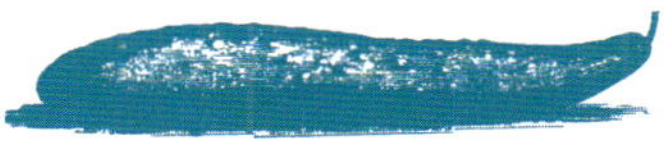
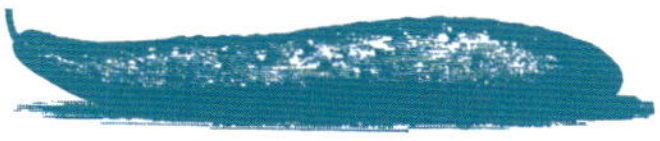

1

Senfgurken schälen, längs halbieren und die Kerne mit einem Löffel herausschaben. Hälften noch einmal längs halbieren, dann in 2 bis 3 cm dicke Stücke schneiden, mit dem Salz mischen und zugedeckt über Nacht stehen lassen.

2

Gurken auf einem Sieb abtropfen lassen. Schalotten pellen, ganz lassen. Essig und Zucker so lange kochen, bis sich der Zucker gelöst hat. Gurken und Schalotten 5 Minuten darin blanchieren, mit der Schaumkelle herausheben. Essiglösung und Gemüse kalt werden lassen.

3

Gurken, Schalotten, Estragon, Dillblüten, den geschälten und in dünne Scheiben geschnittenen Meerrettich und die Senfkörner in einen gut gesäuberten Steintopf schichten, mit dem Essig-Zucker-Sud begießen, mit einem Teller leicht beschweren und mit Klarsichtfolie bedecken.

4

Am nächsten Tag den Sud abgießen, aufkochen, abgekühlt wieder über die Gurken gießen, so daß sie vom Sud bedeckt sind. Wenn nötig, zusätzlich Wasser mit Essig zu gleichen Teilen aufkochen, abgekühlt über die Gurken gießen. Nach drei Tagen den Vorgang wiederholen.

5

Steintopf wieder mit Folie abdecken und zubinden. Kühl und dunkel 4 Wochen reifen lassen.

Der Steintopf darf keine Schadstellen oder Risse haben. Sie können Schimmelsporen beherbergen und die Gurken verderben lassen.

Eingelegter Kürbis

1,5kg Kürbisfleisch (ohne Schale und Kerne)
Salz, 1/2l Weinessig
100g Zucker
4 Lorbeerblätter
1 Stange Zimt
3EL Senfkörner

1

Kürbis in Würfel schneiden, in Salzwasser portionsweise 5 Minuten glasig kochen, abgießen und kalt werden lassen. Weinessig mit 1/4 Liter vom Kürbiskochwasser mischen, mit Zucker und Salz zum Kochen bringen, so lange kochen, bis sich der Zucker gelöst hat.

2

Kürbis mit Lorbeerblättern, Zimt und Senfkörnern in verschließbare Gefäße (möglichst Gläser mit Bügelverschluß oder Twist-off-Deckel) füllen und mit dem kochenden Essigsud übergießen.

3

Am nächsten Tag den Sud wieder abgießen, nochmal aufkochen und erneut über den Kürbis gießen. Gefäß verschließen und den Kürbis 4 Wochen reifen lassen.

Dütjes un Datjes

Der Blick jedes Ostfriesen verklärt sich, wenn sein geliebtes »Dütjes un Datjes« auf den Tisch kommt, auf Hochdeutsch einfach »Dies und Das«. Den Mittelpunkt der Mahlzeit bilden Ochsenbeinscheiben. Man läßt sie vom Schlachter mild pökeln, gart sie dann in Wasser, knapp bedeckt, mit Pfefferkörnern und Lorbeerblatt etwa anderthalb Stunden. Dazu gibt's Bratkartoffeln und diverse Beilagen: Rote Bete, eingelegten Kürbis, Senfgurken, Gewürzgurken, Silberzwiebeln sowie verschiedene Senfsorten.

Kürbis, süß-sauer eingelegt, kommt in Ostfriesland vor allem als Begleitung zum geliebten »Dütjes un Datjes« auf den Tisch.

Fehmarnsche Erntekröpel

Für 40 Stück
preiswert

1/2l Milch
30g Butter
1 Prise Salz
100g Zucker
450g Mehl, 6 Eier
1 Päckchen Backpulver
Pflanzenfett zum Ausbacken

1

Milch, Butter, Salz und 1 Eßlöffel Zucker zum Kochen bringen, 250g Mehl auf einmal hineinschütten und solange kräftig rühren, bis sich ein Kloß gebildet hat, abkühlen lassen.

2

Eier nach und nach darunterrühren, Masse ganz kalt werden lassen. Restliches Mehl mit dem Backpulver gut mischen, zum Brandteig geben und gut daruntermischen.

3

Pflanzenfett auf 180 Grad erhitzen, von der Brandteigmasse mit Eßlöffeln Klöße abstechen und portionsweise im Fett 4 bis 5 Minuten unter Wenden ausbacken. Auf Küchenpapier entfetten und in Zucker wälzen.

Tante Mine

Es gibt auch heute noch viele verschiedene Kröpel-Rezepte auf der Insel, und die Grundfrage »Mit Hefe oder mit Backpulver?« ist immer noch unentschieden. Unser Rezept stammt von der legendären Kochfrau Mine Rost, die auf Fehmarn als »Tante Mine« in guter Erinnerung geblieben ist. Sie hatte sich für Backpulver entschieden, aber in einer Anmerkung zu ihrem Rezept diplomatisch nachgetragen: »Vielleicht noch besser mit einem halben Backpulver und etwas Hefe.«

Der Pfannkuchen am Scheunentor

Im August, zur Weizenernte, werden auf der Ostseeinsel Fehmarn Kröpel gebacken, das ist schon seit mehr als hundert Jahren Tradition. Speziell auf den großen Bauernhöfen stellte man große Mengen davon her und schickte sie dann aufs Feld zu den Erntearbeitern. Auf manchen Höfen soll es einen Unterschied zwischen »Herrschaftskröpeln« und »Leutekröpeln« gegeben haben – nach dem Motto: Diese Sorte bleibt hier, die anderen kommen aufs Feld. Dabei wurde jedoch an den Zutaten »fürs Feld« nicht unbedingt gespart, wie die folgende Auflistung beweist, die wir in einem alten Kochbuch fanden.

Zutaten für Erntekröpel, zirka 240 Stück:
8 Pfund Mehl, 40 Eigelb
reichlich 2 Pfund Zucker
Saft und Schale von 3 Zitronen
Cardamom, Rosenwasser
1 Pfund Butter
2 Pfund geriebenes Weißbrot
1 Pfund Korinthen
1 Pfund Rosinen, 1 Pfund Hefe
2 Liter Milch
40 Eiweiß, zu Schnee geschlagen

Aber mancherorts wurde doch am Personal gespart, wie die Geschichte vom Pfannkuchen verrät, die man sich noch heute auf der Insel erzählt:
Die Monarchen (so hießen die nicht seßhaften Erntearbeiter, weil sie sich selbst als »Könige der Landstraße« fühlten) nagelten einmal auf einem fehmarnschen Bauernhof einen Pfannkuchen ans Scheunentor und machten damit öffentlich: Hier wurde mit viel Mehl und wenig Eiern gebacken. Sonst hätte man den Pfannkuchen nämlich nicht annageln können.

Pommersche Götterspeise

Für 4 Personen
raffiniert

250g Schwarzbrot
50g Butter
2 Päckchen Vanillezucker
2EL geriebene bittere Schokolade
500g Sauerkirschen
100g Zucker
Zucker zum Abschmecken
2EL Kirschwasser
500g Schlagsahne
2EL Puderzucker

1

Schwarzbrot in sehr kleine Würfel schneiden oder im Blitzhacker oder Mixer grob zerkrümeln. Butter in einer Pfanne schmelzen lassen, die Brotkrümel darin anrösten, dann den Vanillezucker dazugeben und leicht karamelisieren. Kalt werden lassen und die Schokolade unterheben.

2

Sauerkirschen waschen, entstielen und entsteinen. Zucker goldbraun karamelisieren, Kirschen dazugeben und so lange bei milder Hitze schmoren, bis sich der Karamel aufgelöst hat. Mit Zucker abschmecken, kalt werden lassen, dann das Kirschwasser dazugeben. Einige schöne Früchte zum Verzieren beiseite stellen.

3

Sahne steif schlagen und den Puderzucker unterheben. Schwarzbrot, Kirschen und Sahne in eine Schüssel schichten, die letzte Schicht soll Sahne sein. Gut durchziehen lassen. Mit Kirschen verziert gut gekühlt servieren.

VARIATION: Anstelle von Sauerkirschen kann man auch Preiselbeerkompott verwenden.

Fliederbeersuppe

Für 4 Personen
ganz einfach

750g Fliederbeeren (Holunderbeeren)
2 Gewürznelken
1 Stange Zimt, 150g Zucker
etwas unbehandelte Zitronenschale
250g Äpfel (z.B. Cox Orange)
2EL Zitronensaft
30g Speisestärke

1

Fliederbeeren waschen und abtropfen lassen, die Beeren mit einer Gabel von den Stielen streifen. 1 Liter Wasser mit den Gewürzen, 100g Zucker und der Zitronenschale zum Kochen bringen, die Beeren darin 30 Minuten leise kochen lassen.

2

Äpfel schälen und vierteln, das Kerngehäuse herausschneiden, Äpfel in Spalten schneiden. 1/4 Liter Wasser mit dem restlichen Zucker und dem Zitronensaft zum Kochen bringen, die Apfelspalten darin knapp gar kochen.

3

Fliederbeeren durch ein Sieb gießen, die Beeren durchstreichen. Speisestärke mit wenig Wasser anrühren, die kochende Fliederbeersuppe damit binden.

4

Äpfel kurz vor dem Servieren in die Suppe geben. Mit Grieß- oder Schwemmklößchen servieren.

Knicksupp

Fliederbeeren sind die schwarzen Beerendolden, die man weiter südlich Holunderbeeren nennt. Auch in Norddeutschland kann man diese Beeren nicht überall kaufen, man pflückt sie am besten selber, und zwar an einem der unzähligen »Knicks«. Das sind die baum- und strauchbestandenen Erdwälle, die in Schleswig-Holstein die Felder begrenzen. Deshalb heißt die Fliederbeersuppe auch »Knicksupp«.

BUTTERKUCHEN

Für 20 – 25 Stücke
läßt sich vorbereiten

500g Mehl
1 Würfel Hefe
75g Zucker
1/4l Milch
50g Butter, Salz
etwas unbehandelte geriebene Zitronenschale
400g Butter
Mehl zum Ausrollen
300g Mandelblättchen
200g Zucker zum Bestreuen

1

Mehl in eine Schüssel geben und eine Mulde hineindrücken. Die Hefe mit etwas Zucker hineinbröckeln. Mit der Hälfte der lauwarmen Milch einen Vorteig anrühren, zugedeckt gehen lassen.

2

Restlichen Zucker, die zimmerwarme Butter, Salz und Zitronenschale auf dem Mehlrand verteilen. Mit den Knethaken des Handrührers so lange kneten, bis sich ein Kloß gebildet hat. Dabei die restliche Milch zugeben. Teig aus der Schüssel nehmen und mit den Händen kräftig kneten. Wenn man die Teigkugel durchschneidet, müssen kleine Bläschen im Teig zu sehen sein. In der Schüssel zugedeckt gehen lassen, bis der Teig sein Volumen verdoppelt hat.

3

Teig zusammenkneten und 5 Minuten ruhen lassen. Auf bemehlter Arbeitsfläche in Blechgröße ausrollen, auf das gefettete Blech legen, dabei einen kleinen Rand hochziehen Wieder gehen lassen. 300g zimmerwarme Butter in einen Spritzbeutel mit Lochtülle füllen.

4

Mit zwei Fingern Dellen in die Teigoberfläche drücken und in jede Delle ein Butterhäufchen spritzen. Restliche Butter schmelzen und die ganze Teigfläche damit bestreichen. Die Mandelblättchen darauf verteilen und mit dem Zucker bestreuen.

5

Im vorgeheizten Backofen bei 200 Grad auf der mittleren Einschubleiste etwa 25 Minuten backen. Lauwarm servieren.

TIP: Geben Sie den Zucker in ein Sieb und lassen Sie ihn dann über die Mandeln rieseln, so entstehen keine Zuckernester!

VARIATION: In Bremen kommen Rosinen und Korinthen in den Hefeteig. Zum Bestreuen vermischt man den Zucker mit einem Eßlöffel Zimt.

Butterkuchen gehört in Norddeutschland zu jeder Feier, von der Taufe bis zur Beerdigung. Und natürlich auch zum ganz normalen sonntäglichen Kaffeeklatsch.

MENÜ DES MONATS

Klare Porreesuppe mit Blätterteig-Käsetalern
Heidschnuckenrücken in Wacholderrahm
Geschmorte Champignons
Pommersche Götterspeise

DIE KÜCHE

Im September ist der Marktkorb reich gefüllt: mit Birnen und Äpfeln, mit Preiselbeeren und Pflaumen. Im Garten reifen jetzt die Tomaten und auf den Feldern die Kohlköpfe. Und sonntags duftet es in allen Küchen nach ofenfrischem Zwetschgenkuchen.

IM SEPTEMBER

Weißkohl ist mit Abstand der beliebteste Kohl in Norddeutschland: Von allen geernteten Köpfen macht er 70 Prozent aus. Das meiste davon wird allerdings zu Sauerkraut verarbeitet.

WAS ES IM SEPTEMBER

WIRSING

Der krausblättrige Vetter des Weißkohls ist ursprünglich kein deutsches Gemüse: Er stammt aus Oberitalien, heißt deshalb im Volksmund auch heute noch Savoyer Kohl oder Welschkohl. In Norddeutschland ist er erst seit dem 18. Jahrhundert heimisch. Unsere Großmütter haben ihn noch zu deftigen Eintöpfen verarbeitet, wir schätzen ihn heute als zartes, raffiniertes Gemüse.

TOMATEN

Im September sind sie am besten: die fleischigen, gerippten Vierländer Tomaten, die in Hamburgs Gemüsegarten, den fruchtbaren Vierlanden in der Elbmarsch, reifen. Sie sind nicht so schön wie die glatten, runden Treibhaustomaten, aber sie haben mehr Aroma und mehr Süße. Und wegen ihres hohen Anteils an Fruchtfleisch sind sie hervorragend geeignet für Tomatensuppen und -saucen.

PREISELBEEREN

Wild wachsen sie in der Heide und auf dem Moor, und wenn man sie dort selber sammelt, schmecken sie auch am besten: nicht roh, dazu sind sie zu bitter, sondern als herbsüßes Kompott oder als Beilage zu Fleischgerichten. Auf den Märkten gibt es die echten Preiselbeeren nur für kurze Zeit, später im Jahr werden dann die größeren, milderen Cranberries aus Kanada und den USA angeboten.

ALLES GUTES GIBT...

KRABBEN

Was in Norddeutschland Krabben oder präziser Nordseekrabben heißt, sind eigentlich gar keine Krabben, sondern Garnelen – und zwar eine besonders kleine Art, nur etwa 3 bis 5 cm lang. Roh sind sie fast durchsichtig, gekocht dann rosa bis graubraun – entsprechend auch die Bezeichnungen im Englischen »brown shrimp« oder im Französischen »crevette grise«. Am besten schmecken sie frisch geschält auf Butterbrot.

AAL

Der schlangenähnliche fette Fisch schwimmt sowohl im Meer wie in Flüssen und Seen. Als besonders delikat gelten die relativ kleinen Exemplare aus den niedersächsischen Binnenseen Steinhuder Meer und Zwischenahner Meer. Steinhuder Aal in Dillsauce ist eine Spezialität, für die sogar verwöhnte Feinschmecker einen Umweg machen.

TYPISCH FÜR SEPTEMBER

Wirsing	*Wildente auf Butterwirsing*	*Seite 236*
Tomaten	*Vierländer Tomatensuppe*	*Seite 242*
Preiselbeeren	*Preiselbeeren in Rotwein*	*Seite 237*
Krabben	*Greetsieler Krabbensuppe*	*Seite 249*
Aal	*Steinhuder Aal in Dillsauce*	*Seite 248*

Auch zum Nachtisch gibt es Kohl

Rund 80 Millionen Kohlköpfe werden alljährlich zwischen Ende September und Mitte November auf Dithmarschens Feldern geerntet. Das Land zwischen Eider und Elbe, Nordsee und Nord-Ostsee-Kanal ist damit das größte Kohlanbaugebiet Europas.

Zum Auftakt der Ernte, dem feierlichen Kohlanschnitt, werden jedes Jahr die »Dithmarscher Kohltage« veranstaltet, zu denen Gäste von nah und fern angereist kommen. Da gibt es Kohlmärkte und Kohlbüfetts und sogar ein Kohl-Gourmet-Festival mit einem achtgängigen Menü. Ehrensache, daß in jedem Gang Kohl enthalten ist, sogar im Nachtisch: Quarkpastete auf Rotkohlspiegel zum Beispiel!

Hübsche Mädchen, die den Kohl präsentieren, gehören im Norden natürlich auch dazu. Weil sich aber die stolzen Dithmarscher noch nie einem Fürsten unterworfen haben, ernennen sie keine Kohlkönigin, sondern Kohlregentinnen. Das geht zurück auf eine alte demokratische Tradition: Schon im 16. Jahrhundert wählte man 48 Regenten, die die Geschicke Dithmarschens lenkten.

Gefüllter Weisskohl

Für 6 Personen
braucht etwas Zeit

2 Brötchen vom Vortag
1 Weißkohl (ca. 2kg), Salz
750g Lammhack, 150g Zwiebeln
1EL Senf, 4 Eier
Pfeffer aus der Mühle
frisch geriebene Muskatnuß
1 Bund glatte Petersilie

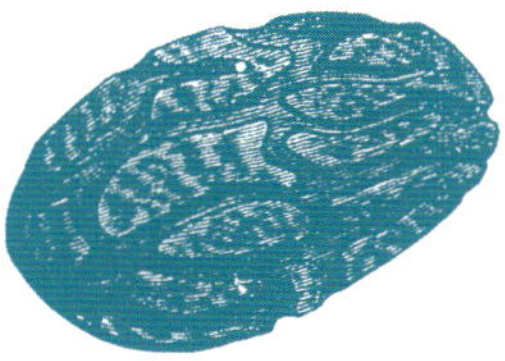

1

Die Rinde von den Brötchen abreiben, Brötchen in lauwarmem Wasser einweichen. Aus dem Kohlkopf den Strunk kegelförmig herausschneiden. Reichlich Salzwasser zum Kochen bringen, den Kohl darin etwa 30 Minuten vorgaren und in einem Durchschlag abkühlen lassen. Das Kochwasser aufheben.

2

Das Lammhack mit den sehr fein gewürfelten Zwiebeln, dem Senf und den Eiern verkneten, mit Salz, Pfeffer und Muskatnuß herzhaft würzen. Zum Schluß die gehackte Petersilie untermengen.

3

Die Kohlblätter bis zur festen Mitte vom Kopf lösen, die Blattrippen flachschneiden. 200g vom Kohlinneren fein hacken und zum Fleischteig geben.

4

Einen Durchschlag mit einem großen Mulltuch auslegen. Kohlblätter und Hackmasse so aufeinanderschichten, daß der Kohlkopf seine ursprüngliche Form erhält. Das Tuch über Kreuz zusammenbinden und einen Kochlöffelstiel durchstecken.

5

Das Kochwasser wieder zum Kochen bringen, den Kohlkopf an dem Löffelstiel hineinhängen und 2 Stunden leise kochen lassen. Im Tuch auf dem Durchschlag gut abtropfen lassen, aus dem Tuch nehmen und in Scheiben schneiden. Mit einer Tomaten-, Paprika- oder Zwiebelsauce zu Kartoffeln servieren.

Wildente auf Butterwirsing

Für 4 Personen
raffiniert

2 junge Wildenten (à 900g)
Salz, Pfeffer aus der Mühle
2EL Wacholderbeeren
4 hauchdünne Scheiben fetter Speck
100g Zwiebeln, 1/8l Rotwein
1/8l Fleischbrühe, 1TL Sherryessig
1 kleiner Wirsingkohl, 30g Butter

1

Die Wildenten gründlich waschen und trocknen. Restliche Kiele mit einer Pinzette herausziehen. Die Hälse mit einer Geflügelschere abschneiden, etwas zerkleinern und für die Sauce beiseite legen. Enten innen und außen mit Salz und Pfeffer und 1 Eßlöffel zerdrückten Wacholderbeeren würzen. Mit Speck belegen.

2

Die Enten in einen flachen Bräter legen. Zwiebeln pellen und würfeln. Zusammen mit den Halsstücken, den restlichen Wacholderbeeren und eventuell den Innereien rund um die Enten verteilen. Im vorgeheizten Backofen bei 175 Grad 1 1/2 bis 2 Stunden braten. Rotwein, Brühe und Essig mischen. Nach und nach zugießen und dabei die Röststoffe lösen. Die Enten damit beschöpfen.

3

Wirsing putzen, die dunklen Blätter entfernen. 8 große Blätter in Salzwasser blanchieren, abtropfen lassen und die Rippen flachschneiden. In Butter bei milder Hitze zugedeckt garschmoren.

4

Enten nach der Bratzeit aus dem Bräter nehmen und warm stellen. Halsstücke aus dem Bratfond nehmen, die Zwiebeln mit dem Schneidstab des Handrührers pürieren. Die Enten längs halbieren und auf den Kohlblättern anrichten. Die Sauce nochmals mit dem Schneidstab aufrühren und extra dazu reichen.

Dazu passen Kartoffelbrei und in Rotwein eingelegte Preiselbeeren oder heiße Sauerkirschen, mit bitterer Orangenmarmelade abgeschmeckt.

Preiselbeeren in Rotwein

raffiniert

500g Preiselbeeren
150g Gelierzucker
1/8l kräftiger Rotwein
1 Stückchen Zitronenschale
2 Gewürznelken
2EL Cognac oder Weinbrand

1

Preiselbeeren verlesen, waschen und abtropfen lassen. Früchte mit dem Zucker unter Rühren aufkochen, dann den Rotwein, die Zitronenschale und Gewürznelken dazugeben. So lange leise kochen lassen, bis die Beeren weich sind.

2

Preiselbeeren mit einer Schaumkelle aus dem Sud heben. Sud einkochen lassen, bis er leicht dicklich ist. Die Beeren wieder hineingeben und erkalten lassen. Zum Schluß mit Cognac verrühren, in kleine Gläser füllen und kühl stellen.

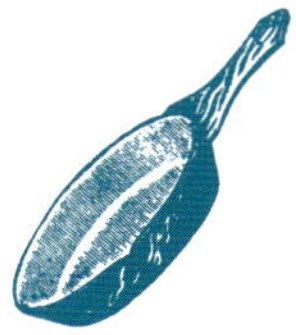

Nicht nur »Krauts« lieben Kohl

Weißkohl ist das Lieblingsgemüse der Deutschen – nicht nur als Sauerkraut, sondern auch als Kohlroulade, Kohlpudding, Kohlsalat. Daß uns viele deshalb als »Krauts« bespötteln, ist dennoch ungerecht, denn Kohl ist nicht nur der Deutschen Leibspeise: Im Elsaß kommt er als Choucroute auf den Tisch, in Rußland ist er eine Hauptzutat im Borschtsch, in Vietnam und Korea steht er als »Kim Chi« auf jedem Speisezettel und im östlichen Mittelmeerraum finden wir ihn im Salat!

Kohlrouladen

Für 4 Personen
preiswert

1 Weißkohl (ca. 1,5kg), Salz
200g Zwiebeln, 250g Champignons
60g Butterschmalz, 250g Mett
2 Eier, Pfeffer aus der Mühle
frisch geriebene Muskatnuß
8 dünne Scheiben durchwachsener Speck
250g Schlagsahne

1

Den Kohlstrunk kegelförmig so tief wie möglich herausschneiden. Kohl in Salzwasser kochen, bis sich 8 große Kohlblätter ablösen lassen. Die Blattrippen flachschneiden, jeweils 2 Blätter aufeinanderlegen.

2

250g vom Kohlinneren hacken. 1 mittelgroße Zwiebel pellen und würfeln. Pilze putzen, waschen, abtropfen lassen und fein würfeln. Zwiebelwürfel in 30g Butterschmalz glasig andünsten.

3

Die Champignons dazugeben und so lange dünsten, bis alle Flüssigkeit verdampft ist. Abkühlen lassen. Zusammen mit dem gehackten Kohl zum Mett geben und mit den Eiern zu einem Teig verarbeiten. Mit Salz, Pfeffer und Muskatnuß abschmecken. Füllung auf die Kohlblätter geben, aufrollen, mit Speck umwickeln und mit Holzstäbchen zustecken.

4

Restliches Butterschmalz in einem Bräter erhitzen und die Kohlrouladen darin ringsum anbraten. Restliche Zwiebeln grob hacken und darum verteilen. Zugedeckt bei milder Hitze eine gute Stunde schmoren lassen. Bei Bedarf etwas vom Kochsud zugießen.

5

Rouladen aus dem Bratfond nehmen und warm stellen. Zwiebeln mit dem Schneidstab pürieren. Schlagsahne dazugeben und sämig einkochen. Rouladen wieder in der Sauce erhitzen und mit Salzkartoffeln servieren.

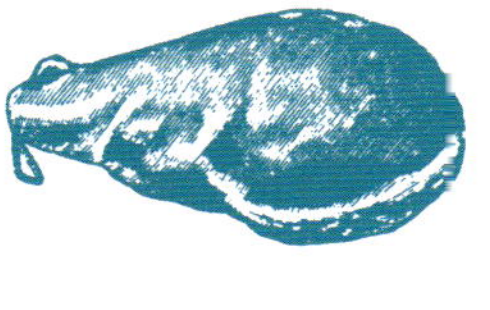

Meldorfer Wirsingroulade

Eine raffinierte Variante der guten alten Weißkohlroulade wurde anläßlich der Dithmarscher Kohltage in Meldorf erfunden. Anstelle der blanchierten Weißkohlblätter werden Wirsingblätter gefüllt und zwar mit einer Mischung aus 750g gemischtem Hack, 150g kleingewürfelten Zwiebeln und 150g kleingewürfeltem Knollensellerie. Das alles wird geschmort und mit Knoblauch, Salz und Pfeffer herzhaft abgeschmeckt. Zum Schluß fügt man dieser Füllung noch einen kleingewürfelten säuerlichen Apfel und ein paar grob gehackte Haselnüsse zu, gibt die Farce auf die blanchierten Wirsingblätter, rollt sie auf, steckt sie zu und brät sie in Butterschmalz an. Die Rouladen werden dann zugedeckt gargeschmort. Die Sauce schmeckt man zum Schluß noch einmal ab und verfeinert sie mit Sahne.

Schlag nach bei Horaz

»Vermeide den Kohl, der in den Gemüsegärten der Städte wächst. Er wächst auf zu wässerigem Boden. Weit besser ist der Kohl, der auf trockenem Acker gedeiht: der Bauernkohl.«

Horaz, 65-8 v. Chr.

Dabei kannte er noch gar keinen Dithmarscher Bauernkohl!

Apfelpfannkuchen

Für 6 Personen
preiswert

250g Mehl, 1/2l Milch
750g säuerliche Äpfel (z.B. Boskoop)
4 - 5 Eier, Salz, Zucker
Butterschmalz oder Öl zum Braten

1

Mehl und Milch gut miteinander verrühren und für etwa 1/2 Stunde zum Ausquellen beiseite stellen. Äpfel schälen, vierteln und das Kerngehäuse herausschneiden. Äpfel quer in Scheibchen schneiden. Eier verquirlen, mit dem Schneebesen zum Teig rühren, mit einer Prise Salz und Zucker abschmecken.

2

Fett in einer Pfanne erhitzen und jeweils so viel Teig einfüllen, daß der Pfannenboden bedeckt ist. Darauf die Apfelscheiben gleichmäßig verteilen und von beiden Seiten goldbraun backen. Mit Zucker bestreut sofort servieren.

VARIATIONEN: Sie können auch noch Korinthen oder Rosinen zu den Apfelstücken auf den Teig streuen. Oder Sie nehmen anstelle von Äpfeln Bickbeeren. Besonders gut: Lassen Sie auf dem heißen Pfannkuchen eine Kugel Vanilleeis zergehen!

Nichts davor und nichts dahinter

Anderswo mögen Pfannkuchen oder süße Aufläufe als Nachtisch serviert werden – in Norddeutschland, speziell in Schleswig-Holstein, sind sie ein vollwertiges Hauptgericht »mit nichts davor und nichts dahinter«.

Birnen im Teig

Für 4 Personen
preiswert

750g Birnen, 250g Zucker
Saft und Schale einer unbehandelten Zitrone
5 Eier (Gew.Kl. 3), 125g Butter, 300g Mehl
1/2 Päckchen Backpulver, 50ml Milch
50g gehackte Haselnüsse, 1 Prise Salz
200g durchwachsener Speck
(vom Schlachter in dünne Scheiben geschniten)

1

Birnen schälen, halbieren und das Kerngehäuse herausschneiden. 1/2 Liter Wasser mit 50g Zucker, Schale und Saft von einer halben Zitrone zum Kochen bringen. Birnen darin portionsweise garen und abtropfen lassen.

2

Die Eier trennen. Butter cremig rühren, abwechselnd den restlichen Zucker und Eigelb dazugeben, sehr schaumig rühren. Mehl und Backpulver mischen und unterrühren. Zum Schluß die Milch, die restliche abgeriebene Zitronenschale und die Nüsse dazugeben. Eiweiß mit dem Salz sehr steif schlagen und unter die Masse heben.

3

Eine ofenfeste Form mit Butter ausstreichen und mit dem Speck auslegen. Darauf die Birnen mit der Schnittfläche nach unten anordnen und den Teig darüberstreichen.

4

Im vorgeheizten Backofen bei 200 Grad auf der mittleren Einschubleiste etwa 50 Minuten backen, wenn nötig mit Alufolie abdecken. Den Kochsaft der Birnen mit dem restlichen Zitronensaft abschmecken und zum Auflauf servieren.

VARIATION: In Ostholstein entrindet man ein Weißbrot und weicht es über Nacht in Milch ein, streicht es durch ein Sieb, verrührt diesen Brei mit Butter und etwas Mehl, gibt alles in einen Topf und rührt auf milder Hitze, bis sich ein Kloß gebildet hat. Dann rührt man Eier darunter und würzt nach Geschmack mit Zucker. Diese Masse wird schließlich über Speck und Birnen gestrichen und im Backofen gebacken.

Vierländer Tomatensuppe

Für 4 – 6 Personen
raffiniert

150g Zwiebeln
2 Knoblauchzehen
30g Butter
750g vollreife Fleischtomaten
1 Bund Basilikum, Salz
125g Schmand (24% Fett)
2EL Tomatenketchup
1TL Apfeldicksaft
Pfeffer aus der Mühle, Zucker
30g eiskalte Butter

1

Zwiebeln und Knoblauch würfeln und in der Butter glasig dünsten. Tomaten in Stücke schneiden und dazu geben. Vom Basilikum die kleinen Blättchen zum Garnieren abnehmen, restliches Basilikum mit den Stielen grob hacken und zum Tomatengemisch geben. Mit Salz würzen. Bei milder Hitze zugedeckt etwa 45 Minuten schmoren.

2

Alles durch ein Sieb streichen, mit 1/2 Liter Wasser aufgießen und den Schmand unterrühren. Mit Tomatenketchup, Apfeldicksaft, Salz, Pfeffer und Zucker pikant abschmecken. Zum Schluß die eiskalte Butter in kleinen Stückchen mit dem Schneidstab des Handrührgerätes darunterschlagen. In vorgewärmten Tassen anrichten und mit Basilikumblättchen garnieren.

Aus Hamburgs Gemüsegarten

Tomaten aus den Vierlanden, dem fruchtbaren Gebiet in der östlichen Elbmarsch, sind besonders aromatisch. Jetzt im September lohnt es sich sogar, sie als Püree einzufrieren – vor allem, wenn die weichen, überreifen Suppentomaten im Sonderangebot sind.

Im Gegensatz zum deftigen Dithmarscher Weißkohl, Rotkohl und Wirsing kommt der feinere Blumenkohl meistens aus den Vierlanden.

Pluckte Finken

Für 4 – 6 Personen
preiswert

250g getrocknete weiße Bohnen
150g Zwiebeln
30g Schweineschmalz
500g Kasseler Nacken
500g Möhren, 375g Kartoffeln
250g säuerliche Äpfel (z.B. Boskoop)
Salz, Pfeffer aus der Mühle
1 Bund glatte Petersilie

1

Bohnen am Vortag in 1 1/2 Liter Wasser einweichen. Zwiebeln pellen, würfeln und in Schweineschmalz glasig andünsten. Kasseler im ganzen darin anbraten, mit den Bohnen und der Einweichflüssigkeit begießen und zugedeckt kochen lassen.

2

Inzwischen Möhren, Kartoffeln und Äpfel schälen und in Würfel schneiden. Fleisch aus den Bohnen nehmen, warmstellen. In der Flüssigkeit zuerst die Möhren 15 Minuten garen, dann die Kartoffeln und Äpfel dazugeben und weitere 15 Minuten garen. Mit Salz und Pfeffer abschmecken.

3

Fleisch in Scheiben schneiden, wieder in den Eintopf geben und mit gehackter Petersilie bestreut servieren.

Mit Speck vom Wal

Das Eintopfgericht »Pluckte Finken« geht auf die große Zeit bremischer Walfänger zurück. Der Hauptbestandteil war ursprünglich Speck vom Wal, in große Würfel gehauen (»gepluckt«). Und diesen Speck bezeichneten die Walfänger als »Vinken« – woraus später die »Finken« wurden. Pluckte Finken kennt man aber auch als »Bremer Plockfinken« oder »Bunte Finken«. Und wenn man die Äpfel wegläßt, heißt das Gericht »Buntes Huhn«.

Geschmorte Kalbsschulter

Für 6 Personen
ganz einfach

1,5kg Kalbsschulter
Salz, Pfeffer aus der Mühle
100g durchwachsener Speck
(vom Schlachter in dünne Scheiben geschnitten)
2EL getrocknete Steinpilze
30g Butter, 2EL Öl, 250g Porree
2 Petersilienwurzeln, 2 Zwiebeln
1/2l Buttermilch, 250g Schlagsahne
1TL Fleischextrakt, Stärkemehl zum Binden

1

Kalbsschulter vom Schlachter von den Knochen lösen und so aufschneiden lassen, daß ein flaches Stück entsteht. Knochen kleinhacken lassen. Das Fleisch, wenn nötig, noch etwas flachklopfen und von beiden Seiten mit Salz und Pfeffer würzen. Fleisch mit dem Speck belegen, aufrollen und mit einem Fleischfaden binden.

2

Steinpilze in 1/8 Liter lauwarmem Wasser einweichen. Butter und Öl in einem Bräter erhitzen und die Kalbsrolle darin rundum braun anbraten. Porree, Petersilienwurzeln und Zwiebeln, geputzt und kleingeschnitten, mit den Knochen rundum verteilen. Zugedeckt schmoren, dabei ab und an umrühren. Wenn sich Röststoffe bilden, die Steinpilze mit der Flüssigkeit dazugeben. Buttermilch und Schlagsahne mischen und etwas davon zufügen. Im vorgeheizten Backofen bei 200 Grad zugedeckt 1 1/2 bis 1 3/4 Stunden schmoren. Bei Bedarf immer etwas Buttermilch-Sahne-Gemisch dazugießen.

3

Braten aus dem Fond nehmen und warm stellen. Fond mit dem Fleischextrakt, Salz und Pfeffer abschmecken und mit dem angerührten Stärkemehl binden. Dann alles durch ein Sieb gießen und eventuell etwas einkochen lassen. Fleischfaden entfernen und den Braten aufschneiden. Die Sauce extra dazu reichen.

Dazu passen Salzkartoffeln und grüner Salat.

»Old Eeten«

Für 4 Personen
ganz einfach

2 gepökelte Eisbeine
750g gepökelte fleischige Rippchen
(beides beim Schlachter bestellen)
2EL schwarze Pfefferkörner
4 Lorbeerblätter
375g Zwiebeln
4 luftgetrocknete Mettwürste

1

Eisbein und die in 4 Stücke geteilten Rippchen in 1 1/2 bis 2 Liter Wasser mit den Pfefferkörnern, Lorbeerblättern und den gepellten, grob zerteilten Zwiebeln etwa eine Stunde bei milder Hitze zugedeckt garen. Mettwürste dazugeben und heiß werden lassen.

2

Fleisch und Wurst aus dem Sud nehmen. Sud mit den Gewürzen durch ein Sieb gießen. Dabei die Flüssigkeit auffangen. 1/2 Liter Sud abmessen. Zwiebeln durchstreichen, die Flüssigkeit damit binden und als Sauce zum Fleisch reichen. Eisbeinfleisch vom Knochen lösen, mit den Rippchen und den Kochwürsten anrichten.

Zum »Old Eeten« schmecken Salzkartoffeln, Gewürzgurken und süß-saurer Kürbis.

Wie zu Omas Zeiten

Das Rezept für »Old Eeten« (Altes Essen) geht zurück auf die Zeit, als man noch keine Gefriertruhen kannte und das Fleisch durch Pökeln und anschließendes Trocknen haltbar machen mußte.
In Ostfriesland kann einem auch heute noch jeder Schlachter die traditionellen Zutaten liefern. Die ostfriesischen Hausfrauen wässern das Fleisch wie zu Großmutters Zeiten einen Tag lang, wobei sie das Wasser auch noch mehrmals wechseln müssen. Wer auf diese Tradition verzichten kann oder muß, weil er außerhalb von Ostfriesland wohnt und gar kein getrocknetes Fleisch bekommt, bestellt beim Schlachter Eisbein und Rippchen beides gepökelt. Geschmacklich ist kein Unterschied festzustellen.

***N**icht zu verwechseln mit den warzigen Einlegegurken: Minigurken sind glatt und grün und werden roh auf Brot gegessen.*

Steinhuder Aal in Dillsauce

Für 4 Personen
ganz einfach

1 Aal (ca. 800g)
4EL Weißweinessig
Salz, Zucker, 1 Stange Porree
1 Petersilienwurzel
10 schwarze Pfefferkörner
1 Lorbeerblatt, 2 Bund Dill
30g Butter, 30g Mehl
125g Schlagsahne
Pfeffer aus der Mühle
Zitronensaft zum Abschmecken

1

Aal vom Fischhändler häuten und in 5 cm lange Stücke schneiden lassen. Aus 1/4 Liter Wasser, Essig, Salz, Zucker, dem geputzten Porree und der geschälten Petersilienwurzel, Pfefferkörnern, Lorbeer und Dillstengeln einen Sud vorbereiten und 10 Minuten leise kochen lassen. Die Aalstücke hineingeben und etwa 10 Minuten garziehen lassen.

2

Aal aus dem Sud nehmen und warm stellen. Sud durch ein Sieb gießen. Butter und Mehl hellgelb anschwitzen, mit 3/8 Liter Sud und der Sahne ablöschen. 10 Minuten leise kochen lassen. Mit Salz, Pfeffer und Zitronensaft abschmecken.

3

Dill hacken und in die Sauce geben. Den Aal in der Sauce heiß werden lassen. Mit Salzkartoffeln und Gurkensalat servieren.

Up See oder an't Meer

Ein Meer muß nicht unbedingt ein Ozean sein – in Norddeutschland ist es ein Binnensee. »Wi got an't Meer« kann in Ostfriesland nur heißen: »Wir gehen ans Zwischenahner Meer«, im Hannoverschen: »Wir gehen ans Steinhuder Meer«. Heißt es hingegen: »Wi got up See«, so bedeutet das, daß man auf dem Weg zur Nordsee ist.

Greetsieler Krabbensuppe

Für 4 – 6 Personen
raffiniert

375g Kartoffeln
250g Porree, Salz
250g Schlagsahne
Pfeffer aus der Mühle
40g gut gekühlte Butter
200g Nordseekrabbenfleisch
1 Bund Dill

1

Kartoffeln waschen, schälen und in kleine Würfel schneiden. Porree putzen, waschen und in Ringe schneiden. Beides in 1 Liter Salzwasser weichkochen, dann durch ein Sieb streichen.

2

Suppe mit der Schlagsahne verrühren, mit Salz und Pfeffer herzhaft abschmecken. Die kalte Butter mit dem Schneidstab des Handrührgerätes einarbeiten.

3

Krabbenfleisch auf Teller oder in Tassen verteilen. Die heiße Suppe darübergießen und mit gehacktem Dill bestreuen.

Frisch vom Kutter

Greetsiel ist ein 600 Jahre alter romantischer Fischerhafen an der ostfriesischen Küste. 28 Krabbenkutter sind hier zu Hause – wenn sie vom Fang zurückkommen, gibt's direkt von Bord frisch gekochte Krabben (»Granat« heißen sie hier an der Küste), die man selber aus der Schale pulen muß. Aber die Mühe lohnt sich: Frisch gekochte Krabben schmecken so gut, daß selbst ausgepichte Feinschmecker dafür jeden Hummer stehen lassen!

»Ostfriesischer Landwein« zum Aal

Genauso berühmt wie die Aale aus dem Steinhuder Meer bei Hannover sind die Aale aus dem Zwischenahner Meer im oldenburgischen Ammerland (auch wenn sowohl die einen wie die anderen heute oftmals aus der Ostsee stammen!). In Bad Zwischenahn werden sie als »Smortaal« oder »Schmuttaal«, das ist geräucherter Aal, aus der Hand gegessen, und zwar nach einer ganz bestimmten Zeremonie: Erst ißt man den Aal, dazu Oldenburger Schwarzbrot ohne Butter (der Aal ist schon fett genug), dann werden die fettigen Hände mit einem Kornbrannt übergossen (der nach kurzem Reiben Fett und Fischgeruch nimmt), dann gibt es einen »Schluck ut'n Läbel«, das heißt, einen Klaren aus dem Zinnlöffel, und dazu den niedersächsischen Trinkspruch:

»Ick seh di!«
»Dat freit mi!«
»Ick sup di to.«
»Dat do!«

Erst dann darf getrunken werden. Und der Klare, der Korn, der hier nicht nur zum Räucheraal, sondern auch zu allen anderen deftigen Mahlzeiten gehört – nun ja, der heißt hier eben »ostfriesischer Landwein«!

Angeldorsch mit Senfsauce

Für 4 Personen
ganz einfach

2 Angeldorsche (à 800g), 3EL Salz
1/8l Weißweinessig, 1EL weiße Pfefferkörner
2 Lorbeerblätter, 2 Zwiebeln
1 Tüte Fischgewürz, 50g Butter
30g Mehl, 1/4l Milch
2EL grober Senf, 2EL mittelscharfer Senf
Zitronensaft zum Abschmecken
Pfeffer aus der Mühle
Zucker zum Abschmecken

1

Fische gründlich waschen, wenn nötig die Bauchhöhle mit Salz ausreiben, um restliches Blut zu entfernen. 3 Liter Wasser mit Salz, Essig, Pfefferkörnern, Lorbeerblättern, grob zerteilten Zwiebeln und Fischgewürz in einem ovalen Fischtopf zum Kochen bringen. Die Fische darin bei milder Hitze gar ziehen lassen, nicht kochen.

2

Butter schmelzen, das Mehl darin anschwitzen, mit 1/4 Liter Wasser und der Milch unter Rühren ablöschen. Die Bechamelsauce 20 Minuten leise kochen lassen. Senf unterrühren, mit Zitronensaft, Salz, Pfeffer und Zucker abschmecken.

3

Fische aus dem Sud heben und gut abtropfen lassen. Auf einer vorgewärmten Platte anrichten. Mit der Senfsauce und Butterkartoffeln servieren.

Der kleine Bruder vom Kabeljau

An der Lübecker Bucht, aber auch in Hamburg steht er in jedem guten Fischrestaurant auf der Speisekarte: der Angeldorsch mit Senfsauce. Der junge Dorsch wird vom Kutter aus geangelt, daher sein Name, und es gibt ihn nur in der Ostsee. Er ist der kleine Bruder vom Kabeljau, der in der Nordsee schwimmt.

APFELKLÖSSE

Für 4 – 6 Personen
preiswert

3 Eier, 1TL Salz, 30g Zucker
1/8l Milch, 60g Butter
40g gehackte Mandeln, 400g Mehl
500g säuerliche Äpfel (August-Äpfel oder Boskoop)
braune Butter zum Begießen
Zimtzucker zum Bestreuen

1

Eier mit Salz, Zucker und Milch verquirlen, Butter schmelzen und zusammen mit den Mandeln dazugeben, dann das Mehl unterkneten. Äpfel schälen, das Kerngehäuse herausschneiden, Äpfel würfeln und zum Teig geben.

2

Reichlich Salzwassser zum Kochen bringen. Vom Teig mit zwei nassen Eßlöffeln Klöße abstechen, im Salzwasser im offenen Topf etwa 15 Minuten garziehen lassen, nicht kochen.

3

Klöße aus dem Kochwasser heben, gut abtropfen lassen, in einer vorgewärmten Schüssel mit brauner Butter begießen. Zimtzucker extra dazu reichen.

Errötende Jungfrau in Schleswig

Für 4 Personen
preiswert

5 Blatt rote Gelatine
1/4l Buttermilch, 250g Schlagsahne
75g – 100g Puderzucker
1 Päckchen Vanillezucker
Schale und Saft von 1/2 unbehandelten Zitrone
30g Mandelblättchen

1

Gelatine in kaltem Wasser einweichen. Buttermilch und Sahne mit Puderzucker und Vanillezucker gut verrühren, Zitronenschale und Saft dazugeben.

2

Gelatine tropfnaß bei milder Hitze auflösen, mit etwas Milchgemisch verrühren, dann zur restlichen Milchmischung gießen und gut verrühren. Durch ein Haarsieb in eine Glasschüssel umgießen und im Kühlschrank fest werden lassen.

3

Mandelblättchen in einer Pfanne ohne Fett unter Wenden goldbraun rösten, kalt werden lassen, dann über die Nachspeise streuen. Wer mag, serviert noch geschlagene Sahne extra dazu.

Errötende Jungfrau in Holstein

In Holstein bereitet man die Errötende Jungfrau so: 2 Eiweiß von sehr frischen Eiern, 1/2 Tasse Fruchtsaft und 1/2 Tasse Zucker mit dem Schneebesen des Handrührers gut aufschlagen. 3 Blatt eingeweichte rote Gelatine bei milder Hitze auflösen und unter den Schaum ziehen. Nach Geschmack noch 1 Päckchen Vanillezucker dazugeben. Das Ganze im Kühlschrank fest werden lassen.

MECKLENBURGER BIERSUPPE

Für 4 Personen
ganz einfach

1/2l Milch, 2 Zimtstangen
60g Sago, 30g Zucker
2EL Korinthen
1/2l Braunbier (Malzbier)
2 Eier, Zimtpulver zum Bestäuben

1

Milch mit den Zimtstangen zum Kochen bringen, den Sago einstreuen und ausquellen lassen. Den Zucker bis auf 2 Teelöffel, die Korinthen und das Bier dazugeben, alles einmal aufkochen lassen.

2

Eier trennen. Eigelb mit etwas Suppe verquirlen, unter Rühren wieder zur Suppe geben und bis kurz vor dem Kochen erhitzen. Bei sehr milder Hitze heiß halten.

3

Eiweiß mit dem restlichen Zucker steif schlagen, kleine Klößchen abstechen, auf die Suppe setzen, mit Zimt bestäuben und zugedeckt etwa 5 Minuten stocken lassen. Warm oder kalt servieren.

VARIATION: Helles und schwarzes Brot – ohne Rinde – in Bier weichkochen, durch ein Sieb streichen. Mit Zucker, Zimt und etwas Zitronenschale würzen. Eventuell mit Sirup süßen.

MECKLENBURGER BRAUNBIER

Während man in anderen Landstrichen unter »Braunbier« ein dunkles, leicht obergäriges Bier versteht, meint man in Mecklenburg immer ein Malzbier. Davon gibt es zwei Sorten: eine leichte, die auch Ammenbier oder Karamelbier genannt wird und nur einen Alkoholgehalt von etwa 0,5 Prozent hat, und eine stärkere, die weniger süß ist und bis zu 6 Prozent Alkohol enthalten kann. Beide Braunbiersorten spielen in der Mecklenburger Küche nicht nur als Getränk, sondern auch als Kochzutat eine Rolle: Die leichte nimmt man bei süßen Suppen, die stärkere wird zum Schmoren von Fleisch verwendet.

ALTENLÄNDER ZWETSCHGENKUCHEN

Für 20 – 25 Stücke
läßt sich vorbereiten

Für den Teig:
375g Mehl, 30g Hefe
1/8l lauwarme Milch, 75g Zucker
1 Prise Salz, 6EL neutrales Öl, 1 Ei
Für den Belag:
2kg Zwetschgen, Butter zum Fetten
100g Zucker, 2TL Zimt
1EL geriebene unbehandelte Zitronenschale

1

Mehl in eine Schüssel geben, eine Mulde hineindrücken. Die Hefe in der Milch unter Rühren auflösen, in die Mulde gießen und mit etwas Mehl verrühren. Dann Zucker, Salz, Öl und das Ei dazugeben. Alles mit den Knethaken des Handrührers so lange kneten, bis der Teig glänzt. Mit Mehl bestäubt an einem warmen Ort gehen lassen, bis der Teig sein Volumen verdoppelt hat.

2

Zwetschgen waschen und entsteinen. Ein Backblech mit Butter fetten. Den Teig nochmals kneten und 5 Minuten ruhen lassen. Teig in Backblechgröße ausrollen, auf das Blech legen und einen Rand hochziehen. Zwetschgen dachziegelartig auf den Teig legen. Im vorgeheizten Backofen bei 200 bis 225 Grad etwa 30 Minuten backen.

3

Zucker, Zimt und Zitronenschale mischen und den Kuchen nach der Backzeit noch heiß damit bestreuen. Auf einem Kuchengitter auskühlen lassen, erst dann in Stücke schneiden.

HEIDJER TORTE

Für 12 Stücke

Für das Preiselbeerkompott:
500g Preiselbeeren
375g Zucker
5cl Cognac oder Weinbrand
Für den Tortenboden:
60g Haselnüsse, gerieben
100g Buchweizenmehl
50g Speisestärke
6 Eier (Gew.Kl. 3)
1 Prise Salz
150g Zucker
Fett für die Form
Für die Füllung:
750g Schlagsahne
2 Päckchen Vanillezucker
evtl. geraspelte bittere Schokolade zum Garnieren

1

Preiselbeeren verlesen, waschen und gut abtropfen lassen. Zucker mit 1/8 Liter Wasser zum Kochen bringen und sirupartig einkochen lassen. Preiselbeeren in den kochenden Sirup geben, einmal aufkochen und darin erkalten lassen. Mit Cognac begießen und zugedeckt über Nacht durchziehen lassen.

2

Nüsse in einer trockenen Pfanne ohne Fett unter Rühren so lange rösten, bis sie duften. Auskühlen lassen. Mehl und Speisestärke gut mischen. Eier trennen, Eiweiß kalt stellen. Eigelb mit 4 Eßlöffel warmem Wasser, Salz und Zucker schaumig rühren. Eiweiß steif schlagen und daraufgeben. Die Nüsse und die Mehlmischung unterheben.

3

Eine Springform von 24 cm Durchmesser fetten, den Teig einfüllen. Im vorgeheizten Backofen bei 175 bis 200 Grad auf mittlerer Einschubleiste 30 bis 40 Minuten backen. Auf ein Gitter stürzen und kalt werden lassen.

4

Den Boden zweimal waagerecht durchschneiden. Die untere Teigplatte wieder in die Springform zurückgeben. Preiselbeeren mit einer Schaumkelle aus dem Sud heben, etwas abtropfen lassen und eine Schicht auf den untersten Boden geben. 500g Schlagsahne mit dem Vanillezucker steif schlagen. Die Hälfte davon auf die Preiselbeeren streichen. Den zweiten Boden darauflegen. Eine zweite Schicht Preiselbeerkompott daraufgeben, die restliche Sahne darüberstreichen. Den obersten Boden darauflegen und leicht andrücken. Für mindestens eine Stunde in den Kühlschrank stellen.

5

Torte aus der Springform nehmen. Restliche Sahne steif schlagen, die Torte damit bestreichen. Mit dem Löffelrücken Dellen in die Sahne drücken, mit Preiselbeeren garnieren. Wer will, raspelt noch bittere Schokolade darüber.

MENÜ DES MONATS

Vierländer Tomatensuppe
Wildente auf Butterwirsing
Preiselbeeren in Rotwein
Errötende Jungfrau

Die Küche

Im Oktober schaltet die norddeutsche Hausfrau vom Sommer innerlich schon auf Winter um: Im Land hinter den Deichen blasen die Herbststürme, und man muß mit kräftigen Eintöpfen gegensteuern, mit Kartoffeln, Steckrüben und Schweinebauch.

IM OKTOBER

Eine der wichtigsten Apfelsorten im Alten Land ist der Gloster, eine Kreuzung von Glockenapfel und Delicious. Er läßt sich gut lagern und ist deshalb als Winter- und Weihnachtsapfel beliebt.

Was es im Oktober

Äpfel

Das maritime Klima Norddeutschlands bekommt dem Apfel besonders gut: Im Wechsel von Sonne mit Wind und Regen kann er die richtige Ausgewogenheit von Säure und Süße entwickeln. Das deutsche Hauptanbaugebiet für Äpfel liegt deshalb im Alten Land an der Niederelbe – und das schon seit 650 Jahren.

Steckrüben

Ihr Name war jahrzehntelang mit dem Gedanken an Notzeiten verbunden – der »Steckrübenwinter« 1917/18 war die schlimme Zeit, in der Steckrüben alle fehlenden Lebensmittel ersetzen mußten, ja, als man sogar Brot damit backte. Erst neuerdings besinnt man sich in Norddeutschland wieder auf traditionelle Gerichte mit Steckrüben – zum Beispiel »Lübecker National« und »Hamburger National«.

Zwetschgen

Während sich die Pflaumen und auch die Frühzwetschgen eher zum Rohessen eignen, sind die Zwetschgen, die im Oktober im Alten Land an der Unterelbe reifen, ideal zum Kochen und Backen geeignet: Ihr Fleisch haftet nicht am Stein, sie sind also leicht zu entsteinen – außerdem haben sie im Vergleich zu Pflaumen einen niedrigeren Wasser- und einen höheren Zuckergehalt, und das bedeutet einen ganz besonders intensiven Geschmack.

ALLES GUTES GIBT…

SANDDORN

Der Strauch mit den silbrigen, weidenähnlichen Blättern und den orangeroten Beeren wird auch »Vitamin-C-Strauch« genannt, denn die Beeren haben einen extrem hohen Gehalt an diesem für die Gesundheit so wichtigen Vitamin: bis zu 1300 mg in 100 g Frucht (zum Vergleich: Orange und Zitrone haben etwa 60 mg).

KOPFSALAT

Im Oktober ist die letzte Gelegenheit, heimischen Freiland-Kopfsalat auf den Tisch zu bringen, den beliebtesten Salat in Norddeutschland. Ab November wird nur noch Treibhaussalat angeboten. Während Kopfsalat in anderen Ländern auch als Gemüse geschmort wird, gibt es ihn in Deutschland, speziell in Norddeutschland, ausschließlich als Salat – mit Essig und Öl, aber noch lieber mit gezuckerter Sahne.

TYPISCH FÜR OKTOBER

Äpfel	*Apfelsuppe mit Schneeklößchen*	*Seite 277*
Steckrüben	*Lübecker National*	*Seite 270*
Zwetschgen	*Zwetschgenmus*	*Seite 266*
Sanddorn	*Sanddornkonfitüre*	*Seite 282*
Kopfsalat	*Kopfsalat mit süßer Sahnesauce*	*Seite 274*

Rindfleisch un Plummen

Für 4 Personen
preiswert

300g entsteinte Backpflaumen, Salz
1,5kg Querrippe oder Rinderbrust (nicht zu fett)
250g durchwachsener Speck 200g Zwiebeln
1 Lorbeerblatt, 1 Gewürznelke
1EL Pfefferkörner, 1 Bund Suppengrün
40g Butter, 30g Mehl
Pfeffer aus der Mühle

1

Backpflaumen über Nacht mit Wasser bedeckt einweichen. 2 1/2 Liter Salzwasser zum Kochen bringen, Fleisch und Speck hineingeben. Eine Zwiebel mit dem Lorbeerblatt und der Nelke spicken, zusammen mit den Pfefferkörnern in den Topf geben. Suppengrün putzen, waschen und unzerteilt etwa 1/2 Stunde mitgaren, dann zusammen mit dem Speck herausnehmen. Fleisch etwa eine Stunde weiter leise kochen lassen.

2

Pflaumen mit der Einweichflüssigkeit dazugeben und 20 Minuten mitkochen. Restliche Zwiebeln würfeln, in der Butter glasig dünsten, das Mehl darin goldgelb anschwitzen. 1/2 Liter von der Fleischbrühe unter Rühren zugießen. 10 Minuten leise kochen lassen. Mit Salz und Pfeffer würzen. Suppengrün in mundgerechte Stücke, Speck in Scheiben schneiden, in etwas Brühe heiß werden lassen.

3

Fleisch aus der Brühe nehmen, in Scheiben schneiden, mit dem Speck auf einer heißen Platte anrichten. Mit den Backpflaumen und dem Suppengrün umlegen. Mit Salzkartoffeln servieren.

TIP: Die Fleischbrühe, in der das Rindfleisch und die Plummen gegart wurden, läßt sich vorzüglich als klare Vorsuppe servieren – eventuell mit gehackten Kräutern.

En slicht Gericht

Der niederdeutsche Dichter Fritz Reuter hat »Rindfleisch un Plummen« weit über die Grenzen seiner mecklenburgischen Heimat hinaus bekannt gemacht – mit einem Gedicht. Da geht es um einen Lehrling, der sich beim Bürgermeister über das schlechte Essen bei seinem Lehrherrn beklagt. Der aber empört sich:

»Dat hürt ick niemals allmeindag,
Ick holl min Lüd so slicht?
Antwurten S'blot up dese Frag:
Rindfleisch un Plummen is't en slicht Gericht?«

Ratsherren und Bürgermeister schwärmen von Rindfleisch un Plummen: Wenn das Fleisch schön mürbe und die Pflaumen gar sind, dann sei das ein Essen wie im Himmel. Der Lehrling habe Prügel verdient, wenn er das nicht zu schätzen wisse... Doch der Lehrling hat noch ein letztes Wort:

»Rindfleisch un Plummen is en schön Gericht,
Doch, mine Herrn, ick krig't man nicht.«

Zwiebelkuchen auf norddeutsche Art

Für 20 – 25 Stücke
läßt sich vorbereiten

Für den Teig:
375g Mehl, 30g Hefe, 1/8l neutrales Öl
Salz, 1 Prise Zucker
Mehl zum Ausrollen
Für den Belag:
2kg nicht zu kleine Zwiebeln
150g Butter, Salz, 5 Eier
500g Schmand (24% Fett), 3 Bund Schnittlauch
75g durchwachsener Speck ohne Schwarte
Kümmel nach Geschmack

1

Mehl in eine Schüssel geben. Die Hefe zerbröseln, in 150ml lauwarmem Wasser auflösen und unter das Mehl rühren. Öl, Salz und Zucker dazugeben und mit den Knethaken des Handrührers oder in der Küchenmaschine so lange kneten, bis der Teig Blasen wirft. Teig zudecken und gehen lassen, bis er sein Volumen verdoppelt hat.

2

Zwiebeln schälen, halbieren und mit dem Schnitzelwerk des Handrührers oder der Küchenmaschine in Scheiben schneiden. In einem großen Topf in der Butter unter Rühren glasig dünsten, dabei aber nicht braun werden lassen. Mit Salz würzen, etwas abkühlen lassen. Die Eier und den Schmand gut damit verrühren. Zwiebelmasse nochmals mit Salz abschmecken. Schnittlauch in Röllchen schneiden, unterrühren und abkühlen lassen.

3

Teig aus der Schüssel nehmen, noch einmal kneten, 5 Minuten ruhen lassen. Auf bemehlter Arbeitsfläche in Blechgröße ausrollen, auf ein gefettetes Backblech legen, dabei einen Rand hochziehen. Noch mal gehen lassen, dann die Zwiebelmasse darauf verteilen.

4

Die dünnen Speckscheiben in sehr kleine Würfel schneiden und auf dem Kuchen verteilen. Kümmel nach Belieben darüberstreuen. Kuchen im vorgeheizten Backofen bei 200 bis 225 Grad 35 bis 40 Minuten backen und heiß servieren.

Sylter Leuchtfeuer

Im Herbst auf Sylt wärmen sich die durchgefrorenen Strandläufer am Abend mit einer Mini-Feuerzangenbowle: 1/3 Rum, 1/3 Rotwein, 1/3 Wasser mit einer Gewürznelke sehr heiß werden lassen, in ein hitzestabiles Glas geben, auf die Oberfläche eine Scheibe Zitrone, darauf ein Stück Würfelzucker legen. Mit hochprozentigem Rum (54%) beträufeln und anzünden. Im Dunkeln – in Flensburg würde man sagen »bei ausses Licht und zue Rollos« – servieren.

Amrumer Leuchtboje

Die Konkurrenz schläft nicht: Auf der Nachbarinsel Amrum serviert man als Gegenstück zum »Sylter Leuchtfeuer« die »Amrumer Leuchtboje«: 1/3 Rum, 1/3 Portwein, 1/3 Wasser erhitzen.

ZWETSCHGENMUS

läßt sich vorbereiten

2kg Zwetschgen
4 Zimtstangen
Schale von einer unbehandelten Zitrone
400g Zucker
Rum zum Begießen

1

Zwetschgen waschen, die Stiele entfernen. Früchte halbieren, dabei die Steine auslösen. Früchte in einen großen Topf geben und bei milder Hitze unter Rühren so lange kochen, bis sie im eigenen Saft zusammenfallen und weich sind. In die Saftpfanne des Backofens füllen. Zimtstangen, Zitronenschale und die Hälfte des Zuckers dazugeben.

2

Backofen auf 150 Grad vorheizen. Die Pfanne auf die mittlere Einschubleiste des Backofens schieben. Früchte etwa 1/2 Stunde ohne Rühren einkochen lassen, dann 100 g Zucker dazugeben und gut mit dem Fruchtmus vermengen. Unter gelegentlichem Rühren noch eine weitere halbe Stunde einkochen lassen, dann den restlichen Zucker unterrühren.

3

Das Mus so lange weiterschmoren lassen, bis es nicht mehr fließt (beim Rühren müssen sich Straßen bilden). Zimtstangen herausnehmen und das Mus in vorbereitete Gläser füllen, mit etwas Rum begießen und die Gläser sofort verschließen.

MÖGLICHST SCHRUMPELIG

Das beste Zwetschgenmus läßt sich aus den letzten spätreifen Altenländer Zwetschgen kochen. Die müssen schon ein bißchen schrumpelig sein, dann haben sie ein besonders intensives Aroma. Und weil sie sehr süß sind, brauchen sie weniger Zucker – und eine kürzere Einkochzeit, denn sie haben nicht mehr soviel Saft.

Fotomotiv für Besucher: Fassaden mit Stuck oder Fachwerk im Alten Land an der Unterelbe, hier im Obstbauerndorf Jork.

Aal in Gelee

Für 4 – 6 Personen
läßt sich vorbereiten

1kg nicht zu dicker grüner Aal
1 Petersilienwurzel, 50g Schalotten
1 Bund Dill, 2 Zweige Estragon (oder 1TL getrocknet)
Salz, 1/4l Weißweinessig
6 Blatt weiße Gelatine, Zucker nach Geschmack

1

Aal in 5 cm lange Stücke schneiden, sorgfältig waschen, nicht häuten. Petersilienwurzel schälen und klein würfeln. Schalotten schälen, halbieren und zusammen mit dem Dill und Estragon in 1 Liter Salzwasser geben. 10 Minuten leise kochen lassen. Den Essig zugießen, wieder zum Kochen bringen und die Aalstücke hineinlegen. Bei sehr milder Hitze etwa 15 Minuten garziehen lassen. Topf vom Herd nehmen, den Aal im Sud kalt werden lassen.

2

Gelatine im kalten Wasser einweichen. Sud entfetten, durch ein Sieb gießen. 1/2 Liter abmessen, erwärmen, mit Salz und Zucker abschmecken und die ausgedrückte Gelatine darin auflösen. Aal in Portionsförmchen geben, mit dem Gelee begießen und im Kühlschrank über Nacht fest werden lassen.

3

Förmchen kurz in heißes Wasser halten, dann stürzen. Mit Bratkartoffeln und Cornichons servieren.

Immer mit Bratkartoffeln

»Aal in Gelee« und »Bratheringe, sauer eingelegt« – das sind zwei Klassiker der norddeutschen Küche, die man vor allem im Restaurant genießt. In Küstennähe stehen sie auch in der schlichtesten Gaststätte auf der Speisekarte. Und es gibt immer und überall eine große Schüssel mit knusprigen Bratkartoffeln dazu!

Bratheringe, sauer eingelegt

Für 12 Personen
läßt sich vorbereiten

12 grüne Heringe (ca. 1,5kg)
Salz, Mehl zum Wenden
Öl zum Braten
Für den Sud:
1/4l guter Weißweinessig
2 Lorbeerblätter
Zucker nach Geschmack, Salz
2EL Senfkörner
1EL schwarze Pfefferkörner
375g Zwiebeln

1

Heringe unter fließendem Wasser gründlich säubern, Flossen und Köpfe abschneiden. Die Fische an der Mittelgräte mit dem Daumen auseinanderbrechen, Mittelgräte herauslösen, die Filets aber nicht trennen.

2

Die Heringe innen und außen salzen, wieder zusammenklappen und auf beiden Seiten in Mehl wenden. Überschüssiges Mehl abklopfen. Heringe im heißen Öl goldbraun braten, kalt werden lassen.

3

Inzwischen aus Essig, 1/4 Liter Wasser, Lorbeerblättern, Zucker, Salz, Senf- und Pfefferkörnern einen Sud kochen. Die in Ringe geschnittenen Zwiebeln darin einmal kräftig aufkochen lassen. Den kalten Sud über die Fische gießen. Sie sollen vom Sud bedeckt sein.

TIP: Bereiten Sie die Bratheringe am besten am Vortag zu, damit sie gut durchgezogen sind. Und dann gleich eine größere Menge, damit sich der Ärger über den Fischgeruch in der Wohnung auch lohnt. Die eingelegten Heringe halten sich, bedeckt vom Sud, im Kühlschrank gut eine Woche.

Lübecker National

Für 4 Personen
ganz einfach

500g Kasseler Nacken, Salz
1kg Steckrüben, 750g Kartoffeln
250g Zwiebeln
weißer Pfeffer aus der Mühle
1 Bund glatte Petersilie
evtl. etwas Mehlbutter

1

Kasseler in sehr schwach gesalzenem Wasser bei milder Hitze etwa 30 Minuten sieden. Steckrüben, Kartoffeln und Zwiebeln schälen. Rüben und Kartoffeln in Stifte, die Zwiebeln in Spalten schneiden.

2

Fleisch aus dem Kochsud nehmen, Rüben, Kartoffeln und Zwiebeln hineingeben. Zugedeckt etwa 30 Minuten leise kochen lassen.

3

Das Fleisch in entsprechend große Stifte schneiden, zum Gemüse geben, herzhaft würzen und mit gehackter Petersilie bestreut servieren. Eventuell das Gemüse, bevor das Fleisch wieder dazugegeben wird, mit etwas Mehlbutter (Butter und Mehl im Verhältnis 1:1 verknetet) binden.

Das Hamburger National wird mit Schweinebacke gekocht, mit knusprig gebratenem Speck und Zwiebelwürfeln bestreut und mit Majoran gewürzt.

Steckrübe muss es sein

»Lübecker National« und »Hamburger National« sind herzhafte Eintopfgerichte, für die es in den Hansestädten viele verschiedene Rezepte gibt, aber die Steckrübe ist immer dabei! Rezept-Variationen, in denen die Steckrüben durch Möhren ersetzt werden, gelten im hohen Norden als »neumodischer Tüddelkram«.

Friesische Hasensuppe

Für 4 – 6 Personen

preiswert

125g durchwachsener Speck
30g Butterschmalz
1kg Hasenklein (Vorderläufe und Bauchlappen, evtl. auch Herzen und Mägen)
Salz, 1 großes Bund Suppengrün
1 große Zwiebel, 2 Lorbeerblätter
2 Gewürznelken
1EL schwarze Pfefferkörner
3 Pimentkörner, 2EL Preiselbeerkompott
3EL kräftiger Rotwein, 2EL roter Portwein

1

Speck würfeln und im Butterschmalz gut ausbraten, dann das Hasenklein dazugeben, ringsum gut bräunen und mit wenig Salz würzen. Mit 1 1/2 Liter kaltem Wasser begießen, zum Kochen bringen. Bei milder Hitze 1 1/2 bis 2 Stunden leise kochen lassen. Suppengrün putzen, waschen, grob zerteilen, Zwiebel mit Lorbeer und Nelke spicken, in die Suppe geben. Pfeffer und Piment in ein Mullbeutelchen binden und mit in die Suppe hängen. Bei Bedarf abschäumen.

2

Zwiebel und Gewürze aus der Suppe nehmen. Suppe langsam durch ein Sieb gießen. Hasenfleisch von den Knochen lösen, in kleine Würfel schneiden, Mägen und Herzen ebenfalls kleinschneiden. Alles in die Suppe geben. Mit Preiselbeeren, Rotwein und Portwein abschmecken, wenn nötig salzen. In Tassen servieren.

TIP: Wer keine Hasenherzen und -mägen bekommt, sollte am besten Geflügelinnereien kaufen. Und wenn Sie die Suppe besonders dunkel haben möchten: die Zwiebel halbieren und in der Pfanne kräftig rösten.

Rinderrouladen mit Speck und Gewürzgurke

Für 4 Personen
ganz einfach

4 Rinderrouladen
(ca. 750g, aus der Keule geschnitten)
Salz, Pfeffer aus der Mühle
Senf zum Bestreichen
150g durchwachsener Speck
(vom Schlachter in dünne Scheiben geschnitten)
150g Zwiebeln, 2 Gewürzgurken
2EL Öl, 300g Schmand (24% Fett)

1

Rouladen von beiden Seiten mit Salz und Pfeffer würzen, nebeneinander auf die Arbeitsfläche legen und mit Senf bestreichen.

2

Den Speck in Streifen, zwei Zwiebeln in Ringe schneiden. Die Gewürzgurken vierteln. Alles auf dem Fleisch verteilen, aufrollen und mit Holzstäbchen zustecken oder mit Fleischfaden binden.

3

Öl in einem Schmortopf erhitzen, die Rouladen unter Wenden darin braun anbraten. Die restlichen Zwiebeln pellen und grob gewürfelt darum verteilen. Zugedeckt bei milder Hitze etwa 1 1/2 Stunden schmoren lassen. Wenn nötig, etwas Wasser dazugießen.

4

Fleisch aus dem Fond nehmen und warm stellen. Die Zwiebeln im Fond mit dem Schneidstab pürieren, dann den Schmand dazugeben und etwas einkochen lassen.

5

Holzstäbchen aus den Rouladen ziehen oder den Faden entfernen. Fleisch in der Sahnesauce heiß werden lassen. Mit Salzkartoffeln servieren.

Der Norddeutschen liebstes Sonntagsessen

Rinderroulade, in Hamburg auch unter dem Namen Rollfleisch bekannt, kommt in Norddeutschland fast ausschließlich in der Kombination mit Rotkohl auf den Tisch, und der wird am liebsten auf dänische Art zubereitet, mit einer kräftigen Portion Zucker, einigen Eßlöffeln Johannisbeergelee und Nelken gewürzt. Weil sich sowohl die Rouladen wie auch der Rotkohl gut vorbereiten lassen, war das schon immer ein beliebtes Sonntagsessen. Nach dem Kirchgang werden nur die Kartoffeln aufgesetzt, die Rouladen in der Sauce erhitzt und der Kohl einfach wieder aufgewärmt – was seinen Wohlgeschmack bekanntlich noch steigert.

Nicht nur vom Rind

Der Norddeutschen liebstes Sonntagsessen muß nicht unbedingt vom Rind stammen. Rouladen lassen sich praktisch aus jedem Fleisch rollen:

Kalbfleischrouladen schmecken besonders pikant, wenn man sie mit kleingewürfelter Kalbsleber füllt, die mit Thymian und Salbei gewürzt ist. Die aufgerollte Roulade umwickelt man dann mit magerem Speck, damit sie beim Schmoren nicht zu sehr austrocknet.

Putenfleischrouladen füllt man mit kleingeschnittenen Frühlingszwiebeln und Streifen von rotem Paprika. Auch hier empfiehlt es sich, die Roulade mit magerem oder durchwachsenem Speck zu umwickeln und dann zu schmoren.

Schweinefleischrouladen brauchen dagegen keinen Speck, sie sind schon herzhaft genug im Geschmack. Als Füllung kann man zum Beispiel Champignons pürieren, in Butter dünsten, bis die Flüssigkeit fast vollständig verdampft ist, dann mit Salz und Pfeffer würzen, die Farce in Wirsingblätter füllen, mit dem Schweinefleisch umwickeln, schmoren.

Kopfsalat mit süßer Sahnesauce

Für 4 Personen
ganz einfach

125g Schlagsahne
Salz
2EL Zitronensaft
1 – 2EL Zucker
1 Kopfsalat

1

Sahne, Salz, Zitronensaft und Zucker mit dem Schneebesen gut verrühren, beiseite stellen und dick werden lassen.

2

Den Kopfsalat putzen, waschen und gut abgetropft in mundgerechte Stücke zupfen. Bei Tisch mit der Sahnesauce mischen. Nach Geschmack weiteren Zucker darüber streuen..

Kulturschande?

Auch wenn die Leute südlich der Main-Linie manchmal schockiert sind und die Bayern sich das gar nicht vorstellen mögen – von Kulturschande ist sogar die Rede –, in Holstein ist es gang und gäbe: Der grüne Salat wird mit Schlagsahne und reichlich Zucker angemacht, und wer mag, süßt ihn bei Tisch noch nach!

Moppen

Für 120 Stück
läßt sich vorbereiten

750g Mehl
500g Zucker
1EL gemahlene Nelken
6 Eier, 4EL Milch
20g Pottasche
60 Mandelkerne
Butter zum Fetten
Zwiebackbrösel fürs Backblech

1

Mehl, Zucker und Nelken in einer Schüssel mischen, die Eier dazugeben und alles mit den Knethaken des Handrührers mischen. Milch mit der Pottasche verrühren. Alles zu einem Teig kneten, kalt stellen.

2

Mandeln häuten und längs halbieren. Bleche fetten und mit Zwiebackbröseln bestreuen. Aus dem Teig walnußgroße Kugeln formen, jeweils eine Mandelhälfte hineinstecken und im vorgeheizten Backofen bei 200 bis 225 Grad etwa 15 Minuten goldbraun backen.

Ischa Freimaak!

Auf der ganzen Welt gilt der Bremer als besonders zurückhaltend und in sich gekehrt, und zwar so sehr, daß der Hamburger dagegen geradezu ausschweifend erscheint. Aber im Oktober geht man auch in Bremen aus sich heraus: Da wird in der Hansestadt »Freimarkt« gefeiert, eines der größten norddeutschen Volksfeste mit Karussells und Buden, Drehorgeln und Riesenrad. Der Roland am Rathaus, Bremens Wahrzeichen, trägt ein Lebkuchenherz um den Hals, und in allen Bäckereien gibt es »Moppen«, das würzige Bremer Freimarktgebäck. Der Schlachtruf »Ischa Freimaak!« bedeutet, daß jetzt alles erlaubt ist – Singen, Tanzen, Küssen –, was der Bremer sonst nicht tut, schon gar nicht in der Öffentlichkeit. Ende Oktober ist es mit den Ausschweifungen dann wieder vorbei…

Arme Ritter

Für 4 Personen
preiswert

3 Eier, 3/8l Milch
125g Schlagsahne
2 Päckchen Vanillezucker
abgeriebene Schale von 1/2 unbehandelten Zitrone
8 Scheiben Kastenweißbrot vom Vortag
Semmelbrösel zum Panieren
Butterschmalz zum Braten
Zucker und Zimt zum Bestreuen

1

Eier mit Milch und Sahne verquirlen. Vanillezucker und Zitronenschale unterrühren, die Weißbrotscheiben hineinlegen. Durchziehen lassen, Brotscheiben eventuell einmal wenden.

2

Das Brot aus der Eiermilch nehmen, etwas abtropfen lassen, dann in den Semmelbröseln wenden und im heißen Butterschmalz von beiden Seiten goldbraun braten. Mit Zucker und Zimt bestreut warm servieren.

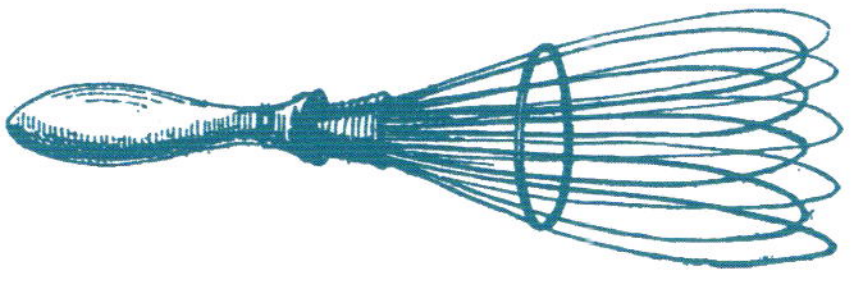

Wer hat das richtige Rezept?

Um die Urheberschaft an den »Armen Rittern« streiten sich die norddeutschen Küstenländer: In Mecklenburg ißt man sie mit Himbeersaft, in Schleswig-Holstein streut man Zimtzucker darüber, in Hamburg serviert man sie mit Apfelmus. Doch auch im Westen und Süden Deutschlands reklamiert man das typische »Resteessen« als ureigene Spezialität. Kein Wunder, denn schließlich hatte man überall das Problem, altbackenes Brot zu verwerten. Ähnliche Rezepte sind deshalb auch aus anderen Ländern bekannt, man denke nur an den englischen Bread-and-Butter-Pudding.

Apfelsuppe mit Schneeklösschen

Für 4 Personen
preiswert

750g aromatische Äpfel (z.B. Cox Orange)
1/4l Weißwein oder Apfelsaft
Schale und Saft von einer unbehandelten Zitrone
3 Päckchen Vanillezucker
3EL Korinthen, 1 Ei
2EL Zucker, 1 Prise Salz

1

Äpfel schälen, vierteln, das Kerngehäuse herausschneiden. Viertel in dünne Scheibchen schneiden. Weißwein, dünn abgeschälte Zitronenschale und Zitronensaft, 2 Päckchen Vanillezucker und 1/2 Liter Wasser zum Kochen bringen. Korinthen dazugeben und 5 Minuten leise kochen lassen.

2

Ei trennen, Eigelb mit dem Zucker schaumig rühren. Zitronenschale aus dem Sud nehmen, Äpfel darin knapp gar kochen, sie dürfen nicht zerfallen.

3

Eiweiß mit dem Salz und dem restlichen Vanillezucker steifschlagen. Klößchen abstechen, auf die Suppe geben. Im geschlossenen Topf bei schwacher Hitze stocken lassen.

4

Klößchen mit einer Schaumkelle herausheben. Die Suppe mit dem schaumig gerührten Eigelb verrühren, auf Tellern anrichten und die Schneeklößchen daraufsetzen.

VARIATION: Statt Schneeklößchen Grießklößchen in die Suppe geben, dann sättigt sie mehr.

QUETSCHMADAM

Für 4 Personen
ganz einfach

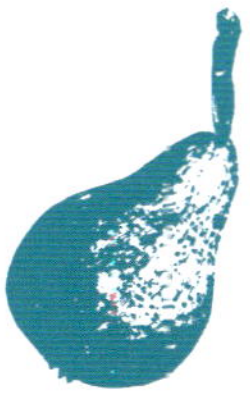

500g aromatische Birnen
1 unbehandelte Zitrone
100g Zucker
1/2l Milch
100g Milchreis
Zimt und Zucker zum Bestreuen

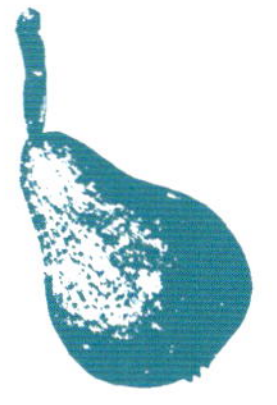

1

Birnen schälen und vierteln, das Kerngehäuse herausschneiden. Birnen dann in mundgerechte Stücke teilen. Zitrone heiß abwaschen, die Schale ohne die weiße Haut dünn abreiben. Die Hälfte davon mit dem Saft der Zitrone und 50 Gramm Zucker in 1/4 Liter Wasser zum Kochen bringen, die Birnen darin unter Wenden knapp garkochen. Abtropfen lassen.

2

Milch zum Kochen bringen, den Reis darin etwa 35 Minuten bei milder Hitze ausquellen lassen, mit dem restlichen Zucker, Salz und der restlichen Zitronenschale abschmecken.

3

Birnen mit dem Reis vermengen, heiß oder kalt mit Zimtzucker bestreuen und mit leicht gebundener Fruchtsaftsauce servieren.

Ursprünglich wurde das Dessert mit einer speziellen Birnensorte, der Glockenbirne »Cuisse Madame« (zu deutsch: Frauenschenkel) zubereitet. Im Lauf der Zeit hat man diesen Namen zu Quetschmadam verballhornt. Heute wird diese aromatische Birnensorte hierzulande leider nicht mehr angebaut.

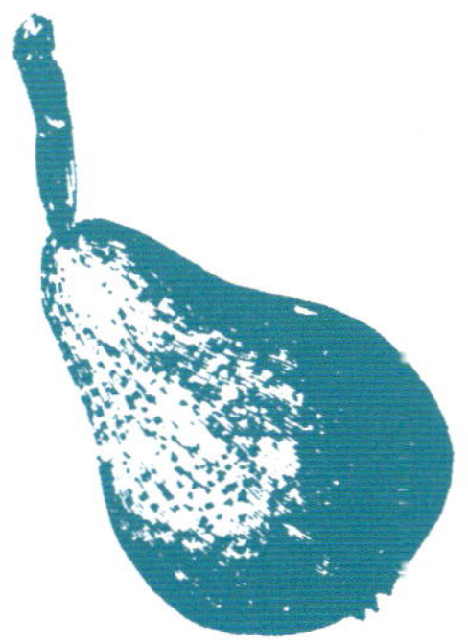

Eine der beliebtesten Birnensorten aus dem Alten Land: »Köstliche aus Charneux«, die hier auch Bürgermeisterbirne heißt.

Gedeckter Apfelkuchen vom Blech

Für 20 – 25 Stücke
raffiniert

Für den Hefeteig:
375g Mehl, 75g Zucker
1 Prise Salz, 50g Butter
30g Hefe, 1/4l Milch, 1 Ei
Mehl zum Ausrollen
Für den Belag:
4 Scheiben Zwieback
2kg Äpfel (z.B. Boskoop)
3EL Zucker, 4EL Zitronensaft
2 Päckchen Vanillezucker
75g Korinthen
75g gehackte Mandeln, 50g Butter
Butter zum Fetten
Für den Mürbeteig:
300g Mehl, 150g Butter
75g Zucker, 1 Ei, 3 – 4EL Milch
50g Butter zum Bestreichen
Puderzucker zum Bestäuben

1

Mehl in eine Schüssel geben, eine Mulde hineindrücken. Zucker, Salz und Butter auf dem Mehlrand verteilen. Hefe in der lauwarmen Milch auflösen, in die Mulde gießen und mit etwas Mehl verrühren. Das Ei dazugeben und alles mit den Knethaken des Handrührers kräftig kneten. Leicht mit Mehl bestäuben. Zugedeckt an einem warmen Ort gehen lassen, bis der Teig sein Volumen verdoppelt hat.

2

Zwiebackscheiben in einen Gefrierbeutel geben, Beutel verschließen und mit dem Rollholz zerdrücken. Äpfel schälen, vierteln, das Kerngehäuse herausschneiden. Apfelviertel quer in feine Scheiben schneiden, mit Zucker und Zitronensaft, einem Päckchen Vanillezucker und den Korinthen vermengen. Mandeln mit 25g Butter goldbraun rösten, den restlichen Vanillezucker untermengen. Alle Zutaten für die Mürbeteigdecke rasch zusammenkneten und kalt stellen.

3

Hefeteig aus der Schüssel nehmen und kneten. Nochmals 5 Minuten unter einem Tuch ruhen lassen, dann auf bemehlter Arbeitsfläche in Blechgröße ausrollen und auf das gefettete Blech legen, dabei einen Rand hochziehen. Teig mit 25g Butter bestreichen, mit Zwiebackbröseln bestreuen. Die Äpfel darauf verteilen und die gerösteten Mandeln darüberstreuen. Mürbeteig auf bemehlter Arbeitsfläche dünn ausrollen, als Decke über die Äpfel legen. An den Rändern leicht andrücken.

4

Im vorgeheizten Backofen bei 175 bis 200 Grad auf der mittleren Einschubleiste 35 bis 40 Minuten backen. Teigdecke nochmal mit zerlassener Butter bestreichen. Kuchen auf einen Rost stellen, etwas abkühlen lassen und mit Puderzucker bestäuben.

APFELERNTE IM ALTEN LAND

Das Alte Land an der Niederelbe von Hamburg bis Cuxhaven mit seinem maritimen Klima ist Deutschlands größtes geschlossenes Obstanbaugebiet. Vor 50 Jahren wurden hier noch etwa 400 verschiedene Apfelsorten angebaut, heute konzentriert sich der Anbau auf die Sorten »Ingrid Marie«, »Gloster«, »Boskoop« und »Cox Orange«. Zusammen machen diese vier schon mehr als die Hälfte der gesamten Apfelernte aus. Nur noch selten findet man die schönen alten Sorten »Finkenwerder« und »Horneburger Pfannkuchenapfel«, die sich so gut zum Backen eignen. Dafür sind die Newcomer »Jonagold« und »Elstar« auf dem Vormarsch – reine Tafeläpfel, mit denen man beim Backen und Kochen keine besonderen Geschmackserlebnisse erzielt.

Sanddorn-Konfitüre

raffiniert

250g Sanddornbeeren
Gelierzucker
1EL Zitronensaft
evtl. 2TL Aprikosengeist

1

Sanddornbeeren roh durch ein Sieb streichen. Den Fruchtbrei abwiegen, die gleiche Menge Gelierzucker dazugeben und mit dem Zitronensaft gut verrühren. Mit einem Tuch abdecken und über Nacht stehen lassen.

2

Fruchtbrei zum Kochen bringen. 4 Minuten sprudelnd kochen lassen, dann in vorbereitete kleine Gläser füllen und sofort verschließen. Je nach Geschmack nach dem Einfüllen etwas Aprikosengeist auf die heiße Konfitüre geben.

Zum Schutz von Deich und Dünen

Wohl dem, der einen Sanddornstrauch im Garten hat und die orangefarbenen Beeren mit dem außergewöhnlich hohen Vitamin-C-Gehalt selber ernten kann! In der freien Natur ist das heute meistens nicht mehr möglich, weil der Sanddorn inzwischen in vielen Gegenden Deutschlands unter Naturschutz steht. Außerdem werden Sanddornsträucher oft zur Befestigung von Dünengelände angepflanzt (daher auch der Name »Stranddorn« oder »Seedorn«) – und dazwischen herumzugehen ist natürlich zu Recht verboten, denn es könnte den Sand wieder ins Rutschen bringen. Auf den Märkten aber findet man Sanddorn-Importe aus der Schweiz und vom Balkan.

Quittenkompott

raffiniert

1,5kg Quitten
1 unbehandelte Zitrone
1kg Zucker
1/8l Cognac oder guter Weinbrand

1

Die Quitten schälen, vierteln, entkernen und in Spalten schneiden. Zitrone heiß abwaschen und die Schale dünn abschälen, ohne daß weiße Haut dabei ist (sie macht das Kompott bitter). Zitrone auspressen und 2 Eßlöffel vom Saft in 1 Liter Wasser geben. Quittenstücke portionsweise darin etwa 5 Minuten leise kochen und knapp gar werden lassen.

2

1/2 Liter von der Kochflüssigkeit abmessen. Zusammen mit Zucker, dem restlichen Zitronensaft und der Zitronenschale so lange kochen, bis sich der Zucker gelöst hat. Quitten dazugeben, einmal kräftig aufkochen, vom Herd nehmen und mit einem Tuch abgedeckt über Nacht stehen lassen.

3

Den Sud abgießen, auf 3/8 Liter einkochen, kalt werden lassen und mit dem Cognac verrühren. Die Quitten in gut verschließbare Gläser geben und mit dem Sud begießen. Fest verschlossen etwa 6 Wochen reifen lassen.

TIP: Quittenkompott paßt gut zu Wildgerichten, aber auch zu Eis und Cremespeisen.

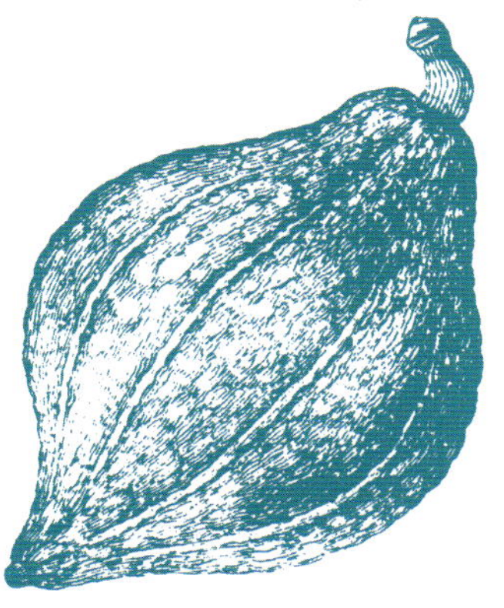

Martje Flor

Und wenn die Stimmung noch so ausgelassen ist, mit »Prost« und »Hoch die Tassen« – bei einem ganz bestimmten Trinkspruch werden alle still in Norddeutschland, und der heißt »Martje Flor«. Das war eine friesische Bauerntochter im Dreißigjährigen Krieg. Landsknechte hatten sich im Hof ihrer Eltern eingenistet, hatten den Weinkeller und die Räucherkammer geplündert, hatten die Wäsche aus den Schränken und das Obst von den Horden geworfen. Die Bäuerin weinte, und der Bauer rang stumm die Hände. Nun saßen sie da, die Landsknechte, und tranken und zerrten die Deern an den Tisch, drückten ihr ein volles Glas in die Hand und höhnten, sie solle einen Trinkspruch ausbringen. Da hob sie das Glas, trotzig und gar nicht verängstigt, und sagte mit lauter Stimme: »Up dat es uns wohl goh up unsre ohlen Dage!« Und da wurde es still in der Stube. So still, wie es heute noch ist, wenn einer auf einer fröhlichen Feier plötzlich das Glas hebt und nur sagt: »Martje Flor«. Denn alle Norddeutschen kennen ihre Worte.

KARTOFFELFEUER

Seit Maschinen dem Menschen die Arbeit bei der Kartoffelernte abgenommen haben, ist auch der würzige Rauch der Kartoffelfeuer selten geworden. Dabei kommt nichts dem Wohlgeschmack einer in der Glut gerösteten Kartoffel gleich: Das Feuer wurde mit dem trockenen Kartoffelkraut entfacht, die Kartoffeln mußten in der heißen Asche garen, nicht zu nahe der Glut, damit sie nicht verkohlten. Wenn der Acker abgeerntet war, genoß man so die letzten zusammengeklaubten Kartoffeln. Wer mangels Kartoffelfeuer heute das gleiche Geschmackserlebnis am häuslichen Kamin erzielen will, der muß wehmütig feststellen, es schmeckt nicht so gut – weil die Stimmung fehlt!

MENÜ DES MONATS

Kopfsalat mit süßer Sahnesauce
Rindfleisch un Plummen
Arme Ritter mit Himbeersaft

DIE KÜCHE

An allen Hecken leuchten jetzt die Hagebutten – norddeutsche Hausfrauen bereiten daraus Konfitüre oder Likör. Der November ist aber auch der Monat der Schlachtfeste in Holstein und Pommern – mit Schwarzsauer und Weißsauer und pommerschen Tollatschen.

IM NOVEMBER

Das gebräuchlichste Teeservice in Ostfriesland ist das Porzellan mit der geschlossenen Rose – es gibt auch eines mit einer offenen Rose, aber das, so sagt man, ist nicht ganz echt.

Was es im November

Hagebutten

Neben der Wildrose, die kleine, spitz-ovale und sehr feste Hagebutten trägt, findet man in Norddeutschland auch die Apfelrose mit großen, rundlichen Hagebutten, die weicheres Fleisch haben. Aus beiden Sorten bereitet die Hausfrau Konfitüre und Likör – und Hagebuttenmark, mit dem sich Saucen zu Wild pikant abschmecken lassen. Tee aus getrockneten Hagebutten wird zur Vorbeugung gegen Erkältungen getrunken.

Kastanien

Die Eß- oder Edelkastanie ist nicht verwandt mit der bei uns an Straßen und Plätzen angepflanzten Roßkastanie mit ungenießbaren Früchten – beide gehören verschiedenen Pflanzenfamilien an. Eng verwandt dagegen sind Eßkastanien und Maronen, und in der Küche verwendet man sie auch auf gleiche Weise: als Beilage zu Wild, als Füllung für die Gans, als Creme zum Dessert.

Schlehen

Sie sehen wie kleine Zwetschgen aus, blauschwarz und graublau bereift, sehr appetitlich. Aber wer eine probiert, merkt schnell den Unterschied: das Fruchtfleisch schmeckt sehr herb, zusammenziehend, manchmal gallebitter. Erst nach dem ersten Frost wird der Geschmack etwas milder – zum Rohessen sind Schlehen aber auch dann nicht geeignet. Man bereitet aus ihnen Marmelade, Gelee, Saft – besonders gern aber Wein oder Likör.

ALLES GUTES GIBT...

ZITRONAT

Norddeutsche Weihnachtsbäckerei ohne Zitronat? Undenkbar. Die kandierte Schale der Zedratzitrone, einer bis zu kopfgroßen Zitrone des Mittelmeerraums, wird im Handel meist feingewürfelt angeboten. Viel würziger ist der Geschmack, wenn man (zum Beispiel im Reformhaus) ganze Fruchthälften kauft und sie erst unmittelbar vor Gebrauch zerkleinert.

QUITTEN

Kein norddeutsches Weihnachtsfest ist ohne Quittenbrot denkbar, die konfektartige, schnittfeste Paste, die im November zubereitet wird, damit sie bis zum Fest festwerden kann. Aus Quitten macht man aber nicht nur Quittenbrot, sondern auch Gelee, Kompott, Marmelade. Zum Rohessen eignen sich die goldgelben, apfel- oder birnenförmigen Früchte nicht, sie sind steinhart und herb-sauer, ihr köstliches Aroma entfalten sie erst beim Kochen.

TYPISCH FÜR NOVEMBER

Hagebutten	*Hagebuttenkonfitüre*	*Seite 308*
Kastanien	*Martinsgans mit Kastanienfüllung*	*Seite 292*
Schlehen	*Aufgesetzter von Schlehen*	*Seite 305*
Zitronat	*Hamburger Pfeffernüsse*	*Seite 312*
Quitten	*Quittengelee*	*Seite 310*

Apfelgriebisch

ganz einfach

750g Gänseflomen
250g grüner Rückenspeck vom Schwein
750g säuerliche Äpfel
150g Zwiebeln
1 Bund Thymian

1

Gänseflomen und den Rückenspeck durch den Fleischwolf drehen, in einem Topf bei mittlerer Hitze langsam ausbraten. Wenn die Grieben gebräunt sind, herausnehmen. Äpfel schälen, Zwiebeln pellen, beides grob würfeln. Mit dem Thymian zum Schmalz geben.

2

Wenn die Äpfel und die Zwiebeln im Schmalz gebräunt sind, den Thymian herausnehmen. Dann die Grieben wieder zum Schmalz geben und das fertige »Griebisch« in kleine Gläser oder Tontöpfe füllen. Auf einen Rost stellen und kalt werden lassen. Während dieses Prozesses die Gläser nicht bewegen, sonst wird das Schmalz »grießig«.

Grüner Speck

Für das pommersche »Apfelgriebisch«, das in anderen Gegenden auch Apfelgrieben oder Apfel-Griebenschmalz heißt, braucht man Gänseflomen und grünen Speck. Das ist der ganz frische Schweinespeck, nicht gesalzen und nicht geräuchert. Wer beim Schlachter keine Gänseflomen bekommt, nimmt fertig ausgelassenes Gänseschmalz.

Apfel-Griebenschmalz auf einfachere Art

Man holt sich beim Schlachter ein Töpfchen fertiges Griebenschmalz vom Schwein, erhitzt es, gibt grob geschnittene Äpfel und grob geschnittene Zwiebeln im Verhältnis 1:1:1 dazu, läßt alles kurz aufwallen und dann kalt werden. Äpfel und Zwiebeln sollten gar, aber noch knackig sein – ein wunderbar saftiger Brotaufstrich.

St. Martin und die Gänse

Am 11. November, dem Tag des Heiligen Martin, ist es alter Brauch, eine Martinsgans zu braten – und dafür gibt es gleich mehrere Erklärungen. Die Legende sagt, daß sich der fromme Mann (der einst seinen Mantel mit dem Schwert in zwei Stücke teilte und die eine Hälfte einem Bettler gab) in einem Gänsestall versteckte, als er zum Bischof ernannt werden sollte, sich aber dem schweren Amt nicht gewachsen fühlte. Die Gänse verrieten ihn durch ihr Geschnatter. Anderswo liest man, der Heilige habe sich durch schnatternde Gänse beim Beten gestört gefühlt. In Norddeutschland, wo man es nicht so sehr mit den Heiligen hat, ißt man trotzdem schon seit altersher im November Gänsebraten. In manchen Familien führt man den Gänseschmaus auf Martin Luther zurück und brät die »Martinsgans« schon am 10. November, Luthers Geburtstag. Ebenso einleuchtend ist die Theorie, daß der Martinstag das Ende des Erntejahres markierte. Im Norden und Osten Deutschlands feierte man früher das Erntedankfest erst Mitte November, und damit war zugleich der Zinstermin gekommen, an dem die Lehnsherren von den Bauern den »Zehnten« kassierten – in Naturalien und eben oft in Form von frisch geschlachteten Gänsen.

MARTINSGANS

Für 6 – 8 Personen
raffiniert

1 Fleischgans (ca. 6kg, mit Magen und Herz), Salz
Für die Füllung:
250g Mett, 6EL Preiselbeerkompott
200g Schlagsahne, 4EL Semmelbrösel
1 großer aromatischer Apfel (z.B. Cox Orange)
100g Knollensellerie
Salz, Pfeffer aus der Mühle, Zimt
Für die Sauce:
200g Zwiebeln, 250g Geflügelklein
Beifuß, Speisestärke zum Binden

1

Aus der Gans alles sichtbare Fett herauslösen, den Hals mit der Geflügelschere abschneiden. Gans sorgfältig mit einer Pinzette von allen Federkielresten befreien. Vogel innen und außen gut waschen und trocknen.

2

Die Gans innen kräftig salzen. Mett mit Preiselbeerkompott und Sahne vermengen, Semmelbrösel zugeben. Apfel schälen und würfeln, Sellerie putzen und raffeln. Beides unter die Füllung mischen. Mit Salz, Pfeffer und Zimt abschmecken und in die Gans füllen.

3

Bauchöffnung der Gans mit Holzstäbchen quer zustecken, mit Fleischfaden wie einen Schnürschuh verschließen. Die Haut vom Hals ebenfalls feststecken, untere Flügelteile abschneiden.

4

Zwiebeln pellen und grob zerschneiden. Magen, Herz, Geflügelklein, Gänsehals und -flügel etwas zerkleinern. Die Gans mit der Brustseite nach unten in die Saftpfanne des Backofens legen, Zwiebeln und Geflügelklein darum verteilen. Beifuß dazulegen und mit 1 Liter leicht gesalzenem Wasser umgießen. In den vorgeheizten Backofen bei 225 Grad auf die zweite Einschubleiste schieben und 1 Stunde garen.

5

Den Vogel umdrehen, die Haut ringsum mit Holzstäbchen anstechen, vor allem in der Schenkelbeuge, damit das Fett ausbrät und die Haut knusprig wird. Weitere 2 bis 2 1/2 Stunden braten, öfter beschöpfen und vom Bratfond Fett abschöpfen. Bei Bedarf etwas Wasser dazugießen.

6

Nach Ende der Garzeit die Gans auf den Bratrost legen, wieder in den Ofen schieben, eine Tropfschale darunterstellen. Öfter mit kaltem Salzwasser bepinseln, damit die Haut richtig knusprig wird.

7

Bratfett aus der Pfanne weitgehend abgießen, alles andere in einen kleinen Topf umfüllen. Röststoffe mit 3/8 Liter kaltem Wasser und einem Pinsel von der Pfanne lösen und in den Topf gießen. 5 Minuten kräftig kochen lassen, Sauce durch ein Sieb gießen. Die Zwiebeln zur Bindung mit in die Sauce streichen, eventuell mit angerührter Speisestärke binden und abschmecken.

8

Gans tranchieren, auf einer vorgewärmten Platte anrichten. Mit Rotkohl und der Sauce servieren.

ANDERE FÜLLUNGEN

Mit Äpfeln und Kastanien: Kleine aromatische Äpfel (geschält, das Kerngehäuse ausgestochen) vermischt mit geschälten gegarten Kastanien und mit Majoran gewürzt.

Mit Äpfeln, Schwarzbrot und Rosinen: Apfelspalten, geriebenes Schwarzbrot und Rosinen, mit Salz, Pfeffer und Zucker abgeschmeckt.

Mit Äpfeln und Gänseleber: Gewürfelte Äpfel, gemischtes Hack, etwas Semmelmehl, Eier, angedünstete Zwiebelwürfel, abgeschmeckt mit gemahlenen Nelken und Majoran. Zum Schluß wird die gewürfelte Gänseleber untergemischt.

Zitronenrotkohl

Für 6 Personen
raffiniert

1 mittelgroße Zwiebel, 1,5kg Rotkohl
100g Gänseschmalz, 1/8l Zitronensaft
1/8l Rotwein, Salz, Pfeffer
75g Kandiszucker, 4 Lorbeerblätter
Schale von einer unbehandelten Zitrone
3EL Johannisbeergelee

1

Zwiebeln pellen und würfeln. Rotkohl putzen, vierteln und in schmale Streifen schneiden.

2

Zwiebelwürfel in Gänseschmalz andünsten, Rotkohl dazugeben, in dem Zwiebelschmalz mehrfach wenden, mit Zitronensaft und Rotwein begießen, mit Salz und Pfeffer würzen. Kandiszucker, Lorbeerblätter und die dünn abgeschälte Zitronenschale daraufgeben. Bei milder Hitze garschmoren, zum Schluß die Zitronenschale herausnehmen und den Kohl mit Johannisbeergelee abschmecken.

In Hamburg und Holstein ißt man zur Martinsgans auch gerne Apfelrotkohl: Dabei wird der Kohl mit Gänseschmalz und reichlich säuerlichen Äpfeln geschmort und mit Zucker, Gewürznelken und etwas Essig gewürzt.

Rotkohl zur Martinsgans

Norddeutsche Hausfrauen gelten als durchaus aufgeschlossen gegenüber modernen Kochmethoden. Sie wissen zum Beispiel, daß der Rotkohl im Schnellkochtopf schonender und schneller gart, knackig bleibt und seine schöne leuchtendrote Farbe behält. Zur Martinsgans aber kommt auch bei jungen Hausfrauen der Rotkohl noch nach Großmutters Rezept auf den Tisch: mit Äpfeln und Gewürznelken oder mit Zitronensaft und Kandis – auf jeden Fall aber lange und gründlich geschmort in Gänseschmalz, und davon nicht zu knapp!

SCHLACHTFEST

Wenn auf einem norddeutschen Bauernhof geschlachtet wurde, war das immer ein Fest fürs ganze Dorf. Als Kinder durften wir beim »Abstechen« nicht zugucken, wohl aber nachher beim Blutrühren und Wurststopfen. Und wir bekamen dann »Armwürste«, das waren kleine Ringe aus süßer Blutwurst mit Rosinen, die wir uns stolz über den Arm hängten und damit durchs Dorf und zur Schule promenierten.

SCHWARZ UND SAUER

Zu jedem norddeutschen Schlachtfest gehört Schwarzsauer. Kein echtes Nordlicht versteht, warum man sich im Süden vor dieser Spezialität mit Grausen wendet. Die Hauptzutat für dieses Gericht ist frisches Blut von Schwein, Rind oder Gans (daher ist es »schwarz«), immer abgerührt mit Essig, damit das Blut nicht gerinnt (daher ist es »sauer«). Die übrigen Zutaten variieren. Und zwar nicht nur von Landschaft zu Landschaft, sondern oft schon innerhalb eines Dorfes: Der eine schwört auf die Zugabe von Backobst, der andere süßt nur mit Zucker. Der eine schneidet gepökelten Schweinenacken in die Sauce, der andere nur Snuten und Poten (Schnauze und Pfoten) vom Schwein, das Schwänzchen nicht zu vergessen. In den Küstengebieten der Nordsee schätzt man vor allem Buchweizenklöße als Beigabe, weiter östlich sind es Mehlklöße, Salzkartoffeln oder Bratkartoffeln.

Weiss-Sauer vom Schwein

Für 4 – 6 Personen
preiswert

1kg Schweinenacken
1 Lorbeerblatt
1EL weiße Pfefferkörner
1 Gewürznelke
2 Zwiebeln
250g Backobst
Essig und Zucker zum Abschmecken
Mehl zum Binden

1

Fleisch in Würfel schneiden, mit den Gewürzen, den gewürfelten Zwiebeln und dem vorher eingeweichten Backobst 30 bis 40 Minuten leise kochen.

2

Mit Essig und Zucker pikant abschmecken, mit etwas angerührtem Mehl binden. Dazu serviert man Buchweizenklöße und Bratäpfel.

Schwarzsauer vom Schwein

Schweinenacken in Würfel schneiden, in einer Beize aus Wasser, Essig, Zucker, grob zerkleinertem Suppengrün, Lorbeerblättern, Gewürznelken und Pfefferkörnern über Nacht durchziehen lassen. Gut abgetropft in Schweinefett anbraten, mit der Beize ablöschen und weichschmoren. Vor dem Anrichten mit Schweineblut, das man mit etwas Essig verrührt hat, binden. Dazu gibt es Bratkartoffeln.

Hausgemachte Leberwurst im Glas

raffiniert

250g mageres Schweinefleisch
Salz, Pfeffer aus der Mühle
Öl zum Braten
250g fetter geräucherter Speck
250g Zwiebeln
750g Kalbsleber
Majoran und Thymian, frisch oder getrocknet
125g Schlagsahne

1

Schweinefleisch mit Salz und Pfeffer einreiben, in Öl ringsum anbraten, kalt werden lassen. Den gut gekühlten Speck in Würfel schneiden und durch den Fleischwolf drehen. Zwiebeln pellen und fein würfeln. Speck in einer Pfanne auslassen, die Zwiebeln darin unter Rühren glasig andünsten, nicht bräunen.

2

Schweinefleisch und die Leber in Streifen schneiden (etwas Leber für Würfelchen zurückbehalten), durch den Fleischwolf drehen. Speck-Zwiebel-Gemisch unterrühren, mit Salz, Pfeffer, Majoran und Thymian herzhaft abschmecken. Sahne und die restliche, in kleine Würfel geschnittene Leber untermengen. In Parfaitgläser (kleine Weckgläser mit Gummiring und Bügelverschluß) füllen und im Backofen bei 200 Grad auf der Saftpfanne, in etwas Wasser, eine Stunde sterilisieren. Die Gläser kühl und dunkel aufbewahren.

Pommersche Spickgans

Die Pommersche Spickgans ist nicht etwa ein ganzes Tier, sondern nur dessen edelstes Teil – die Gänsebrust. Sie muß gepökelt und dann geräuchert sein, aber unbedingt über Buchenholz, nicht etwa über Torf. Spickgans ißt man, in hauchdünne Scheiben geschnitten, auf Butterbrot, aber auch zu Bratkartoffeln oder Pellkartoffeln. Als Gemüse passen ausschließlich Rosenkohl oder Teltower Rübchen dazu, sagen die Pommern. Geräucherte Gänsebrust können Sie ab November bei jedem norddeutschen Schlachter kaufen, die echte Spickgans aber gibt's nur in Pommern und in Mecklenburg!

Tollatschen

In den Dörfern Pommerns gehören zu jedem Schlachtfest die »Tollatschen«, Klöße aus Schweineblut, Mehl und alten Semmeln. Sie sind süß durch die Beigabe von Zucker und Rosinen und gehaltvoll durch viel Griebenschmalz. Die Klöße ziehen in Brühe gar und werden dann entweder heiß gegessen oder abgekühlt in Scheiben geschnitten und aufgebraten. Jeder Pommer ist selig, wenn er jetzt im November in den Schlachterläden wieder die Schilder sieht: »Heute frische Tollatschen«. Auch wenn die deftige Herbstspezialität manchem Nichtpommern die Haare zu Berge stehen läßt – hier gilt das norddeutsche Motto: »Wer's mag, mag's mögen«.

Geriebener Gänsemagen

Das ist eine Spezialität aus Pommern, die auch fremden Zungen mundet: Ein gepökelter, geräucherter Gänsemagen wird auf einer Reibe geraspelt (»gerieben«) und dann mit Essig, feingehackter Schalotte und eventuell etwas Thymian abgeschmeckt – auf gebuttertem Bauernbrot eine Delikatesse!

Deutschlands größte Anbaugebiete für Kartoffeln (40 Prozent!) liegen in Niedersachsen, vornehmlich in der Lüneburger Heide.

Breeger Hecht mit brauner Butter

Für 4 Personen
ganz einfach

1 Hecht (ca. 1,5kg, geschuppt, aber mit Kopf)
Salz, 1 großes Bund Suppengrün
500g Edelfischgräten (vom Fischhändler)
2 Zwiebeln, 3 Lorbeerblätter
1 Bund glatte Petersilie
250g Butter

1

Hecht waschen, innen mit Salz ausreiben. Das Suppengrün putzen, grob zerkleinern und mit den Edelfischgräten, Zwiebeln, Salz und Lorbeerblättern in 2 Liter Wasser geben. Den Sud 10 Minuten leise kochen lassen, den Hecht hineingeben und bei milder Hitze etwa 20 Minuten sieden lassen (nicht kochen). Der Fisch ist gar, wenn sich die Rückenflosse leicht herausziehen läßt.

2

Petersilie fein hacken, Butter zerlassen und bräunen. Hecht aus dem Sud heben und auf vorgewärmter Platte anrichten. Den Fisch bei Tisch häuten und portionieren. Die Butter darübergießen – der Hecht soll darin »schwimmen« – und mit Petersilie bestreuen.

Dazu schmecken Blattsalate und Salzkartoffeln.

Hecht, wie man ihn auf Rügen isst

Hecht aus dem »Jasmunder Bodden« ist eine Spezialität auf Rügen. Aus dem kleinen Fischerort Breege im Norden der Insel stammt der »Breeger Hecht mit brauner Butter« (siehe oben). In Alt Reddevitz im Osten der Insel ißt man den Fisch lieber mit Petersiliensauce. Und dann gibt es noch den »Pommerschen Pflückhecht«: Dafür wird das Fleisch eines gekochten Hechts von den Gräten gelöst, grob zerpflückt und dann in einer weißen Sauce serviert, die mit Kapern, Zitronensaft und gehackten Sardellen pikant abgeschmeckt ist.

Scharfe Tüften

Für 6 Personen
ganz einfach

1 kg Kartoffeln (mehligkochend)
1/2l frische Buttermilch
375g Schlagsahne
2 Salzheringe, gewässert
100g Zwiebeln, 1 saure Gurke
Senf, Salz, Pfeffer aus der Mühle
1 Prise Zucker, Essig nach Geschmack

1

Kartoffeln schälen, kochen und noch heiß in Scheiben schneiden. Buttermilch und Sahne zum Kochen bringen, die Kartoffelscheiben bei milder Hitze darin zerfallen lassen.

2

Heringe häuten, entgräten, sehr fein würfeln. Zwiebeln und Gurken ebenfalls fein würfeln. Mit den Gewürzen zu den Kartoffeln geben, abschmecken und nochmals aufkochen.

3

Wenn der Kartoffelbrei etwas zu dick ist, mit etwas Buttermilch geschmeidig rühren.

Am liebsten mit Hering

Zuerst wollten die Mecklenburger von der Kartoffel gar nichts wissen – sie hielten sie für ungenießbar, und Friedrich der Große konnte den Anbau nur per Dekret durchsetzen. Das war im 18. Jahrhundert. Inzwischen ist die Kartoffel, vor allem die Stampfkartoffel, die Lieblingsspeise aller Mecklenburger geworden: Stampfkartoffeln mit Buttermilch zum Beispiel, belegt mit knusprig braun gebratenen Zwiebelscheiben. Und wenn man dann noch gehackte Heringe unter den Brei rührt, dazu Zwiebeln und saure Gurke, hat man die geliebten »Scharfen Tüften«, die »scharfen Kartoffeln«, die der Mecklenburger besonders gern zu gekochtem Rindfleisch ißt.

WURZELPÜREESUPPE

Für 4 – 6 Personen
ganz einfach

375g Wurzeln (Möhren)
75g Zwiebeln, 30g Butter
Salz, 1EL Zucker
2TL Geflügelbrühenpaste
100g saure Sahne (10% Fett)
weißer Pfeffer aus der Mühle
1EL feingehacktes frisches Bohnenkraut

1

Wurzeln schälen, waschen und in Scheibchen schneiden. Zwiebeln pellen und würfeln. Butter zerlassen, Zwiebelwürfel darin glasig andünsten und salzen. Den Zucker dazugeben, leicht karamelisieren lassen. Die Möhren zufügen, gut im Karamel wenden, mit 1/2 Liter Wasser ablöschen, die Brühenpaste dazugeben und 20 Minuten leise kochen lassen.

2

Alles mit dem Schneidstab des Handrührers pürieren, durch ein Sieb streichen und mit 1/4 Liter Wasser auffüllen. Saure Sahne mit dem Schneidstab untermixen und schaumig aufschlagen. Mit Pfeffer und Salz abschmecken und das Bohnenkraut dazugeben. Suppe in Tassen servieren. Eventuell kleine geröstete Brotwürfel dazu reichen.

VON WURZELN, MÖHREN UND KAROTTEN

Was in Norddeutschland »Wurzeln« heißt, nennt man in anderen Landstrichen Möhren, Mohrrüben oder gelbe Rüben. Nur die runden kleinen Karotten haben auch in Norddeutschland keinen anderen Namen.

ANGLER MUCK

In Angeln, der Landschaft zwischen Schlei und Flensburger Förde, kennt man ein besonders gutes Rezept gegen kalte Füße und rote Nasen: Wenn im Oktober die Blätter von den Bäumen geblasen werden und das Thermometer in Richtung Null fällt, braut man hier einen »Angler Muck«: Ein halber Liter Wasser wird mit vier Eßlöffel Zucker aufgekocht, dann gibt man acht Eßlöffel Zitronensaft und einen halben Liter Rum dazu, erhitzt nochmals bis kurz vor dem Siedepunkt und serviert dann sogleich in hitzestabilen Gläsern.

Im Sommer trinkt man den »Angler Muck« übrigens nicht heiß, sondern kalt, aber nach gleichem Rezept. Der Name soll sich vom englischen »mug«, das heißt Becher, ableiten, aus dem man sich den hochprozentigen Trank zu Gemüte führt. Doch das ist nur eine Vermutung. Unbestritten ist jedoch, daß die Einwohner von Angeln den Engländern besonders nahestehen: Ein Teil von ihnen wanderte im 5. Jahrhundert nach Britannien aus, das von ihnen den Namen England (Angelland) erhielt....

Fliederbeerpunsch auf Holsteiner Art

Für 6 – 8 Personen
ganz einfach

1l Fliederbeersaft (Holunderbeersaft)
1 Stange Zimt, Saft von einer Zitrone
weißer Kandiszucker nach Geschmack
1/8l brauner Rum (40% Vol.)

Fliederbeersaft mit Zimt und Zitronensaft erhitzen, den Zucker darin auflösen. Zum Schluß den Rum zugeben. Möglichst heiß trinken.

Bremer Rotweinpunsch

Für 6 – 8 Personen
ganz einfach

Saft von 2 unbehandelten Zitronen
Saft von 4 Orangen, 2 Flaschen kräftiger Rotwein
1/2 Flasche Rum (42% Vol.)
4 Gewürznelken, 2 Stangen Zimt
Zucker nach Belieben

Zitronen heiß abwaschen und dünn abschälen. Zitronen und Orangen auspressen. Zusammen mit allen anderen Zutaten erhitzen, mit Zucker abschmecken.

TIP: Den Punsch auf einem Stövchen warmhalten.

Prost!

In Holstein sagt man:
»Beeter en lütjen Seever
as en lüt Fever!«

Auf Hochdeutsch: Besser einen kleinen Rausch als ein kleines Fieber!

Aufgesetzter von Schlehen

ganz einfach

750 g Schlehen (nach dem ersten Frost geerntet)
300 g weißer Kandiszucker, 2 Stangen Zimt, etwas Zitronenschale
1 Flasche Doppelkorn (38 % Vol.)

1

Schlehen verlesen, waschen, gut abtropfen und mit einem Holzstampfer etwas zerdrücken. Einige Steine zerstoßen, um das Aroma zu verstärken.

2

Früchte, Kandis, Zimt und Zitronenschalen in ein gut schließendes Gefäß geben, den Korn darübergießen. Verschlossen 4 bis 6 Wochen bei Zimmertemperatur durchziehen lassen.

3

Den Aufgesetzten filtern, in kleine Flaschen füllen und kaltgestellt einige Monate reifen lassen.

Genuss, den man nicht kaufen kann

Hagebutten und Schlehen kann man weder beim Obst- und Gemüsemann noch auf dem Wochenmarkt kaufen, man muß die Wildfrüchte schon selbst sammeln – und zwar findet man sie an den mit Gebüsch bewachsenen »Knicks«, die in Norddeutschland die Wiesen und Felder säumen.

Hagebuttenlikör

ganz einfach

500 g Hagebutten
100g -150g weißer Kandiszucker
1 Flasche weißer Rum

1

Hagebuten putzen, waschen, abtropfen lassen, längs aufschneiden und etwas zerdrücken. In ein verschließbares Gefäß füllen, Kandis und Rum dazugeben. Bei Zimmertemperatur etwa 4 Wochen durchziehen lassen.

2

Hagebutten durch ein Mulltuch filtern. Flüssigkeit in kleine Flaschen füllen und mindestens 4 Monate ruhen lassen.

Schlehengelee

raffiniert

1kg Schlehen (nach dem ersten Frost geerntet)
500g säuerliche Äpfel
Schalen von 2 unbehandelten Zitronen
Gelierzucker

1

Schlehen waschen, jede Frucht mehrmals einstechen. Äpfel waschen und vierteln, zusammen mit den Schlehen und der dünn abgeschälten Zitronenschale in 1 1/2 Liter Wasser zum Kochen bringen und eine Stunde bei milder Hitze kochen.

2

Einen Durchschlag mit einem Mulltuch auslegen, Früchte und Flüssigkeit darauffüllen, Saft abtropfen lassen und auffangen. Das Tuch zusammendrehen, Früchte mit leichtem Druck auspressen.

3

Den Saft wiegen, auf drei Teile Saft vier Teile Gelierzucker abwiegen, beides mischen. Zum Kochen bringen, vier Minuten sprudelnd kochen, dann in Gläser abfüllen und sofort verschließen.

»Lütt beten heet Water un recht veel Rum, een, twee Stück Zucker, un denn röhr um...« so singt man an der Waterkant das Rezept für Grog.

HAGEBUTTENKONFITÜRE

raffiniert

1kg Hagebutten
Zucker
1 unbehandelte Zitrone

1

Hagebutten waschen, Kelchreste und Stiele entfernen, Früchte längs halbieren. Wer die Konfitüre ganz edel haben will, kratzt die Kernchen mit einem kleinen Messer heraus. Achtung: Die feinen Härchen an den Kernen verursachen einen unangenehmen Juckreiz, deswegen beim Putzen nicht ins Gesicht fassen!

2

Hagebutten in einen Topf geben, mit Wasser bedeckt über Nacht stehen lassen. Dadurch werden die Früchte mürbe und geben das Fruchtmark besser ab. Am nächsten Tag mit der Einweichflüssigkeit zum Kochen bringen. Die Früchte weichkochen, dann durch ein Sieb streichen.

3

Fruchtmark abwiegen und mit der gleichen Menge Zucker verrühren. Die Zitrone heiß waschen, Schale in kleine Stückchen - ohne die weiße Haut - abschneiden und mit dem Zitronensaft zum Fruchtmark geben.

4

Alles unter Rühren erhitzen und 10 Minuten sprudelnd kochen lassen, dann in heiß ausgespülte kleine Twist-off-Gläser füllen und sofort verschließen.

Wichtig: Die Konfitüre muß kochend heiß eingefüllt werden, und die Gläser müssen randvoll sein. So werden eventuell vorhandene Keime in den Gläsern weitgehend vernichtet, und es kann sich kein Schimmel bilden.

Friesische Teecreme

Für 4 Personen
raffiniert

3 Blatt weiße Gelatine
4EL Teeblätter »Ostfriesenmischung«
100g Zucker
3 Eigelb, 100ml Milch
200g Schlagsahne
1 Vanilleschote

1

Gelatine in kaltem Wasser einweichen. Teeblätter mit 1/8 Liter kochendem Wasser überbrühen und 5 Minuten ziehen lassen. Durch ein Sieb gießen, dabei die Teeblätter gut ausdrücken. 50ml Tee abmessen.

2

Zucker und Eigelb schaumig schlagen. Milch, 50ml Schlagsahne, Tee und das Mark der Vanilleschote aufkochen und unter ständigem Schlagen zur Eimasse gießen. In einem Topf im Wasserbad bis kurz vor dem Kochen schaumig aufschlagen. Keinesfalls kochen lassen.

3

Gelatine gut ausdrücken und unter Rühren in der Creme auflösen. In ein Eiswasserbad stellen und abkühlen lassen, dabei öfter umrühren.

4

Wenn die Creme zu gelieren beginnt, die restliche Sahne steifschlagen und unterheben. In eine Schüssel füllen und kalt stellen.

Zur Friesischen Teecreme reicht man Sauerkirschen in Rum oder Rumtopffrüchte.

QUITTENGELEE

raffiniert

1,5kg Quitten
3/4l trockener Weißwein
etwa 1,5kg Zucker
Schale von 2 – 3 unbehandelten Zitronen

1

Quitten waschen, trocknen und halbieren. Stiele und Blüten entfernen. Quitten mit dem Kerngehäuse in Spalten schneiden, mit 1 Liter Wasser und dem Wein zum Kochen bringen und in ungefähr 40 Minuten weichkochen. Zugedeckt im Sud kalt werden lassen.

2

Am nächsten Tag einen Durchschlag mit einem Mulltuch auslegen. Die Quitten wieder erwärmen und zum Abtropfen in den Durchschlag geben. Dann das Tuch an den Spitzen zusammenbinden und zum Schluß mit sanftem Druck auspressen.

3

Den Saft wiegen, die gleiche Menge Zucker abwiegen und dazugeben. Die Zitronen heiß abwaschen, die Schale in kleinen Stückchen dünn abschälen. Schale zum Saft geben. Alles in einem großen Topf zum Kochen bringen und etwa 40 Minuten einkochen lassen. Bei Bedarf immer wieder abschäumen. Das Quittengelee mit der Zitronenschale in saubere Gläser füllen und sofort gut verschließen.

QUITTENBROT

Wollen Sie aus den Fruchtrückständen noch Quittenbrot zubereiten, dürfen Sie den Saft nicht so stark auspressen. Sie streichen nun alles durch ein Sieb, wiegen das Fruchtmus ab, geben Zucker im Verhältnis 1:1 dazu und kochen es unter ständigem Rühren dick ein. Anschließend wird die Masse auf ein geöltes Backblech gestrichen und bei milder Hitze im Backofen getrocknet. Das dauert einige Stunden. Schneiden Sie das Ganze dann in Rhomben oder kleine Würfel und wälzen Sie diese in Hagelzucker, den Sie zuvor etwas mit dem Rollholz zerdrückt haben. Wer will, gibt zusätzlich etwas abgeriebene Zitronenschale zum Hagelzucker.

Das Quittenbrot auf dem Schrank

Man kann das dick eingekochte Quittenmus, statt es im Ofen zu trocknen, auch auf eingefettete Porzellanplatten streichen und an der Luft ganz fest werden lassen – das dauert einige Zeit, Tage oder sogar Wochen. Zu Weihnachten sollte das im November hergestellte Quittenbrot gerade gut sein. Unsere Großmütter hatten oft auf allen Schränken (für Kinder unerreichbar, wie sie meinten) solche Platten mit der verlockenden Süßigkeit stehen – und wunderten sich jedesmal wieder über einen gewissen Schwund....

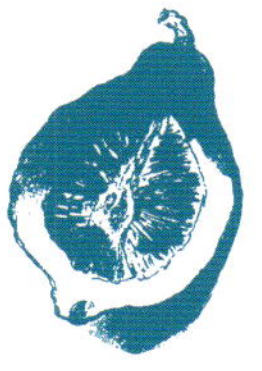

Bratapfel

In der Röhre des friesischen Kachelofens summt nicht nur der Wasserkessel für den Grog, da brutzelt auch der Bratapfel, und sein lieblicher Duft streicht durchs ganze Haus. Wer keinen Kachelofen mit Ofenröhre sein eigen nennt (und deshalb auch nicht gemütlich auf der Ofenbank sitzen und seinen Rücken wärmen kann), der brät den Bratapfel in einer gebutterten Auflaufform im Backofen, und zwar folgendermaßen: Äpfel waschen, Kerngehäuse ausstechen, die Höhlung mit einer Mischung aus Preiselbeeren und gehackten Mandeln füllen. Oder: Pistazien, mit Marzipan verknetet. Oder: In Rum eingeweichte Rosinen, mit gehackten Haselnüssen gemischt. Es schmeckt aber auch, wenn man einfach nur Zucker in die Öffnung füllt. Man kann die Bratäpfel auch in gebutterte Alufolie einpacken und dann im Ofen garen. In jedem Fall sind sie nach etwa einer halben Stunde gar.

Hamburger Pfeffernüsse

Für etwa 100 Stück
raffiniert

4 Eier (Gew.Kl. 3)
500g Zucker, 1 1/2EL gemahlener Zimt
1EL gemahlener Kardamom
1 1/2EL abgeriebene unbehandelte Zitronenschale
1/2TL schwarzer Pfeffer aus der Mühle
1 Msp. Pimentpulver
50g Orangeat, 50g Zitronat
500g Mehl, Mehl zum Ausrollen
Fett für die Bleche

1

Eier und Zucker mit den Quirlen des Handrührgerätes sehr schaumig rühren, dann den Zimt, Kardamom, die Zitronenschale, Pfeffer und Pimentpulver dazugeben. Alles gut verrühren.

2

Orangeat und Zitronat sehr fein würfeln oder im elektrischen Blitzhacker zerkleinern, beides zur Eimasse geben, dann das Mehl unterkneten. Den Teig für etwa 1 Stunde kalt stellen.

3

Teig auf bemehlter Arbeitsfläche zu Rollen von 3 cm Durchmesser formen, dann in 1 cm dicke Scheiben schneiden, auf gefetteten Blechen im vorgeheizten Backofen bei 175 Grad 10 bis 15 Minuten backen.

4

Auf Kuchengittern kalt werden lassen und in Blechdosen verpackt kühl aufbewahren.

Die »Pfeffernuß« hat ihren Namen nicht vom Pfeffer, sondern von einem anderen Gewürz, dem Nelkenpfeffer oder Piment: Er riecht wie Nelken und schmeckt wie eine Mischung aus Pfeffer, Zimt, Muskat und Nelken. Heute ist Piment, der früher jedes weihnachtliche Gebäck würzte, etwas aus der Mode gekommen.

Pommersche Pfeffernüsse

Für etwa 100 Stück
raffiniert

750g Mehl, 250g Butter, 60g Gänseschmalz
250g Sirup, 1TL gemahlene Nelken
1TL gemahlener Kardamom
1 gehäufte Msp. Pimentpulver
25g Orangeatwürfel
15g Pottasche, 2EL Rosenwasser

1

Mehl in eine Schüssel sieben. Die Butter zusammen mit dem Schmalz und dem Sirup unter Rühren aufkochen und etwas abkühlen lassen. Inzwischen das Mehl mit den Gewürzen mischen, Orangeat noch feiner würfeln und unter das Mehl mischen. Die Sirupmasse, bis auf einen kleinen Rest, mit der Mehlmischung verrühren.

2

Pottasche im Rosenwasser auflösen, zur restlichen Sirupmasse rühren und sehr gut unter den Teig kneten. Teig zu Rollen von 3 cm Durchmesser formen, in einem Gefrierbeutel einen Tag bei Zimmertemperatur ruhen lassen.

3

Rollen in 1 cm dicke Scheiben schneiden, auf gefetteten Blechen bei 175 Grad im vorgeheizten Backofen 10 bis 15 Minuten backen.

Menü des Monats

Wurzelpüreesuppe
Martinsgans mit Rotkohl
Friesische Teecreme

Die Küche

Für den Ostfriesen ist der Heiligabend nicht ohne Mockturtle denkbar, für den Holsteiner nicht ohne Karpfen blau. Küchentraditionen sind in den norddeutschen Küstenländern am »Vullbuksavend«, dem Abend des vollen Bauches, so lebendig wie eh und je.

IM DEZEMBER

Schönes altes Küchengerät ist in norddeutschen Küchen nicht nur Dekoration: Es wird bis auf den heutigen Tag benutzt – wie diese traditionellen Formen für den Sonntagskuchen.

Was es im Dezember

Karpfen

Unter den Fischarten, die hierzulande vom Menschen gezüchtet werden, ist der Karpfen sozusagen das älteste »Haustier«. Zwar gibt es in norddeutschen Seen und Flüssen noch überall die Wildform, gegessen aber werden vor allem die in ablaßbaren Teichen gezogenen Speisekarpfen. In Norddeutschland sind sie als »Karpfen blau« das traditionelle Weihnachts- und Silvesteressen.

Granatapfel

Pfeffernüsse und Plätzchen findet man auf jedem norddeutschen Weihnachtsteller. In Hamburg aber, jedenfalls in alteingesessenen Familien, gehört noch eine exotische Frucht dazu: der Granatapfel. Er ist das alttestamentliche Sinnbild für Liebe und Fruchtbarkeit, und sein Verzehr soll Glück bringen – so heißt es.

Meerrettich

Er hat nichts mit dem Meer zu tun, der Name kommt von »Mähre«, dem altertümlichen Ausdruck für Pferd. Entsprechend heißt der Meerrettich im Englischen auch »horseradish«. Im Volksmund hat der »Pferderettich« aber auch so bezeichnende Namen wie Rachenputzer oder Pfefferwurzel. Seine höllische Schärfe macht fette Speisen besser verdaulich, deshalb ist er unentbehrlich zum Weihnachtskarpfen.

ALLES GUTES GIBT...

HERING

Kein Fisch wird so vielseitig angeboten wie der Hering: frisch als grüner Hering, in Salz konserviert als Salzhering, geräuchert als Bückling, in Marinade als Bismarckhering, gewürzt und um ein Stück Gurke gerollt als Rollmops, jungfräulich als Matjes – ganz zu schweigen von Heringskonserven und Heringssalaten…

KAPERN

Kapern sind die grünen, noch geschlossenen Blütenknopsen des Kapernstrauchs, eingelegt in Salzlake. Die zarten Knospen sind unverzichtbare Würze bei Remoulade und anderen Kräutersaucen, sie passen gut zu Eiersalat und Fleischsalat, an säuerliche Saucen zu Kochfisch, an Hühnerfrikassee – und natürlich an Königsberger Klopse.

TYPISCH FÜR DEZEMBER

Karpfen	*Karpfen blau*	*Seite 324*
Granatapfel	*Weihnachtlicher Obstsalat*	*Seite 333*
Meerrettich	*Sahnemeerrettich zum Karpfen*	*Seite 325*
Hering	*Heringssalat zu Silvester*	*Seite 327*
Kapern	*Remouladensauce zum Roastbeef rosa*	*Seite 320*

Roastbeef rosa

Für 12 Personen
ganz einfach

2kg Roastbeef (mit Fettrand, leicht marmoriert und gut abgehangen)
Salz, Pfeffer aus der Mühle
evtl. 2 Knoblauchzehen, 2EL Öl

1

Fettrand vom Roastbeef gitterförmig einschneiden, das Fleisch mit Salz und Pfeffer ringsum kräftig einreiben. Knoblauch pellen und durch die Presse drücken, mit dem Öl verrühren und das Fleisch damit bestreichen.

2

Im vorgeheizten Backofen bei 225 bis 250 Grad mit der Fettkante nach oben 35 bis 40 Minuten braten. Fleisch aus dem Ofen nehmen und in Alufolie einschlagen. 5 bis 10 Minuten ruhen lassen. Dazu schmecken Bratkartoffeln (Seite 319) und Remouladensauce (Seite 320).

TIP: Wer es kalt servieren will, läßt das Fleisch bis zum Aufschneiden in der Folie. Wer es heiß möchte, schlägt es bis zum Aufschneiden zusätzlich in zwei Frotteetücher ein.

Roastbeef-Variationen

Roastbeef mit Kräutern: 1 Bund Petersilie fein hacken, 1 Bund Schnittlauch in Röllchen schneiden, mit je 1 Teelöffel getrocknetem Majoran und Thymian mischen, mit 2 Teelöffel Senf und 4 Eßlöffel Öl zu einer Paste verrühren, mit Pfeffer würzen, Fleisch dick damit bestreichen. Über Nacht unter Klarsichtfolie im Kühlschrank durchziehen lassen. Erst kurz vor dem Braten salzen!

Roastbeef mit Senf: Das Fleisch mit Senf und grob gestoßenem grünem Pfeffer einreiben, mit Öl bestreichen. Unter Folie im Kühlschrank gut durchziehen lassen.

Bratkartoffeln zum Roastbeef rosa

Für 12 Personen
ganz einfach

2kg mittelgroße Kartoffeln (festkochend)
Salz, Kümmel, 200g Zwiebeln
etwa 200g Butterschmalz, Pfeffer aus der Mühle

1

Kartoffeln in der Schale mit Salz und Kümmel nicht zu weich kochen, heiß pellen. Kalt werden lassen, dann in Scheiben schneiden.

2

Zwiebeln pellen und würfeln. Butterschmalz heiß werden lassen, Kartoffelscheiben hineingeben, mit Zwiebelwürfeln bestreuen, mit Salz und Pfeffer würzen. Bei mäßiger Hitze braten. Die Kartoffeln erst dann mit einem Bratenwender wenden, wenn sich an der Unterseite Krüstchen bilden. Nicht zu oft wenden, sonst zerfallen die Scheiben leicht.

TIP: Die Bratkartoffeln in Portionen braten, eventuell in zwei Pfannen. Fertig gebratene Bratkartoffeln im Backofen warm stellen.

Heiligabend ohne Küchenstress

In vielen Hamburger Familien ist Roastbeef kalt mit Bratkartoffeln das traditionelle Heiligabendessen. Zum einen, weil es so gut schmeckt, zum anderen auch aus praktischen Gründen: Sowohl das Fleisch und die dazugehörige Remouladensauce wie auch die Bratkartoffeln lassen sich gut vorbereiten. Früher, als die »besseren Familien« noch Personal hatten, konnte man so den Angestellten am Heiligabend freigeben. Heute hängt alles an der Hausfrau – und die steht auch nicht gern in der Küche, wenn der Rest der Familie Weihnachten feiert. Aus gleichem Grund ist auch der Karpfen blau am Heiligabend so beliebt: Die Kartoffeln kann man vorher schälen, die Sahne schlagen, den Meerrettich reiben, in letzter Minute wird dann nur noch der Karpfen ins Kochwasser gegeben. Und beim kalt aufgeschnittenen Roastbeef mit Remoulade sind es nur noch die Kartoffeln, die in letzter Minute gebraten werden müssen.

Remouladensauce zum Roastbeef rosa

Für 12 Personen
raffiniert

2 Eigelb, 1EL Senf
Salz, Pfeffer aus der Mühle
etwas Zucker
1/8l gutes Pflanzenöl
1EL Zitronensaft, 4 Eier
2 mittelgroße Gewürzgurken
50g Senfgurke, 2EL Kapern
1 mittelgroße Zwiebel
1 Bund Petersilie
1 Bund Dill, 1 Bund Schnittlauch
200g Vollmilchjoghurt
150g Schmand (24% Fett)

1

Eigelb mit Senf, Salz, Pfeffer und Zucker verrühren. Das Öl erst tropfenweise, dann in dünnem Strahl unter ständigem Rühren dazugeben, bis eine dicke Mayonnaise entsteht, zuletzt den Zitronensaft dazugeben.

2

Eier hartkochen. Eier und Gurken würfeln, Kapern hacken, Zwiebeln pellen und sehr fein würfeln. Die Kräuter nicht zu fein hacken. Alles zur Mayonnaise geben und gut verrühren.

3

Zum Schluß Joghurt und Schmand dazugeben und leicht unterrühren. Kalt stellen und vor dem Servieren noch einmal abschmecken.

Oldenburger Mockturtle

Für 12 Personen
raffiniert

1 Kalbsherz, 1 Kalbszunge
750g Kalbsschulter, Salz
2EL schwarze Pfefferkörner
1 altbackenes Brötchen, 375g gemischtes Hack
Pfeffer aus der Mühle, frisch geriebene Muskatnuß
1EL Senf, 2 Eier, 80g Butter, 100g Mehl
1/8l guter Madeira

1

Herz, Zunge und Schulter in 3 Liter Salzwasser mit den Pfefferkörnern etwa 1 1/2 Stunden leise im offenen Topf kochen. Nach der halben Garzeit die Schulter herausnehmen.

2

Brötchen einweichen (vorher die Kruste abreiben), ausdrücken und zum Hackfleisch geben. Den Fleischteig mit Salz, Pfeffer, Muskat und Senf würzen und die Eier gut darin verkneten. Kleine Klößchen formen und kalt stellen. Herz und Zunge aus der Brühe nehmen, Zunge abschrecken und häuten. Klößchen in etwas Brühe gar ziehen lassen.

3

Butter und Mehl gut goldbraun anschwitzen, mit 2 1/2 Liter Brühe unter Rühren ablöschen, 20 Minuten leise kochen lassen, dann den Madeira dazugeben und weitere 10 Minuten leise kochen. Inzwischen Herz, Zunge und Fleisch in kleine Würfel schneiden, zusammen mit den Fleischklößchen wieder in die Suppe geben und heiß werden lassen. In Suppentassen servieren.

Falsche Schildkröte

Kein Oldenburger kann sich einen Heiligabend ohne die beliebte Mockturtle, die falsche Schildkrötensuppe, vorstellen (english: to mock = nachmachen, verspotten; turtle = Schildkröte). Jede Familie hat ihr ureigenes Rezept. Grundsätzlich gilt aber, daß außer dem Fleisch in der gebundenen Suppe auch kirschgroße Hackfleischklößchen schwimmen müssen – je kleiner die Klößchen, desto feiner.

Kartoffelsalat mit Variationen

Für 6 Personen
ganz einfach

1,5kg mittelgroße Kartoffeln (festkochend)
Salz, Kümmel, 3/8l Brühe
1/8l Weißweinessig, Pfeffer aus der Mühle
8EL gutes Pflanzenöl

1

Kartoffeln in der Schale kochen und heiß pellen. Brühe heiß werden lassen und mit dem Essig verrühren, mit Salz und Pfeffer würzen.

2

Kartoffeln in gleichmäßige, nicht zu dicke Scheiben direkt in die Brühe schneiden, warm stellen und durchziehen lassen. Die Kartoffeln sollen die Flüssigkeit soweit wie möglich aufsaugen. Das Öl vorsichtig unter den Salat mengen. Je nachdem, welche Variation man wählt, anschließend die entsprechenden Zutaten untermischen.

Für die Variationen: Gewürzgurke, Senfgurke, Kürbis, alles feingewürfelt. Oder: in Streifen geschnittener Endiviensalat, kroß ausgebratene Speckwürfel. Oder: Gurken, Tomaten, Zwiebeln, alles feingewürfelt, gehackte Kapern und viel Petersilie. Oder: Mayonnaise mit hartgekochten gehackten Eiern und vielen verschiedenen Kräutern.

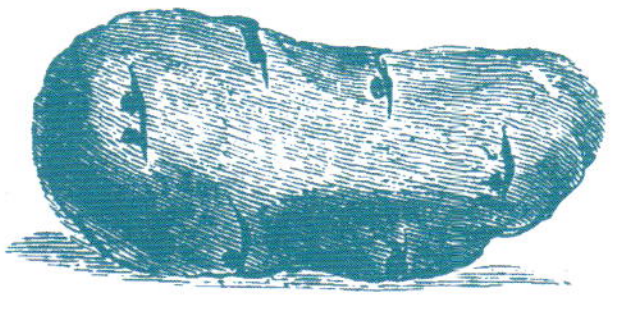

Kartoffelsalat statt Kaviar

Der legendäre Hamburger Großverleger John Jahr sen., bekannt für seine Sparsamkeit, hat zeit seines Lebens darauf bestanden, daß es zu Silvester Kartoffelsalat und Würstchen gab – auch wenn der Rest der gutbetuchten Familie lieber Kaviar gehabt hätte.

Handgestickte Decken und das Familiensilber kommen zur Geltung, wenn am Heiligabend zum festlichen Karpfenessen eingeladen wird.

KARPFEN BLAU

Für 6 Personen
ganz einfach

3 Karpfen (à ca. 1,2kg)
Essig zum Begießen, Salz
4 Lorbeerblätter, 1 Bund Dill
1 Petersilienwurzel

1

Karpfen vom Fischhändler längs spalten und jede Hälfte noch einmal quer teilen lassen. Vorsichtig unter kaltem Wasser waschen. Darauf achten, daß der anhaftende Schleim nicht beschädigt wird. Mit heißem Essig begießen.

2

Sehr kräftig gesalzenes Wasser mit den Lorbeerblättern und dem Dill zum Kochen bringen. Petersilienwurzel putzen, waschen, grob zerteilen und dazugeben. Alles 10 Minuten leise kochen lassen.

3

Zuerst die Kopfstücke hineingeben, etwa 20 Minuten darin ziehen lassen, herausnehmen und auf einer heißen Platte oder gleich auf den Tellern anrichten. Die Schwanzstücke zum Nachreichen im Sud garen.

Dazu schmecken Sahnemeerrettich, geschmolzene Butter und Salzkartoffeln.

40 Gramm Salz auf den Liter Wasser

Der Holsteiner, der auf sich hält, holt seinen Karpfen nicht im Fischgeschäft, sondern direkt vom Karpfenzüchter seines Vertrauens. Da kann er sich darauf verlassen, daß der Karpfen rechtzeitig »abgefischt« worden ist und in klarem Wasser jeden Moddergeschmack – das heißt soviel wie moorig, muffig – aus den Teichen verloren hat. Das ist ein gesellschaftliches Ereignis, wenn man sich am Vormittag des 24. Dezember bei den Fischteichen trifft. Es wird meist ein Glas Rotweinpunsch zum Aufwärmen kredenzt, und gute Ratschläge vom Karpfenzüchter gibt es auch: »Nicht vergessen, mindestens 40 Gramm Salz auf den Liter Wasser!« Es muß so salzig sein, daß man »igitt!« sagt. Und wer das nicht glaubt, der soll es ruhig mal ausprobieren – der Weihnachts- oder Silvesterkarpfen schmeckt doppelt gut, wenn man den Rat befolgt und das Kochwasser für den Karpfen geradezu »versalzt«. Abweichend von unserem (klassischen) Rezept sollte man dann aber auf jede würzende Zutat verzichten, also kein Lorbeerblatt, kein Fischgewürz, nur ganz reichlich Salz.

Sahnemeerrettich zum Karpfen

Meerrettich reiben oder im Blitzhacker fein pürieren – das kostet weniger Tränen –, unter die steifgeschlagene Sahne heben und mit Salz würzen. Man kann auch Tupfen von Sahnemeerrettich spritzen und auf einem Tablett einfrieren. Wenn sie hart geworden sind, in kleine Behälter füllen. So hat man immer einen Vorrat und muß nur einmal weinen. Man nimmt die Meerrettichtupfen aus der Tiefkühlung, wenn man den Fischsud ansetzt. Geschmolzene Butter hält man am besten in einem kleinen Topf auf dem Stövchen warm.

In Hamburg wird der Sahnemeerrettich zum Karpfen meistens deutlich mit Zucker abgeschmeckt. Die Holsteiner legen sich da nicht so fest – sie servieren die (ungesüßte) geschlagene Sahne und den Meerrettich getrennt, so daß sich bei Tisch dann jeder seine ihm genehme scharfe oder sanfte Mischung zusammenstellen kann.

Geröstete Griess-Suppe

Für 6 Personen
ganz einfach

1 Bund Suppengrün, 50g Butter
50g Grieß, 1l Hühnerbrühe
Salz, Pfeffer aus der Mühle
125g Schlagsahne, 1 Bund Schnittlauch

1

Suppengrün putzen und in sehr kleine Würfel schneiden. Butter schmelzen, das Suppengrün darin andünsten. Den Grieß dazugeben und leicht bräunen.

2

Mit der Brühe auffüllen und 5 Minuten leise kochen lassen, mit Salz und Pfeffer würzen. Die Sahne ungeschlagen unterrühren. Schnittlauch in Röllchen schneiden, die Suppe damit bestreuen.

Die geröstete Grießsuppe ist eine modernisierte Version der »Morgensupp«, einer Getreidesuppe mit Milch, die in Ostholstein und anderen ländlichen Gegenden Norddeutschlands am frühen Morgen gegessen wurde, ehe die Leute aufs Feld gingen.

Hamburger Heringssalat zu Silvester

Für 12 Personen
ganz einfach

10 Matjesfilets, Mineralwasser zum Wässern
200g Rote Bete aus dem Glas
2 Zwiebeln, 150g Bratenaufschnitt, 250g Senfgurken
250g aromatische Äpfel (z.B. Cox Orange)
3EL Kapern, 2EL Rotweinessig
8EL Öl, 2 Eier

1

Matjesfilets für 1 bis 2 Stunden in Mineralwasser einlegen und wässern. Gut abtropfen lassen und würfeln. Rote Bete, Zwiebeln, Bratenaufschnitt, Gurken und Äpfel in kleine Würfel schneiden, Kapern sehr fein hacken.

2

Alles zu den Matjes geben, mit Essig und Öl anmachen und durchziehen lassen. Die Eier hartkochen, pellen und würfeln, über den Salat streuen und sofort servieren.

Was hat die Oma mitgebracht?

Im ganzen norddeutschen Raum gibt es die Tradition, am Silvesterabend Heringssalat zu essen – und zwar aus siebenerlei Zutaten, dann bringt er Glück im neuen Jahr. Die sieben Grundzutaten sind: Hering, Rote Bete, Zwiebeln, Braten vom Kalb oder Rind, Gurke, Apfel, hartgekochte Eier. Die Würzung wechselte je nach Familientradition, aber diese sieben Grundzutaten waren immer dabei. Oft gab es den glückbringenden Heringssalat auch schon am Heiligabend. So wird aus dem Elternhaus des Dichters Theodor Storm in Husum berichtet, daß der Höhepunkt des Heiligabends immer die Ankunft der Großmutter gewesen sei. Der Vater intonierte dann ein schwungvolles: »Was hat die Oma mitgebracht?« Worauf die versammelte Familie fröhlich zurücksang: »Heringssalat! Heringssalat! Heringssalat!« Es folgte die Frage: »Was hat sie wieder gut gemacht?« und darauf wieder die Antwort: »Heringssalat! Heringssalat! Heringssalat!« Und dann durfte geschmaust werden.

Fehmarnsche Schichttorte

Für 50 – 60 Stücke
raffiniert

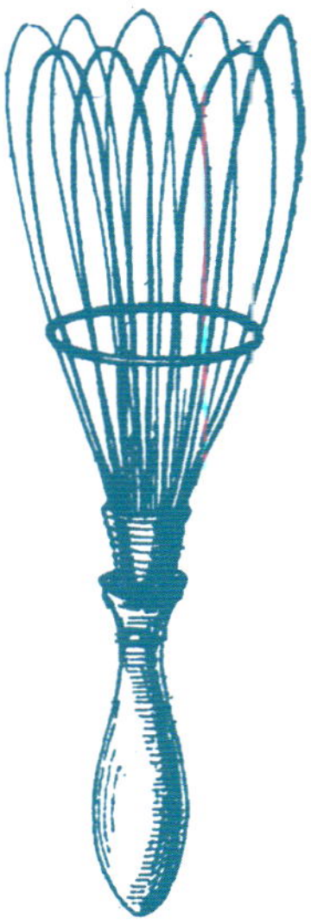

Für die Böden:
500g Butter, 375g Zucker
2 Päckchen Vanillezucker
10 Eier, 250g Mehl, 250g Speisestärke
1TL Hirschhornsalz
Butter zum Einfetten
Für die Creme:
1/2l Milch
1 Päckchen Vanillepuddingpulver
2 Päckchen Vanillezucker, 1 Prise Salz
250g Butter, 25g Kokosfett
Zum Füllen:
etwa 450g Johannisbeergelee
Zum Bedecken:
etwa 400g Marzipanrohmasse
Puderzucker zum Ausrollen

1

Butter schaumig rühren, Zucker, Vanillezucker und die Eier im Wechsel dazugeben und gut schaumig rühren, bis sich der Zucker gelöst hat. Mehl, Speisestärke und Hirschhornsalz mischen, unter die Masse rühren.

2

Eine Springform von 28 cm Durchmesser fetten oder mit Backpapier, in der Größe des Bodens zugeschnitten, auslegen, dünn mit Teig bestreichen. Nach und nach 10 Böden im vorgeheizten Backofen bei 175 bis 200 Grad etwa 10 Minuten backen. Böden sofort vom Springformboden lösen und auf einem Kuchengitter auskühlen lassen.

3

Etwas von der Milch abnehmen, das Puddingpulver damit anrühren. Restliche Milch mit Vanillezucker und der Prise Salz zum Kochen bringen. Das angerührte Puddingpulver einrühren, 2 bis 3 Minuten unter Rühren kochen lassen. Lauwarm mit der schaumiggerührten Butter und dem Kokosfett gut verrühren, kalt stellen. Johannisbeergelee in einem kleinen Topf bei milder Hitze geschmeidig rühren.

4

Um die Torte zu schichten, auf den ersten Boden etwas Creme geben, gleichmäßig glattstreichen, darauf wieder einen Boden legen, mit etwas Gelee bestreichen und darauf erneut einen Boden legen. Auf die gleiche Weise weiterarbeiten, bis alles verbraucht ist. Den obersten Boden leicht mit Gelee bestreichen und die Torte kaltstellen.

5

Marzipan auf Puderzucker dünn ausrollen und als Mantel über die Torte legen. Ringsum leicht andrücken, dabei so faltenfrei wie möglich arbeiten. Restliches Marzipan ringsum abschneiden.

Nur eine einzige dünne Scheibe

Auf der Insel Fehmarn backt jede Hausfrau mit Sinn für Tradition rechtzeitig vor Weihnachten eine »Schichttorte«. Wenn zum letzten Adventssonntag oder später zwischen den Feiertagen Besuch kommt, bewirtet sie ihn zum Kaffee mit einer dünnen Scheibe der sehr mächtigen Torte. Dann wird der Kuchen wieder kühlgestellt (heutzutage auch oft eingefroren) bis zum nächsten Besuch. So reicht die Torte bis nach Silvester. Bevor sie angeschnitten wird, drückt man in die Mitte der Oberfläche einen Tassenrand und markiert damit das runde Mittelstück. Die schmalen Scheiben werden dann bis zu dieser Kreislinie geschnitten, so daß sie eine stumpfe Keilform haben. Traditionsgemäß steht das runde Mittelstück zum Schluß dem Familienoberhaupt zu.

Pharisäer

Für 4 Personen
ganz einfach

125g Schlagsahne
1/2l sehr starker Kaffee
etwa 1/8l Rum
Zucker, geröstete Mandelblättchen

1

Sahne steif schlagen. Tassen vorwärmen. Den sehr heißen Kaffee, 3 bis 4 cl angewärmten Rum pro Tasse und Zucker nach Geschmack hineingeben.

2

Schlagsahne als Häubchen darauf verteilen und mit den Mandelblättchen bestreuen. Sofort servieren.

Kenner trinken den Pharisäer durch die kalte Sahne, das heißt, sie rühren ihn nicht um.

Der Kaffee, der es in sich hat

Auf den nordfriesischen Inseln erzählt man gern die Geschichte von der Erfindung des Pharisäers: Bei einer Kindtaufe war's, auf Nordstrand, und der Pastor hatte schon so oft gegen den Alkohol gewettert, daß man sich nicht traute, Hochprozentiges anzubieten, solange er dabei war. Der pfiffige Gastgeber kam deshalb auf die Idee, Rum in den Kaffee zu geben und obendrauf eine dicke Schicht geschlagene Sahne zu setzen, damit man nichts roch. Der Pastor merkte gottlob nichts – bis ihm aus Versehen eine »hochprozentige« Tasse gereicht wurde. Er begriff sofort und rügte nach einem prüfenden zweiten Schluck: »Was seid Ihr doch für Pharisäer!«

Weihnachtlicher Obstsalat

Für 4 Personen
raffiniert

2 Birnen, 2 Äpfel, 3EL Zitronensaft
2 Orangen, 250g blaue Weintrauben
1 reifer Granatapfel
Für die Sauce:
8EL Brombeerlikör,
3EL Aprikosenkonfitüre, evtl. Zucker

1

Birnen und Äpfel schälen, in Spalten schneiden, in einer Schüssel mit Zitronensaft mischen. Orangen so schälen, daß alle weiße Haut entfernt ist, Orangen dann in Scheiben schneiden

2

Weintrauben waschen, halbieren, entkernen. Zum übrigen Obst geben. Granatapfel quer halbieren, die Kerne aus den Trennhäuten lösen, beiseite stellen.

3

Likör und die Konfitüre miteinander verrühren, über den Salat gießen, im Kühlschrank abgedeckt gut durchziehen lassen. Eventuell noch mit Zucker abschmecken. Kurz vor dem Servieren mit Granatapfelkernen bestreuen.

Dazu paßt geschlagene Sahne.

REZEPTREGISTER

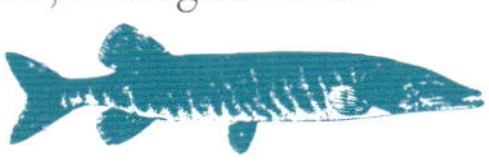

Die Autorinnen

Metta Frank und **Marieluise Schultze** haben ein Jahr lang zwischen Ostfriesland und Mecklenburg-Vorpommern in fremde Kochtöpfe geschaut, haben probiert, was norddeutsche Hausfrauen nach alten Familienrezepten kochen und sind in Archiven und vergilbten Kochbüchern alten Eß- und Trinktraditionen nachgegangen. Das richtige Gefühl für die norddeutsche Küche haben beide auf der Zunge: Marieluise Schultze wurde zwar in Thüringen geboren, lebt aber seit Jahrzehnten in Hamburg. Metta Frank stammt von der Ostsee-Insel Fehmarn, auf der Küchentraditionen noch heute sehr lebendig sind. Und die Kompetenz, diese Küchentraditionen in moderne Rezepte umzusetzen, haben beide auch: Metta Frank war lange Jahre stellvertretende Chefredakteurin von Deutschlands führender Food-Zeitschrift »essen & trinken«, Marieluise Schultze leitete dort die Versuchsküche.

ISBN: 978-3-8094-3169-5

Umschlaggestaltung: Therese und Horst Rothe, Niedernhausen
Layout und Fotos: Christine Paxmann, München
Redaktion: Christine Pfützner
Redaktion dieser Auflage: Anja Halveland

Druck: Neografia, Martin

Printed in Slovakia

MIX
Aus verantwortungsvollen Quellen
FSC® C020353

Verlagsgruppe Random House FSC®-N001967
Das für dieses Buch verwendete FSC®-zertifizierte Papier *Profibulk* wurde produziert von Sappi Alfeld.

119690308X817263544536271